COLLECTION MICHEL LÉVY
— 1 franc le volume —
1 franc 25 centimes à l'étranger

MÉRY

ANDRÉ CHÉNIER

PARIS
MICHEL LÉVY FRÈRES, LIBRAIRES-ÉDITEURS
RUE VIVIENNE, 2 BIS
—
1856

ANDRÉ CHÉNIER

LAGNY — Imprimerie de Vialat et Cie.

ANDRÉ CHÉNIER

PAR

MÉRY

PARIS

MICHEL LÉVY FRÈRES, LIBRAIRES-ÉDITEURS

RUE VIVIENNE, 2 bis

1856

— Traduction et reproduction réservées. —

ANDRÉ CHÉNIER

I

L'HÔTEL DE LA TOUR-D'AIGUES*.

Un jour M. le procureur général près la cour d'Aix me fit l'honneur de m'inviter à une soirée qu'il donnait dans son hôtel rue Saint-Michel. M. Borély est le plus aimable, le plus spirituel et le plus estimable des magistrats. On s'estime toujours heureux de se rendre à une de ses gracieuses invitations; il y a certitude de trouver chez lui l'accueil charmant de l'homme du monde qui a déposé la toge, et oublié le prétoire et les plaidoyers.

Aix est une ville d'étude, une ville pleine de charmes et de recueillement : Marseille est, pour ainsi dire, son faubourg commercial. Je profitai de l'invitation de M. Borély pour faire un séjour assez long dans cette noble cité de Sextius. Un ma-

---

* L'hôtel et le château de la Tour-d'Aigues appartiennent à la même famille. Le premier est à Aix, le second est à dix lieues d'Aix, près de la petite ville de Manosque.

tin, comme je causais avec le procureur général dans l'embrasure d'une croisée de son hôtel, je remarquai vis-à-vis un jardin calme comme un cimetière abandonné par les morts et les vivants.

— Voilà, dis-je à M. Borély, un jardin d'une mélancolie charmante; si je voyais parmi ces hautes herbes quelques débris verdâtres de statues, et l'urne brisée d'une Naïade hydrophobe, je me croirais à Rome, sur le mont Quirinal. Quel est l'heureux propriétaire de ce jardin?

— Il est mort; c'était M. de C...

— Ah! un vieux nom de notre Provence! je ne connais rien de pittoresque comme le château de M. de C..., au fond du petit golfe de Carry. Quoi! il possédait aussi ce jardin! il est bien absurde de mourir quand on a de telles propriétés.

— Mais, me dit M. Borély en désignant du doigt un hôtel magnifique, ce jardin appartient à cet hôtel, et cet hôtel appartenait encore à M. de C...

— C'est le comte du chat botté, ceci, mon cher procureur général! et vous appelez cet immense domaine un hôtel! Mais c'est un palais; c'est le Louvre d'Aix! Et à qui appartient ce petit Louvre?

— A la veuve, à madame de C... Oh! si je vous racontais toute cette histoire, vous écririez un roman.

— Eh bien! si vous n'avez pas peur de mon roman, dites-moi votre histoire.

— Elle ne sera pas longue. Ce Louvre d'Aix, comme vous le nommez, n'a que deux locataires : madame de C... et une vieille femme de chambre; elles y habitent le seul appartement qui soit habitable, et madame de C... n'en est jamais sortie depuis plus de quarante ans.

— Et elle ne reçoit personne?

— Personne. Son hôtel est fermé à tout le monde sans exception.

— Mais cet hôtel fait supposer une fortune considérable.

— Cent mille francs de rente.

— Il y a des héritiers heureux!

— Mais d'après les bruits qui courent, ma noble voisine passe son temps fort agréablement et selon ses goûts. Elle lit, elle cultive les lettres, elle traduit Horace...

— Elle traduit Horace ! m'écriai-je en interrompant M. Borély. Sur l'original ou une traduction ?

— Comment donc ! sur l'original. Madame de C... est plus forte que vous sur le latin.

— Oh ! mon cher procureur général, je ne quitte pas votre ville d'Aix sans avoir fait une visite à votre noble voisine.

— Vous y perdrez votre peine.

— Je lui adresserai une épître en vers latins.

— Vous y perdrez votre latin.

— Eh bien ! mon cher procureur général, voulez-vous perdre un pari avec moi ?

— Je veux bien.

— Je vous parie cent francs pour les pauvres, que j'entrerai dans cet inaccessible hôtel.

— Je désire perdre mon pari, car vous nous raconteriez, le premier, toutes les choses extraordinaires que renferme ce Louvre désert. Figurez-vous que tout l'ameublement porte la date de 1788 ; que rien n'y a été dérangé, pas même la dernière bûche de bois qui s'est éteinte sous le pied de Mirabeau partant pour Paris !

— Vous mettez le comble à ma curiosité, mon cher procureur général. J'entrerai.

— J'accepte votre pari.

— Je n'ai jamais perdu un pari de ma vie.

— Vous commencerez.

Je sortis de l'hôtel de M. Borély pour ouvrir la tranchée devant la citadelle de madame de C... J'établis mon quartier général à l'angle de la rue des Quatre-Dauphins, rue déserte, mais que peuple le plus bel alizier du monde, et qu'on dirait avoir été planté par le consul Sextius. Du point de vue où je me plaçai, le palais de madame de C... m'apparaissait dans tout l'éclat de sa gracieuse et imposante architecture : les pierres en sont encore si belles, si jeunes, si pures, qu'on ne s'aperçoit que fort tard du délabrement et de la dévastation qui assombrissent l'ensemble de ce majestueux édifice ; les fenêtres sont innombrables, mais toutes les vitres ont disparu ; les mousses et les saxifrages, dans le travail de leur végétation puissante, ont détaché, comme aurait fait le mineur, des pans entiers de corniches et de frises, et renversé, sur les hauts gazons de la cour d'honneur, des urnes, des sculptures, des ornements superbes qui décoraient les voussures des portes et la cime des frontons; les mains des hommes n'ont rien fait, ce sont des brins d'herbes qui ont amené cette destruction, et l'ont signée avec des parafes de fleurs agrestes d'une exquise beauté.

Toutes les grandes issues de ce palais sont murées comme celles d'un monastère frappé d'interdit. A force de chercher une poterne sur la vaste enceinte, je découvris une porte étroite, avec un marteau rouillé. Je jugeai inutile de frapper à cette porte, qui avait sans doute lassé tant de mains depuis un demi-siècle, et n'osant faire une brèche au mur, ce qui n'est permis qu'aux généraux, je revins à ma première idée; je courus à l'hôtel de madame Alary, où je logeais; j'improvisai vingt distiques latins, et je les adressai, par la poste, à madame de C..., en son hôtel.

J'attendis deux jours une réponse, elle n'arriva pas. J'avais donc trop compté sur l'effet de mes distiques. Le procureur général essaya de me décourager, et me pria de ne pas m'exposer à un nouvel échec.

— Je puis vous affirmer, me dit-il, que tous les personnages influents de la ville, toutes les notabilités voyageuses, tous les artistes, tous les illustres enfants de notre ville, des hommes comme Granet, Mignet, Thiers, Peisse, Rouchon, Roux-Martin, excités par ce qu'on raconte de merveilleux sur cet hôtel, ont fait cent démarches inutiles pour y pénétrer. Madame de C... *se bouche les oreilles et les laisse crier,* comme dit la fameuse stance composée dans cette même ville d'Aix pour un magistrat.

Plusieurs notables habitants, amis de M. Borély, haussèrent les épaules devant ma présomption, lorsque je m'obstinai à affirmer que j'entrerais dans cet Ilium, dussé-je construire un cheval de bois.

— Comment, me dit M. Desfougères, recteur de l'académie d'Aix, monseigneur l'archevêque, M. le procureur général, M. le premier président Emmanuel Poulle, M. Thiers, ont tous échoué devant ces murailles, et...

— Et je réussirai ! dis-je en interrompant le recteur.

— Je le désire, me dit M. Desfougères, car j'ai soumis au gouvernement un projet fort beau. Il s'agirait d'acheter cet hôtel de madame de C..., et d'y établir, en communauté, les vétérans de l'Université française. Ce serait l'hôtel des invalides de la science.

— Nous nous occupons avec chaleur de ce projet, dit le procureur général; l'idée est excellente...

— Je la communiquerai à madame veuve de C... demain, dis-je, au milieu d'une vive manifestation d'incrédulité.

Tous les jours j'avais l'honneur de dîner chez le procureur général Borély; tous les soirs je me trouvais, dans ses salons, au milieu d'une société charmante, et tous les jours, et tous les soirs, la ville d'Aix m'adressait cette question railleuse : Eh bien? avez-vous vu les merveilles inconnues de l'hôtel de madame de C...? Je prenais alors la pose d'un homme sûr de son fait et qui ne demande à l'horloge que la minute de bonne occasion.

Un matin du mois de juillet, avec trente degrés Réaumur, je préparais un assaut devant la petite porte de l'hôtel. La chaleur avait exilé l'ombre même d'un passant. J'aurais pu me croire dans une rue de Pompeïa; Aix dormait. Il n'y avait dans l'air d'autre bruit que le murmure de la fontaine des Quatre-Dauphins, et un son lent de cloche qui venait de la paroisse Saint-Jean.

En examinant la façade du nord, je vis une grande fenêtre fort élevée toute large ouverte, mais défendue par une grille de fer. A l'aide de quelques crevasses de mur, je tentai l'escalade, et je parvins à me cramponner aux barreaux. Maître de ce point d'appui, je continuai mon ascension, et je m'assis sur le bord de la fenêtre. En ce moment, M. Desfougères, le recteur de l'académie d'Aix, passa et me dit à voix basse : Je vais vous dénoncer au procureur général. Je fis le signe qui exprime : Allez, et laissez-moi dans mes fonctions d'assiégeant!

A travers les barreaux de fer, mes yeux plongeaient dans une salle profonde et noire, tout encombrée des lambeaux d'une ancienne magnificence. Une femme, qui me parut âgée de soixante-quinze ans au moins, travaillait à l'aiguille et s'interrompait par intervalles, en laissant tomber lourdement sur son épaule sa tête appesantie par ce sommeil que provoque une excessive chaleur.

Au mouvement prémédité de mes pieds, la bonne femme se

retourna et poussa un cri de surprise en étendant ses deux mains vers moi. Je la saluai par un geste et un sourire des plus bienveillants, et prenant dans ma langue provençale les désinences et les locutions les plus mélodieuses, je m'extasiai sur les riches tentures amassées devant moi.

— Que venez-vous faire là? me dit-elle dans un provençal fort rude.

— Ne vous fâchez pas, Madame, lui répondis-je; je viens vous apporter des nouvelles de vos enfants.

Je courais le risque de trouver ou une vieille demoiselle, ou une vieille veuve sans enfants; mais, dans tous les jeux de cette vie, où nous jouons toujours sans cartes, il faut donner quelque chose au hasard. Au reste, j'avais quatre-vingt-dix chances sur cent pour moi. En général, toutes les femmes sont mères dans le Midi.

La vieille femme sourit et me dit d'une voix émue :

— Vous venez donc de Manosque?

— J'en arrive.

— Vous avez vu M. Dulme ?

— J'ai vu M. Dulme... Nous allons causer de tout cela; ouvrez-moi.

A ce terrible mot, la bonne femme recula sur sa chaise et fit un commencement de signe de croix.

Je me hâtai de la rassurer sur mes intentions, et nous engageâmes, en bonne langue provençale, une conversation qui arriva bientôt à une si large expansion de gaieté, fille de cette belle langue, où chaque mot est un éclair d'esprit, que la vieille gardienne de ce virginal hôtel prit une clé, se leva, mit un doigt sur sa bouche, et me fit un signe qui me ravit de joie : elle allait ouvrir la porte! Oh! qu'ils me parurent petits en ce moment l'archevêque d'Aix, M. Emmanuel Poulle, M. Desfougères et les ministres du 11 octobre et du 1ᵉʳ mars!

Je descendis de la fenêtre, et au même instant la poterne grinça sur ses gonds.

— Il n'y a personne dans la rue? demanda la bonne femme.

— Il n'y a que le soleil, comme toujours.

La porte se referma. J'étais dans un corridor sombre qui aboutissait à un vestibule éclatant.

— Mon Dieu! me dit la gardienne, si madame la marquise savait cela, elle me chasserait.

— D'abord elle ne le saura pas, lui dis-je, parce que personne ne lui parle, excepté vous ; ensuite, si elle vous chassait, ce ne serait pas un grand malheur : vous sortiriez de cette prison, vous iriez à Manosque, voir vos enfants et M. Dulme, et vous vous marieriez.

Ce dernier mot, tiré gravement à brûle-pourpoint sur une femme octogénaire, lui donna un éclat de rire qui réveilla en sursaut l'écho féodal, endormi dans le vestibule depuis 1788. J'admirai d'abord l'escalier qui est superbe, mais recouvert, sur toutes ses marches, d'une épaisse couche de poussière ; aucun pied humain n'a monté cet escalier depuis les pieds de M. de Villars, du marquis d'Argens, de M. de Vabelle, de M. de Forbin, du peintre Vernet, de l'orateur Mirabeau. C'est aujourd'hui un lieu d'asile pour les oiseaux de passage ; c'est une grande volière de hiboux.

Nous traversâmes une vaste cuisine, où les araignées ont établi des filatures sur une grande échelle, et la vieille femme, me montrant la porte du jardin, me dit : celle-là n'a jamais été ouverte depuis cinquante-sept ans (nous étions en 1845). Deux arcs-boutants de fer ayant été enlevés avec une certaine difficulté, j'entrai dans le jardin, où ma présence immobilisa d'étonnement une famille de chats, qui comptaient, par tradition, sur l'inviolabilité de ce territoire, que leurs aïeux de races félines regardaient comme interdit aux profanes humains.

En ce moment, je ressemblais à un intrus qui trouble la répétition d'une fable de La Fontaine, jouée par les comédiens ordinaires de ce poëte. Cette société de chats avait l'air de se concerter dans une circonstance si étrangère à leurs traditions de famille. Les plus jeunes semblaient accuser les anciens et leur reprocher tant de trompeuses promesses de sécurité inviolable, soudainement détruite par la subite invasion d'un animal étranger. J'eus regret, par l'intérêt que je porte aux races félines, d'avoir jeté la perturbation dans ce paradis terrestre, fondé par l'édit de la convocation des états généraux, en faveur de tant d'animaux gracieux et charmants, et je rentrai après leur avoir exprimé dans une pantomime significative combien j'étais désolé de cette fâcheuse perturbation. M. le premier président et le ministre du 1er mars n'auraient pas été peut-être aussi polis.

La gardienne me conduisit ensuite aux appartements supérieurs ; là je respirai les parfums que le xviiie siècle avait laissés dans cette féodale demeure, et qu'aucune haleine profane n'avait souillée depuis 1788. Le premier salon où j'entrai offrit à mes yeux une véritable émeute de fauteuils. Ce désordre mobilier attestait la dernière ébullition de cette société aristocrate, surprise par l'ouragan qui soufflait de Paris. Aucune main n'avait songé à régulariser le désordre de la dernière soirée de l'hôtel, lorsque la jeune et brillante madame de C..., se révoltant contre la révolte, ferma les portes de son Louvre, en l'absence de son mari, et résolut de protester toute sa vie, en s'enfermant comme une reine d'Égypte, dans la pyramide déserte qui était son palais.

En ce moment, j'ignorais que de la fenêtre de l'hôtel du procureur général, rue Saint-Michel, M. Desfougères, le recteur de l'académie, M. Emmanuel Poulle, premier président, M. et Madame Borély m'avaient aperçu dans le jardin de madame de C..., et que des émissaires allaient annoncer partout mon entrée triomphale dans l'inaccessible domaine. A mon insu encore, le procureur général invitait à dîner ses nombreux amis, et faisait distribuer aux pauvres les cent francs perdus.

I

L'HÔTEL DE LA TOUR-D'AIGUES.

(Suite.)

Ce salon où je me trouvais n'avait pas, à coup sûr, en France, son égal. Il me rappela une vallée que j'ai vue près de Ponte-Centino, en Italie, où les laves bouillonnantes d'un volcan furent subitement éteintes par le souffle de Dieu, et conservèrent, dans leur soudaine pétrification, les formes tumultueuses qu'elles avaient à leur état liquide. Chaque fauteuil de ce salon venait de violer son rang symétrique, et attestait encore la véhémence de celui qui l'avait quitté tout à l'heure, c'est-à-dire en 1788. Ce congrès de meubles avait un langage et une voix. On croyait encore entendre se débattre ces nouvelles qui venaient de Paris, et troublaient la molle quiétude de ces nobles heureux.

Les fauteuils disaient :

— La nouvelle est-elle positive?

— Oui, M. de Gallifet a reçu une lettre de M. de Saint-Blancard, premier gentilhomme du roi.

— M. d'Albertas a également reçu une lettre de Versailles.

— De qui?

— De M. de Grave. Elle annonce positivement qu'on vient de découvrir un énorme déficit dans les finances. Le roi a fait un édit. On a reconnu l'origine du mal. Il y a trop de caisses publiques pour le recouvrement de l'impôt. L'édit royal réduit le nombre de ces caisses. On espère, par cette mesure, une économie de sept millions.

— Belle ressource, ma foi!
— Et vous croyez que le déficit sera comblé?
— Puisque le roi l'a jugé ainsi.
— Le roi peut se tromper en finances.
— Les lettres de M. de Grave et du premier gentilhomme ne disent pas tout.
— Ah!
— Il y a donc autre chose?
— Il y a un autre édit.
— Oh! rien n'est plus positif! L'édit qui convoque les états généraux.
— La France est sauvée!
— La France est perdue!
— C'est l'avénement du tiers!
— C'est la chute de la noblesse!
— C'est l'Angleterre qui nous apporte sa révolution!

Ce merveilleux salon retentit encore de ces derniers cris, et ils forment un curieux contraste avec les broderies des fables de La Fontaine qui décorent ces fauteuils bouleversés; avec des groupes de bergers à face rose, se présentant des fleurs et des agneaux sur les voussures des portes; avec une pendule oisive depuis cinquante-sept ans, et qui représente le dieu malin Cupidon perçant un vol de cœurs de la pointe de ses traits.

Au moment où j'allais entrer dans le salon voisin, la gardienne me recommanda le silence le plus absolu, et me défendit même de respirer. Je lui demandai le motif de cette précaution; elle prit un air grave et me dit :

— Le salon où vous allez entrer est voisin du cabinet de travail de madame de C...

Je m'inclinai avec respect, et je fis signe que je supprimais ma respiration comme l'homme qui nage entre deux eaux.

Ma comparaison, trop bien exprimée en pantomime, faillit

provoquer un second éclat de rire qui, cette fois, eût été dangereux, à la porte même de madame de C... La gardienne pinça ses lèvres et se contint.

Ce nouveau salon avait une physionomie calme; les fauteuils ne gardaient aucune trace d'agitation politique; seulement il y en avait deux qui s'étaient éloignés des autres comme pour causer à part, devant la cheminée; ils avaient un air prudent et discret. Je fis des conjectures sur ces deux meubles schismatiques : sans doute deux hommes habiles et prévoyants s'étaient éloignés de la foule au moment où s'agitaient les foudroyantes nouvelles de Paris, et ils avaient tenu à peu près ce langage :

— Tout cela prend une mauvaise tournure.
— C'est ce que je pensais.
— La révolution est à nos portes.
— Elle est entrée.
— Le plus sage est celui qui ne se mêle de rien.
— Ne nous mêlons de rien.
— Une opinion hautement exprimée en public coûte souvent fort cher.
— Coûte la vie.
— Il y a toujours des gens qui prennent note de ce qu'on dit, et après...
— Et après, on est compromis.
— Ne nous compromettons pas.

Après avoir médité quelques minutes sur la prudence politique de ces deux fauteuils, je m'avançai sur la pointe du pied, en sillonnant des flots de poussière, vers la porte du cabinet de madame de C... La gardienne était émue; les larges dentelles de sa coiffe frissonnaient sur ses tempes; rien ne m'arrêta. A la faveur d'un jour très-étroit, je commis une indiscrétion coupable, je sondai le mystère intérieur de ce cabinet de travail. Madame de C..., assise dans un vaste fauteuil, lisait avec l'immobilité de l'attention extrême; sa noble et calme figure ne me parut point avoir emprunté au passé des lignes d'irritation et de mélancolie; c'était l'anachorète au désert; saint Jérôme, dans un autre sexe, et prenant pour Thébaïde le plus somptueux et le plus solitaire des palais.

Il y a vraiment, dans la résolution de cette noble femme, un héroïsme qui nous émeut et nous frappe d'étonnement. A la fleur de son âge, belle, riche, enviée, elle a fait ses adieux au monde, à sa famille, à ses amis; elle n'a pas voulu voir passer des révolutions sous ses fenêtres; elle est restée dans son ancien régime. Elle n'a voulu connaître ni les gloires, ni les folies qu'une nation comme la France va faire éclore, le jour où elle brise son despotisme ou sa liberté : deux fardeaux pour elle également lourds.

N'arrivons pas encore aux choses sérieuses; elles ne viendront que trop tôt! Je sortis de ce salon, où ma station fut très-courte, et j'en traversai un autre dont la tenture, ouvrée en perles, me parut fort riche; d'énormes lambeaux se détachaient du mur, en cédant au travail de l'humidité. Je côtoyai ensuite un vaste paravent, où je retrouvai encore l'éternelle fantaisie du dix-huitième siècle, l'inévitable troupeau de bergers conduits par quelques moutons; puis j'entrai dans une belle galerie, où mes pas mirent en fuite une compagnie d'oiseaux et une escouade d'autres êtres moins charmants qui se constituent les hôtes insolvables et les ignobles destructeurs de tous les édifices abandonnés.

J'accomplissais cette visite à travers cette magnifique demeure en 1845, c'est-à-dire à l'époque où la fièvre de la propriété immobilière agitait toutes les têtes de France, où chaque futur citoyen de la république voulait posséder quelques pierres alignées au soleil, où on regardait une inscription au cadastre comme une place au paradis, et j'avais là, sous mes pieds, sur ma tête, autour de moi, un immense palais, bâti en pierres romaines d'Arles, un merveilleux travail d'architecture, tout couvert du sublime dédain d'une femme, et cette femme seule avait raison, au milieu d'un monde aveuglé par le matérialisme du moment!

Elle a laissé tomber ainsi en poussière tout ce qui faisait l'ornement intérieur de ce palais, les meubles, les tableaux, les tentures, les tapis, les boiseries, les portes, les peintures, les décors, les statues, les sculptures, les plafonds; et si elle vivait un demi-siècle encore, elle laisserait tomber les quatre murs de l'édifice sur sa tête, comme pour dignement couronner la plus héroïque des résolutions. Il y a eu souvent des spéculateurs, des commis de bande noire qui sont venus crier à travers les fenêtres de ce palais, et offrir des prix fabuleux à la propriétaire. Ils ont tous crié dans le désert. Tant qu'elle vivra, jamais cette protestation monumentale et pétrifiée ne sera une usine, une filature, une banalité quelconque au service de l'industrie; cette métamorphose regarde les héritiers.

Arrêté dans ma visite par un énorme fouillis de curiosités vermoulues, je voulais, par des procédés adroits d'exorde, connaître l'opinion que la vieille femme de chambre avait de sa maîtresse. Ma diplomatie échoua devant la fidélité. La conduite de madame de C... lui paraissait fort naturelle; tout le monde en eût fait autant, c'était un genre d'existence comme un autre. Voilà tout ce que j'ai pu recueillir. Mais elle me donna quelques petits détails d'intérieur dont ma curiosité se trouva satisfaite; entre autres celui-ci :

— Je sors tous les matins avant le jour, me dit-elle, et je vais acheter mes provisions pour Madame et pour moi.

Je lui sus gré de cette confidence, qui rendait le calme à mes conjectures, car j'étais sur le point d'admettre pour l'hôtel de madame de C... l'oiseau messager qui apportait chaque jour sa nourriture à l'anachorète du désert.

Un pressentiment me disait qu'en furetant ainsi les coins et les recoins de cette demeure, j'arriverais à une découverte inattendue; le hasard, quand nous tentons son intelligence, nous tient toujours en réserve un étonnement.

A l'extrémité d'une galerie, je me méfiai d'une porte qui ne voulait pas se laisser ouvrir, comme on se méfie d'un homme qui ne veut pas nous répondre. Ce n'était pas la serrure qui résistait, toutes les serrures sont absentes dans cet hôtel; il ne s'agissait donc que d'enfoncer une porte ouverte, mais probablement comprimée à l'intérieur par des meubles ou des murs éboulés. Comme l'état général de ce palais n'exigeait pas de moi des ménagements et qu'il est permis de tout briser dans une ruine, je fendis la porte vermoulue, comme on fend un cerceau de papier au cirque, et je pénétrai dans une petite chambre tout encombrée d'objets sans nom, et que l'œil d'un tapissier ne classera jamais.

La fenêtre de cette chambre, fermée par des persiennes en loques, était décorée de nids d'hirondelles en disponibilité. En jetant un regard sur les jardins, à travers les lames disjointes, je découvris à ma gauche, des lettres gravées sur le mur; le temps en avait noirci le creux, ce qui leur donnait une espèce de relief très-lisible du premier coup d'œil. Je lus donc tout de suite ces deux noms : *Chénier* — *Trudaine*, l'un au-dessus de l'autre. Au moment de sortir de la petite chambre, je voulus les revoir encore, pour bien me convaincre de la vérité de ma première inspection.

La gardienne me fit observer que ma visite se prolongeait d'une façon indiscrète, et qu'elle craignait d'être appelée par la sonnette de Madame; je lui fis mes sincères excuses et je la suivis sur le grand escalier, que je revis avec joie dans sa majesté babylonienne : un arceau colossal, qui fut autrefois une fenêtre, verse sur ses marches poudreuses des flots de lumière qui incommodent une colonie de hiboux, nichés dans toutes les crevasses des murs. Un seul ornement n'a pas quitté l'escalier somptueux : c'est une longue chaîne qui soutenait le lustre. On cherche le lustre, il a disparu, il s'est anéanti. Étoile brillante des fêtes, elle s'est éteinte avec elles. La chaîne reste pour raconter les magnificences du passé.

La bonne femme ouvrit la poterne avec des précautions méticuleuses, et me dit de regarder adroitement si personne ne passait dans la rue. En général personne ne passe dans les rues d'Aix; les rues y ont horreur du passant, comme la nature du vide. Je n'hésitai pas à répondre qu'il n'y avait aucun danger d'être vu. Je serrai les mains de la vénérable femme de chambre, qui refusa énergiquement une pièce d'or offerte, et bientôt, heureux de mon expédition, je foulais l'herbe de la rue des Quatre-Dauphins.

A six heures, je me rendis chez M. le procureur général Borély, où je trouvai une société fort nombreuse. On me fit raconter dans tous ses détails mon voyage dans le palais de madame de C..., et on m'engagea même à l'écrire. J'avais, à cette époque, des motifs particuliers qui n'existent plus aujourd'hui et qui s'opposaient à la publicité de ma relation; mais je promis, quelques jours après, de me servir de l'hôtel de madame de C... comme d'un prologue pour une histoire inédite sur André Chénier, laquelle histoire me fut fournie par un homme qui avait vu cet hôtel dans toute sa splendeur, jusqu'en 1788.

Le nom de Chénier que j'avais lu sur une pierre n'avait devant lui ni prénoms ni l'initiale d'un prénom. Le consul général Chénier a eu quatre fils : Marie-Joseph, Sauveur, André et Constantin. Cependant le nom de Trudaine écrit à côté de Chénier remplaçait, pour ainsi dire, le prénom d'André. Or, me disais-je, à quelle époque André Chénier est-il venu à Aix ? Il a passé ses premières années à Narbonne ; il lui est resté de doux souvenirs de ce beau pays et des rives de l'Aude : probablement le poëte, avant 1789, aura voulu revoir ce pays d'affection, et il se sera sans doute arrêté à Aix.

Serait-il venu à Aix à son retour d'un voyage en Suisse qu'il fit avec Trudaine ? C'est encore possible. André Chénier, né à Constantinople, et ayant gardé en lui, aux bords de la Seine, l'amour de la Méditerranée, aura fait, à cette époque, un détour de voyageur vers le Midi. Une troisième chose est encore admissible : André Chénier, ayant embrassé la carrière des armes avant 89, a été sous-lieutenant au régiment d'Angoumois, qui a tenu garnison à Strasbourg et dans quelques villes du Midi. Il se dégoûta bientôt de cette profession, quitta l'épée pour la lyre, et revint encore à Paris, où son destin le rappelait toujours. *Quis vincere fatum !* qui peut vaincre le destin? a dit un André Chénier de Rome.

Au reste, il m'importait fort peu de connaître à laquelle de ces trois époques André Chénier avait reçu l'hospitalité à l'hôtel de M. de C... Il y était venu, c'était pour moi démontré. Mais en causant avec un contemporain des anciens jours, un de ces hommes qui ont tout vu, j'avais appris une foule de détails sur le passage d'André Chénier à Aix, en Provence, vers l'année 86 ou 87 [*]. Sans ma visite à l'hôtel de madame de C..., et même sans ma découverte de la petite chambre aux deux noms, j'aurais toujours ignoré cet épisode de la vie du poëte. Pendant cinq ans, j'ai fait par intervalle des recherches,

---

[*] M. Duperray, qui a vécu dans l'intimité des plus célèbres personnages de cette époque. Il était, dans ses dernières années, l'ami et l'inséparable compagnon de M. le duc de Choiseul, chez lequel je l'ai vu et étudié comme un livre pendant dix ans.

à Rouen et à Versailles, villes de retraite d'André Chénier, pour relier mon histoire du séjour à Aix aux époques de 93 et de 94, et quand la lumière a été donnée, j'ai tout écrit. C'est l'histoire du jeune poëte au milieu des révolutions.

III

UNE SOIRÉE DE CE TEMPS DANS LE MÊME HÔTEL.

89 allait bientôt poindre à l'horizon du levant; il y avait soirée à l'hôtel de la Tour-d'Aigues, à Aix. Une sérénité d'âge d'or planait dans les salons et se peignait en reflets doux sur les visages des femmes et des hommes. Tout ce monde, bercé par un molle béatitude, semblait appartenir aux personnages de la tapisserie, où les bergers et les bergères du Lignon se souriaient, la houlette à la main.

Dieu a souvent donné des leçons au monde, mais le monde est un écolier éternel qui n'a jamais écouté son maître. Après ce demi-siècle de paix universelle que l'empereur Auguste avait donné à l'univers, et sous le règne de ce divin Titus, surnommé les *Délices du genre humain*, les hommes reçurent d'en haut une leçon foudroyante, dont le retentissement dure encore et traversera les siècles, sans corriger peuples ou rois. Il y avait une ville heureuse entre toutes les villes, une colonie de riches fortunés, se baignant dans une mer tiède, dormant sur des lits d'ivoire ou sous les arbres de leurs villas voluptueuses, se couronnant des roses de Pœstum et cueillant les jours de la vie comme on cueille les fleurs pour en jouir en épuisant leurs parfums. Tout à coup la colline qui abritait ces hommes heureux se fit volcan et les engloutit. Le Vésuve dévorait Pompéïa et complétait la leçon donnée par le Calvaire quelques années avant.

Il y a toujours eu de ces irruptions dévorantes dans l'ordre physique et moral. Le bonheur porte son épouvante avec lui, mais les hommes se laissent toujours tromper par la sérénité de l'horizon. Ils s'endorment, et quelque Vésuve les attend au réveil.

Le riche Pollion, qui, selon Ammien-Marcellin, fut surpris, avec ses mille invités, dans sa villa de marbre, par les flammes du volcan, nous le retrouverons sous un autre nom, à toutes les époques; nous allons le retrouver aujourd'hui.

Le cercle de l'hôtel de la Tour-d'Aigues s'entretenait, ce jour-là, de toutes les frivolités du moment, lorsqu'on annonça un voyageur parent de feu M. de Voltaire : c'était M. de Florian qui, venant du Languedoc, traversait la ville d'Aix en se rendant à Paris. On l'attendait avec impatience; on savait qu'il allait publier ses deux romans d'*Estelle* et de *Galatée*, et il avait promis d'en faire une lecture ce même soir. Presqu'au même moment, M. le marquis d'Albertas arriva de son château de Gemenos, avec l'abbé Delille. L'hôtel de la Tour-d'Aigues donnait déjà, depuis quelques jours, l'hospitalité à un autre voyageur, destiné à une grande illustration, au jeune André Chénier. La soirée promettait d'être brillante. Les jeunes femmes de la noblesse d'Aix rayonnaient de joie à l'idée d'entendre la lecture d'*Estelle* avant leurs amies de l'hôtel de Grave, à Versailles, où M. de Florian était attendu.

M. de Florian ouvrit un manuscrit qui était une septième copie, et le cœur du noble auditoire battit de joie au moment où ce début se fit entendre : *O vous ! bergères de mon pays, vous qui, sous un chapeau de paille, cachez des attraits dont tant d'autres seraient vaines !* Une attention toujours sympathique et parfois enthousiaste accompagna la lecture de la pastorale de l'Occitanie. Les applaudissements, presque unanimes, éclatèrent à la fin, et l'abbé Delille, qui ne regardait pas un poëte prosateur comme un rival redoutable, prédit un grand succès à l'églogue de M. de Florian.

— Maintenant, dit l'écrivain pastoral, si la noble société le permet, un jeune compositeur qui arrive d'Italie et qui voyage avec moi va vous chanter une des romances d'*Estelle*, en s'accompagnant du forte-piano.

Des murmures de satisfaction coururent dans les quatre angles du salon privilégié. Un jeune homme, de petite taille et d'une figure animée par des yeux italiens, se mit au forte-piano et chanta la romance :

>Ah ! s'il est dans votre village
>Un berger sensible et charmant.

L'air fut trouvé délicieux; il fut applaudi avec transport.
— Ce jeune homme ira loin, dit M. de Florian.
— Son nom? demandèrent quelques voix.
— Chérubini !
— Quelle délicieuse soirée! disait-on sur presque tous les fauteuils.

M. d'Albertas prit la parole.
— Nous allons encore avoir un nouveau bonheur, dit-il : M. l'abbé Delille va nous réciter les vers qu'il a composés dans mon château de Gemenos, et qu'il destine à son poëme de *l'Homme des Champs*.

Des éclats de joie suivirent cette annonce; le poëte se leva, prit une pose modeste, comme un homme habitué aux triomphes, et déclama la tirade connue qui commence ainsi :

>O riant Gemenos! ô vallon fortuné!
>Tel j'ai vu ton vallon, de pampre couronné,
>Que la figue chérit, que l'olive idolâtre,
>Étendre en verts gradins ton riche amphithéâtre!

Le morceau obtint le succès réservé à tous les vers de l'abbé Delille. M. d'Albertas, excellent gentilhomme, doué d'une très-grande bonté de cœur, triomphait de joie en écoutant les vers qui célébraient son *Tempé provençal*. Cette joie était la dernière de sa vie, il allait tomber bientôt sous le poignard d'un assassin dans cette oasis délicieuse, pleine d'ombres et de cascades, où s'élevaient les quatre tours de son château seigneurial de Gemenos.

Un souper splendide termina cette soirée littéraire et pastorale. Comme il arrive toujours en pareille occasion, les convives ne firent rouler l'entretien que sur la prose et les vers qui venaient d'être lus.

M. de Castellane surtout imprima un mouvement très-vif à la conversation de table par une réflexion qui parut fort juste.

— Nous avons, dit-il, à quelques lieues d'Aix, un château qui me rappelle une pensée et un penseur...

— Le château de Vauvenargues, dirent plusieurs voix.

— Oui, Messieurs. Eh bien ! Vauvenargues a dit que les *lettres reflétaient la société.* Pensée d'une précision et d'une vérité incontestables. La société française, si agitée sous la Fronde et pendant nos dernières guerres de religion, est aujourd'hui dans une assiette calme dont elle ne sortira plus, car l'expérience instruit les hommes. Aussi, que font les écrivains, les musiciens, les poëtes ? Ils écrivent, ils composent, ils chantent selon les goûts tranquilles de notre société. On enthousiasme la France avec le simple récit des amours de deux bergers. Nos mœurs sont si douces qu'elles ne demandent pas d'autre littérature, et nos écrivains répondent à ces heureuses exigences par des œuvres naïves, par des chants simples dignes de l'âge d'or.

— Cela est fort juste, dit M. de Florian; les écrivains, avant de composer, écoutent le public et ne lui donnent que ce qu'il demande ; on ne peut avoir des succès qu'à ce prix. Ainsi, par exemple, si aujourd'hui un poëte embouchait la trompette guerrière ou provoquait le peuple à se révolter contre les rois, ce poëte n'aurait pas un lecteur.

— Pas un ! dirent plusieurs convives, et quelques hommes d'État de 1788.

— Aussi, poursuivit M. de Florian, je dirai, moi, comme M. Rousseau de Genève, et avec bien plus de bonheur : *j'ai vu les mœurs de mon siècle*, et j'écris des pastorales.

— Très-bien ! très-bien! monsieur de Florian ! dirent les convives.

M. de Florian continua :

— Tous les abus énergiquement signalés par mon glorieux parent, M. de Voltaire, ont disparu. La guerre des encyclopédistes a fait son œuvre. L'azur vient après la tempête. Si M. de

Voltaire, mort depuis neuf à dix ans, tenait encore aujourd'hui la plume, il écrirait des pastorales charmantes, avec les bergères du lac de Ferney.

— C'est incontestable! s'écria le noble auditoire, et M. Rousseau de Genève aussi!

— Mais lui aussi! poursuivit M. de Florian; M. Rousseau, remarquez-le bien, a toujours eu un certain penchant pour le genre pastoral. Il a écrit une infinité d'églogues sans le savoir; que ne ferait-il pas aujourd'hui en ce genre, s'il voyait le royaume lui demander des pastorales, et plus de *Contrat social?*

— Il est évident, dit M. Delille, que M. Rousseau de Genève serait aujourd'hui dans les bergeries comme nous. Au reste, à mon avis, il n'a rien fait de mieux que son *Devin du village.*

— *Capo d'Opéra*, remarqua le jeune Chérubini.

— Oui, un chef-d'œuvre! dit M. de Florian, et jamais la musique française n'ira plus loin.

La discussion, en s'échauffant, entra bientôt dans d'autres domaines où nous ne la suivrons pas; il nous aura suffi d'esquisser un coin de ce tableau historique où la société française s'endormait, avec cette bienheureuse insouciance, sur le seuil de 89. Les convives remplissaient la salle de leurs voix, de telle sorte qu'il eût été difficile d'entendre une conversation isolée, tenue à l'une des extrémités de la table, entre une jeune femme et un poëte qui n'avait pris aucune part aux débats généraux.

— Oui, Madame, dit le poëte pour répondre à une de ces demandes oiseuses qui sont le prétexte d'un début de conversation; oui, j'aime assez le rôle d'auditeur.

— Pourtant, Monsieur, vous êtes poëte aussi? demanda la jeune femme.

— Poëte! Madame, je ne sais pas trop bien... j'en doute... J'étais sous-lieutenant dans Royal-Angoumois, et aujourd'hui je ne le suis plus. J'étais peut-être aussi poëte hier, et aujourd'hui...

— Aujourd'hui, Monsieur, vous auriez encore perdu une sous-lieutenance en poésie! Vous ne tenez donc pas à vos emplois?

— J'essaie, Madame, j'essaie la vie.

— Vous êtes né dans un pays bien inspirateur... à Constantinople...

— Madame, ce pays inspirateur n'a pas fait un poëte d'un seul Turc.

— Constantinople attendait sans doute les quatre fils de M. le consul général Chénier.

— Je vous remercie pour mes frères, Madame.

— Me permettez-vous d'être indiscrète, monsieur Chénier?

— Oui, Madame, la jeunesse, la grâce, la beauté, n'ont pas le droit de demander une permission!

— Je vous ai regardé attentivement, lorsque M. de Florian lisait son *Estelle*, et lorsque M. l'abbé Delille récitait ses vers, et votre visage n'a pas reflété le feu de l'enthousiasme général.

— Madame, mes admirations sont toujours intérieures. M. de Florian et M. l'abbé Delille sont deux écrivains d'un très-grand mérite. En France, on ne réussit jamais qu'avec beaucoup de talent; ils ont réussi.

— Il paraît, Monsieur, que je suis bien maladroite dans mes questions...

— C'est sans doute moi, Madame, qui ai perdu l'habitude d'y répondre, depuis ma sortie de mon régiment.

— Voyons! je serai plus claire cette fois, Monsieur. Quelle est votre opinion sur l'*Estelle* de M. de Florian?

— C'est l'élégante traduction de beaucoup de nos tapisseries. Les bergères et les bergers sont tout ce que vous voudrez, excepté des bergers et des bergères.

— Il paraît, Monsieur, que vous avez très-bien repris l'habitude de répondre. On dirait que vous allez rentrer dans Royal-Angoumois.

— Oh! j'ai servi l'État six mois, Madame; il y a la moitié d'une année de trop. Ce n'est pas ma vocation.

— Je voudrais bien aussi, monsieur Chénier, connaître votre opinion sur les vers que M. l'abbé Delille nous a si bien récités.

— En effet, Madame, il récite admirablement.

— Oui, mais votre opinion sur...

— Ah! oui!... Eh bien! ces vers-là sont écrits avec beaucoup de facilité... mais je vous avoue que je n'aime pas trop des vers dans le genre de celui-ci :

Que l'olive chérit, que la figue idolâtre.

Ce n'est pas ainsi, je crois, qu'un poëte doit peindre cette admirable vallée thessalienne de Gemenos. A tous ces vers faciles, élégants, mais froids, je préférerais toute ma vie un quatrain qui m'a été récité hier chez un avocat au parlement. Ce quatrain est de votre compatriote M. de Valbelle, qui a été l'heureux amant de mademoiselle Clairon de la Comédie-Française. Un soir, ils se promenaient tous les deux dans le parc de Tourves, ici près d'Aix ; mademoiselle Clairon regardait une étoile avec des yeux de convoitise, et Valbelle lui fit ce quatrain qui vaut une constellation, à mon avis :

La nuit, quand sous un ciel sans voile,
L'heure d'amour vient à sonner,
Ne regarde pas cette étoile,
Je ne puis te la donner.

André Chénier récita ces vers avec une admirable expression de sentiment, et ses yeux, qui avaient emprunté leur azur limpide au Bosphore natal, rayonnèrent sous un front large tout rempli d'avenir.

La jeune femme regarda fixement le poëte, et deux larmes mystérieuses, deux perles de tristesse vague, roulèrent sur ses belles joues. André Chénier pensait aux poétiques amours de M. de Valbelle et de mademoiselle Clairon.

— Avez-vous fait une réflexion quelquefois, dit la jeune femme en revenant au sourire, qu'il faut peu de chose pour être triste à la fin d'un souper fort gai ?

— Oh ! non pas pour tout le monde, Madame. En général, la gaieté s'excite elle-même par des procédés factices ; elle étourdit toutes les têtes, elle fait même violence à des convives dissidents, et c'est alors qu'elle donne la tristesse à un coin philosophique de table où on la regarde passer.

— C'est probablement, dit la jeune femme, le souvenir de

M. de Valbelle qui m'a émue tout à l'heure. C'était un ami de ma famille, un homme charmant.

— Madame, je suis désolé d'avoir eu cette absurde idée égyptienne d'introduire un cercueil dans cette salle de festin.

— C'est une admirable idée, Monsieur; les Égyptiens avaient raison... Oh! ce n'est pas le nom de Valbelle qui m'a mis la tristesse dans l'âme... je vous accuse injustement... il y a comme un nuage de sang qui a passé devant mes yeux... je dois être horriblement pâle, n'est-ce pas?

— Vous dites cela en riant, Madame, aussi je ne m'alarme point... vous avez des couleurs éblouissantes... voilà un miroir qui n'est pas intéressé à mentir pour vous rassurer... Ne croyez pas en moi, mais croyez en lui.

La jeune femme se leva lentement, et mit son charmant visage à quelques lignes du miroir; puis reprenant sa place, elle dit avec calme : Je suis très-pâle en effet ; vous savez mentir galamment, monsieur Chénier.

— Madame...

— Oh! nous avons là un juge de Venise qui a cassé votre jugement...

Elle passa du sourire au recueillement et dit :

— Nous avons toujours eu de ces pressentiments sinistres dans nos familles militaires... Quand mon oncle fut tué sur *la Belle-Poule*, que commandait M. de La Clochetterie, ma mère, à l'instant même de cette mort, pâlit devant son miroir... Mon mari est en mer avec son vaisseau en ce moment, il court quelque grand péril... Vous verrez, monsieur Chénier... prenez la date de ce jour... Les Gauloises du Rhône ont aujourd'hui comme autrefois le génie du pressentiment.

André Chénier regardait la jeune femme avec des yeux d'une expression étrange. Les convives se retiraient; les porteurs de chaises remplissaient le vestibule, les porteurs de torches éclairaient la rue, on croisait les adieux, on se promettait de se revoir, on se félicitait d'une soirée si belle. André Chénier suivait encore des yeux la jeune femme, et ne voyait qu'elle dans ce monde brillant, qui ne regardait que lui-même.

En ce moment M. de Castellane l'aborda et lui dit :

— Aurons-nous encore quelque temps le plaisir de vous voir parmi les nôtres?

— Hélas! non, dit le poëte, je pars dans deux jours pour Paris; mon père m'attend rue de Cléry, n° 97.
— Vous aviez une bien charmante voisine à table...
— Oh! délicieuse!... Je n'ai pas eu le courage de lui demander son nom...
— C'est madame la comtesse Marguerite de C...
— Ah!... c'est la femme d'un officier de la marine royale?
— Son mari commande le vaisseau du roi *l'Épervier*, parti en mission pour le Sénégal.

André fit un signe d'indifférence, et, saluant son interlocuteur, il suivit un domestique et monta le grand escalier de l'hôtel.

Ces trois chapitres sont comme le prologue de l'histoire qui va commencer.

IV

UNE LETTRE.

Selon sa vieille habitude, le printemps rajeunissait les beaux arbres du bois de Satory, près Versailles; les fleurs agrestes, les vertes pelouses, les buissons odorants, se réveillaient avec les premières aurores d'avril, comme si les hommes eussent continué de jouir des fraîches richesses dont la nature se pare pour eux, après les ennuis de l'hiver.

C'était le printemps de 93 : deux hommes, vêtus avec une simplicité plus que modeste, s'étaient assis, un peu à l'écart des sentiers battus, dans le bois de Satory ; le plus âgé paraissait avoir quarante-cinq ans environ ; sa figure, douce et intelligente, se voilait de mélancolie ; son compagnon était un jeune homme de trente ans, de taille moyenne, avec de beaux cheveux noirs, un front large, des yeux d'un bleu d'iris et des traits énergiques : deux poëtes illustres ; le premier était Roucher, le second André Chénier.

André Chénier ouvrait une lettre qui paraissait fort longue, à en juger par la grosseur de l'enveloppe, et il disait à son ami :

— Voici une lettre qui vient de m'être remise, non par le facteur, mais par un messager mystérieux. Personne ne passe dans ce désert. L'abri est bon. Il ne faut rien négliger, dans le temps où nous sommes, ni les conseils des amis, ni les avis des inconnus. Lisons.. il n'y a point de signature :

« Parmi tous les hommes qui s'agitent en France, depuis 1789, aucun peut-être n'a trouvé un loisir pour se donner un regard à lui-même. Chacun d'eux a passé son temps à regarder les autres, et à travers la brume sanglante de cette bataille civile qui dure depuis quatre années, personne à coup sûr n'a distingué exactement même les traits de son voisin. On ne s'est pas étudié ; on s'est heurté ; le fort a renversé le faible. Personne ne s'est connu. La fièvre générale est si ardente que tous les naturels, toutes les vocations, tous les instincts se sont déplacés, de sorte que ceux qui étaient nés pour vivre patriarcalement au sein de leurs familles ont mis la main sur la hache, et nous ont apparu dans les auréoles sinistres, avec la livrée du bourreau, tandis que d'autres qui avaient au cœur l'énergique tempérament des passions se sont effrayés d'eux-mêmes, en regardant fonctionner les autres, et ils vivent aujourd'hui à l'écart, tranquilles et ignorés. Votre auteur favori, Bernardin de Saint-Pierre, parle d'un cataclysme terrestre qui bouleversa toutes les zones, et mit les régions du pôle à l'équateur. Cette théorie, empruntée à l'ordre physique, est applicable à l'ordre moral. Le sang est monté au cerveau de la France. Il y a perturbation violente dans toutes les zones du corps social.

« Recueillez-vous dans le coin le plus secret de votre âme, André Chénier ; saisissez au vol, dans nos ténèbres extérieures, un de ces éclairs que Dieu envoie aux nuits les plus sombres, et osez ensuite vous avouer à vous-même que vous étiez né pour vivre comme vous avez vécu depuis quatre ans. Constantinople fut votre berceau ; une femme grecque fut votre mère ; la langue des poëtes fut votre premier bégaiement ; le soleil oriental fut votre premier ami ; la mer fut votre première amante. Vous avez ensuite traversé l'Archipel, comme votre aïeul, Homère ; vous êtes arrivé en Europe avec une immense provision de poésie, de notes mélodieuses et d'amour, et qu'avez-vous fait de ces trésors que Dieu laisse tomber, dans les landes humaines, sur une tête de prédilection ? Vous avez pris le jargon des autres, au lieu de leur imposer votre langue ; vous avez écrit des pamphlets vulgaires ; vous avez engagé une polémique avec Brissot et Collot-d'Herbois ; vous avez écrit des satires en prose contre Pierre Manuel, procureur général de la commune de Paris ; vous vous êtes associé avec des idéologues, et l'âme de votre vieux père s'est abreuvée d'amertume, lorsque les gazettes parisiennes ont retenti de vos tristes querelles avec votre frère Marie-Joseph ! Et voilà où l'irrésistible entraînement des passions politiques précipite les âmes les mieux faites ! Au nom du principe républicain de la fraternité, vous vous êtes déchirés entre frères, Marie-Joseph et vous ! Vous avez donné au monde ce triste problème à résoudre : lequel des deux sera Caïn ? Vous, poëtes tous les deux ! Vous n'avez jamais songé à votre mère, lorsqu'elle vous tenait embrassés sur ses genoux, sous l'arbre du Bosphore ! Vos yeux ne se sont pas tournés une seule fois vers cette tombe auguste ! Vous avez oublié votre mère pour Collot-d'Herbois et Brissot, pour Garat et Cabanis ! Oh ! qu'elle est noble et belle, la politique qui entraîne deux poëtes à cette fratricide fraternité ! »

André Chénier suspendit la lecture de cette lettre, et dit d'une voix émue à Roucher :

— Je voudrais bien savoir qui peut m'écrire cela... Avez-vous quelque nom à mettre au bas d'une pareille épître ?

— C'est aussi ce que je cherche en écoutant, dit Roucher... Ce n'est pas une lettre de de Pange...

— Oh ! de Pange ne perdrait pas son temps à m'écrire ; il me parlerait...

— Serait-ce un des frères Trudaine ?

— Non... par la même raison... Il faut pourtant que ce soit un homme qui me porte un bien vif intérêt, car, en ce moment, chacun est enclin à l'égoïsme ; les préoccupations personnelles absorbent l'individu et lui font oublier le prochain.

— En réfléchissant mieux, dit Roucher après une pause, je crois qu'il n'y a qu'une femme qui ait eu l'idée d'écrire cette lettre... Les hommes ne se placent jamais à ce point de vue dans les questions politiques. Tous, dans leurs partis, ont des théories inflexibles, et pas un ne transige avec les froids contrôleurs qui parlent au nom de la philosophie et de l'humanité. Un homme au temps où nous vivons, n'oserait pas écrire ces choses : il craindrait trop cette banale réponse, qui ne répond pas et répond à tout : Vous n'entendez rien à la politique, vous qui parlez ainsi. Il y a des raisons suprêmes de patriotisme et de salut public qui emportent toutes ces mesquines considérations domestiques ; il faut être citoyen avant tout.

— Oui, je crois que vous avez raison, Roucher ; c'est une femme... une femme que je ne connais probablement pas et qui s'intéresse à ma destinée... Oui, les femmes et les hommes ne s'entendent jamais en politique ; nous parlons avec la tête, elles parlent avec le cœur... Achevons cette lecture :

« André Chénier, vous avez méconnu votre vocation ; à votre début dans la vie, vous prîtes l'ardeur des nobles instincts pour la passion des armes, et vous embrassâtes la carrière militaire. Le dégoût vint bientôt ; vous reconnûtes que le métier de soldat n'était point le vôtre, et vous vous fîtes voyageur. Quand la révolution eut éclaté, vous avez subi l'entraînement des idées généreuses, et vous êtes devenu publiciste. Un jour, sous les ombrages de Passy, la muse grecque, votre mère, vous conseilla les doux loisirs et le sacerdoce du poëte ; elle vous apportait la lyre aux sept cordes, et votre main se tendait déjà pour la saisir, mais Cabanis entra et vous présenta une plume, et vous écrivîtes, au lieu du poëme attendu, une brochure intitulée : *Avis aux Français sur leurs véritables ennemis*. Un autre jour, dans le bois d'Auteuil, vous aviez des fleurs à la main, une herbe molle sous vos pieds, des chants d'oiseaux sur votre tête, autour de vous toutes les grâces des aurores d'avril ; déjà vos lèvres murmuraient des vers sur le mode d'Ionie, lorsque votre ami Garat vous rencontre et vous fait publier votre fameux *Numéro treize* du *Journal de la Société* de 1789. Dès ce moment, votre muse replia ses ailes, et vous fûtes créé rédacteur en chef de *la Gazette de Paris*, et Homère écrivit l'Iliade du club des Jacobins.

« Oh ! j'entends d'ici votre justification, et tout honorable qu'elle soit, je ne l'admets point : Oui, dites-vous, celui qui, dans les convulsions de son pays, tient en main l'arme de la plume, doit combattre pour le triomphe des grands principes de l'ordre et de l'humanité, dût-il périr sur ce champ-clos du citoyen ! Cela est vrai pour beaucoup ; mais vous, André Chénier, vous n'aviez rien à espérer sur ce champ-clos, qui n'est pas l'arène olympique. Vous avez beau dominer de toute la tête les écrivains que vous combattez, ils auront raison contre vous; ils vous écraseront toujours. Un écrivain dogmatique, sec, pédantesque, froid, sobre et contenu par impuissance, vous terrassera dans cette lutte; on dira de lui qu'il est sérieux et profond; on dira de vous, que vous êtes superficiel et poëte. Vous succomberez sans profit pour votre cause, sans gloire pour votre nom.

« La main qui écrit ces lignes n'a jamais serré la vôtre, André Chénier, mais le cœur qui conduit cette main compte de loin tous les battements de votre cœur; mais une voix prophétique sort des froides pages que vous lisez en ce moment, et vous crie de déposer le ceste du lutteur, et de prendre la lyre du poëte, c'est-à-dire de rentrer dans le sentier de votre seule et réelle vocation. La Providence, qui veut sauver ses élus, se sert quelquefois d'une indigne main pour écrire ses avertissements, elle a peut-être choisi la mienne aujourd'hui; ainsi ne méprisez point ce qui vous paraît monter de bien bas, car, si j'en crois un pressentiment, cela descend de bien haut. »

— Il est impossible d'en douter, dit André, c'est une femme qui m'envoie cette lettre... regardez d'ailleurs l'écriture, elle a un sexe; les caractères en sont timidement tracés : il y a absence complète de ponctuation... les lignes montent de gauche à droite et perdent le niveau... c'est une femme...

— Et très-probablement encore, dit Roucher, elle habite Versailles.

— Sans aucun doute, et personne pourtant, je crois, ne sait que j'ai choisi cette retraite.

— Personne, excepté cette femme, remarqua Roucher.

— C'est encore vrai, puisqu'elle m'écrit et qu'elle m'envoie un messager que je trouve en sortant sur la porte de ma maison.

— Et elle veut rester inconnue, dit Roucher, puisqu'elle ne demande aucune réponse, et n'indique aucune adresse.

André Chénier réfléchit quelques instants, et dit :

— Oh! je la trouverai! je la trouverai!... j'en suis certain.

— J'en doute, dit Roucher.

— Vous verrez, mon ami.

— André, si nous vivions en temps ordinaire, la chose serait facile, mais nous ne sommes pas trop libres dans nos mouvements, et ce n'est pas quand on craint soi-même d'être découvert, qu'on peut songer à découvrir les autres.

— J'ai prévu votre difficulté dans mon plan; elle n'existe plus, je trouverai cette femme sans sortir de chez moi.

Un sourire comme tous les sourires de cette époque traversa le visage du poëte Roucher; il dit ensuite :

— Mon ami, vous avez fait beaucoup de remarques sur l'écriture de cette lettre, et beaucoup de conjectures sur l'auteur présumé. Maintenant, je voudrais savoir ce que vous pensez des leçons et des avertissements de l'inconnu ou de l'inconnue...

— Oh! de l'inconnue! dit Chénier en réfléchissant.

— Eh bien! soit! de l'inconnue, puisque le sexe est admis. Voyons! qu'en pensez-vous?

— Mais, mon ami, si je ne pensais pas qu'elle a cent fois raison, est-ce que je me soucierais de la connaître? Il n'y a qu'une femme supérieure qui puisse penser et écrire ainsi... Je la crois jeune... très-jeune... Au temps où nous sommes, une vieille femme s'enferme dans sa maison et ne se mêle plus de ce qui se passe au dehors... elle est jeune...

— Cependant, interrompit Roucher, cette lettre annonce une certaine expérience...

— Eh! mon Dieu! ces quatre dernières années ont donné de l'expérience aux enfants! De ce côté, tout le monde est vieux.

— Bon! dit Roucher en souriant; nous avons admis qu'elle est femme et qu'elle est jeune; admettons-nous encore qu'elle est belle?

— C'est incontestable! elle est belle! Les pensées que renferme cette lettre sont de la nature de celles qui se reflètent sur le visage et dans les yeux; l'âme doit étinceler à toutes les lignes de ce visage inconnu; en lisant sa lettre, je la vois.

— Chénier, dit Roucher avec un soupir, il y avait bien longtemps qu'un pareil entretien ne s'était rencontré sur notre chemin.

— Hélas! oui, mon ami; et c'est la faute des révolutions...

Il y a beaucoup d'hommes qui ne peuvent vivre que dans les agitations de la rue ou du sénat, et qui meurent d'ennui si ces émotions leur manquent. Ces hommes nous entraînent violemment à eux, nous qui savons vivre avec la moindre des choses de la nature, un rayon de soleil ou d'étoile, l'ombre d'un arbre, le parfum d'une fleur. Si nous disions à ces hommes de venir à nous pour lire des vers, regarder la nature et parler des mystères de l'âme et des voluptés de la vie, comme ils nous accableraient de leurs dédaigneux refus! et nous allons à eux, nous, imbéciles que nous sommes! Et vous, mon pauvre ami Roucher, vous qui savez si bien vous faire tout un jour de bonheur avec douze vers sur le printemps, vous cédez aussi à l'entraînement commun; vous vous mêlez à un monde étrange qui ne parle pas votre langue, qui n'a pas votre goût, vos mœurs, vos habitudes, votre religion, vos amours!

— Eh! il le faut bien! dit naïvement Roucher; puisque ces hommes ne veulent pas venir faire avec moi dix vers sur le printemps, il faut bien que j'aille à eux pour écrire douze pages sur les droits de l'homme.

— Oui, Roucher, voilà bien la logique humaine! Nous sommes obligés d'amuser les ennuis de tous ces gens-là, nous qui n'avons besoin de personne pour être heureux avec nos innocentes fantaisies de poëtes! Mais nous nous sommes assez sacrifiés à leurs menus plaisirs, vivons un peu pour nous, maintenant.

Les deux poëtes avaient ainsi terminé leur promenade, et ils rentraient dans une petite maison, presque isolée et presque toute couverte par de beaux arbres qui semblaient s'être détachés de la forêt voisine, pour voiler un asile de proscrits.

Une vieille femme ouvrit la porte, et André fit la demande d'usage:

— Rien de nouveau?

— Rien! fut la réponse.

— Est-ce que par hasard, dit Roucher, vous attendez déjà des nouvelles de la jeune et belle femme qui vous a écrit?

— Roucher, dit Chénier en souriant, votre raillerie est toujours charmante, et je crois avec peine que je n'en jouirai plus demain.

— Demain ! André! quoi, en si peu de temps, la mystérieuse correspondante aurait laissé tomber son voile?

— Oui, mon ami, si nous avons demain, comme aujourd'hui, une aussi belle journée de printemps.

V

UN VIVANT INHUMÉ.

La petite maison où les deux poëtes avaient cherché un abri comme deux alcyons battus par l'orage, s'élevait autrefois, ou, pour mieux dire, s'abaissait sous la côte qui monte de Versailles à l'hippodrome de Satory : des fenêtres de son unique étage on distinguait très-bien les passants sur la chaussée ; il n'y avait d'autre distance que l'allée d'un petit jardin.

Le soir, à l'heure où le soleil semble toucher la cime des forêts, à l'ouest de Versailles, André Chénier avait choisi un observatoire derrière une persienne de sa maison, et attachait des regards de curiosité ardente sur le chemin qui monte à Satory. C'était le moment de la promenade ; l'air était doux, les fleurs agrestes embaumaient les buissons, les oiseaux chantaient dans les jeunes feuilles ; on oubliait l'orage de la terre en voyant la sérénité du ciel.

Deux femmes suivaient lentement la lisière des arbres du côté de la petite maison : leur costume fort simple n'indiquait aucune différence dans leur condition et leur fortune, mais un œil exercé ne pouvait se méprendre : l'une avait dans son maintien quelque chose de timide et de respectueux qui annonçait une infériorité de position ; l'autre, malgré certains efforts trop évidents tentés pour dissimuler la noblesse et l'élégance de ses habitudes, devait à coup sûr être une femme de distinction, une de ces radieuses étoiles soudainement éteintes sous les lambris de Versailles par le canon du 10 août.

André suivait depuis longtemps tous les mouvements de cette femme, qui paraissait avoir choisi la côte de Satory pour but de sa promenade du soir ; c'est ce qu'aurait pu croire, du moins, un observateur désintéressé ; mais notre poëte, depuis le matin, avait adopté une conjecture fort raisonnable après la lecture de la lettre anonyme, et il interrogeait si bien du regard toutes les femmes qui passaient devant sa maison, que celle-ci ne lui parut point cheminer au hasard, comme pour respirer la fraîcheur du soir. Par intervalles, ses yeux, presque toujours attachés sur le sol, se fixaient sur un seul point et semblaient choisir toutes les éclaircies de verdure, à travers lesquelles on pouvait voir la maison d'André Chénier. Cette préméditation devint encore plus évidente lorsque les deux femmes côtoyèrent le mur du jardin. Celle qui trahissait la grande dame par sa démarche leva la tête et regarda la fenêtre d'André avec une attention soutenue ; ce mouvement mit son visage à découvert... c'était un visage inconnu.

Une subite irradiation, qui est comme l'auréole de la beauté, permit de saisir l'ensemble des traits de cette femme, même dans la demi-teinte du soir et des arbres ; sa figure avait tout l'éclat des florissantes années de la jeunesse : on y voyait surtout une distinction suprême, qui formait un singulier contraste avec la bourgeoise simplicité de la coiffure et la modestie du fichu et du mantelet.

André la vit passer devant lui et disparaître tout de suite derrière les arbres. Il appuya ses coudes sur le bord de la fenêtre, sa tête sur ses mains, et chercha dans ses souvenirs ; mais il n'y trouva point cette femme ; c'était vraiment pour lui une inconnue ; elle se révélait pour la première fois, et avec des circonstances qui autorisaient à penser qu'elle seule avait écrit la lettre sans nom ; le doute, s'il en restait encore, s'évanouit tout à fait au tomber du jour. La jeune femme, en descendant la côte, passa une seconde fois devant la petite maison, et elle s'arrêta même un instant à la faveur du crépuscule, déjà fort sombre sous les arbres. Chénier ne crut pas devoir perdre le temps à faire des conjectures, lorsqu'il lui était si facile d'aller droit à la vérité : il descendit rapidement les quatre marches de son premier et unique étage, traversa au vol son petit jardin, ouvrit la porte, et arriva encore assez à temps favorable sur la chaussée, pour distinguer les deux femmes, comme deux ombres élyséennes, dans un massif d'arbres, un peu à l'écart de la lisière du chemin.

André doubla le pas et s'avança dans cette direction, en se faisant éclipser par les arbres; la stratégie qu'il avait improvisée était fort simple et juste : il suivait la mystérieuse femme sans être vu jusqu'aux limites de la ville; arrivé là, il devenait un passant ordinaire, il n'éveillait aucun soupçon, et toujours marchant sur les mêmes traces, il allait découvrir infailliblement la maison où cette femme demeurait.

Les plans infaillibles sont toujours ceux qui ne réussissent pas. André, qui avait fixé la ligne de son œil sur les deux femmes, les perdit de vue un seul instant, et ne les revit plus. Cet instant avait suffi pour rompre la ligne; tous les efforts tentés pour la renouer furent inutiles. André se trouva dans un désert. Il y eut deux mystères pour un; mais ce qui resta au cœur du jeune poëte lui donnait une vie nouvelle, et lui promettait les joies de l'avenir : une céleste apparition ne lui eût pas donné plus d'extases divines. Tous les orages du passé, tous les jours néfastes s'évanouirent dans sa mémoire; il y avait une femme jeune et belle qui veillait sur lui, comme un ange gardien terrestre, et qui purifiait par son dévouement l'atmosphère lugubre appesantie sur tous les fronts, dans les heures de ces tristes jours.

Pour la première fois de sa vie, André regarda l'amitié comme un sentiment froid et égoïste. Une femme, seule, pouvait créer une autre affection désintéressée qui n'avait pas de nom dans la langue du cœur, une affection qui empruntait à la Providence son plus bel attribut, celui de secourir le malheur sans se manifester à lui. Depuis quatre ans, cette femme inconnue suivait André Chénier pas à pas; elle avait lu tout ce qu'il avait écrit, elle avait connu tout ce qu'il avait fait. Elle, toujours dans l'ombre, veillait sur lui toujours illuminé par les éclairs des révolutions; et aujourd'hui cette femme venait, couverte des voiles du mystère, donner un regard furtif à la petite maison du poëte, comme une mère au berceau de son enfant!

Entraîné par ces réflexions, André ne s'était pas aperçu qu'il marchait au hasard et dans une direction qui l'éloignait de son asile, car il venait d'entrer dans une de ces rues solitaires du quartier de l'église Saint-Louis. La maison du comte de Pressy s'élargissait devant lui; ce gentilhomme de l'ancienne cour était un de ses amis; il connaissait le ci-devant beau monde de Versailles; il n'y avait pas un meilleur livre de renseignements à consulter.

Avant de toucher le marteau de cuivre de la porte, il regarda la façade de la maison. Toutes les fenêtres étaient fermées sur un triple rang; pas un rayon de lumière intérieure n'éclairait une seule persienne. On pouvait donc croire que cette demeure avait été abandonnée par le maître dans cette époque d'émigration à peu près générale. Cependant Chénier souleva le lourd marteau, qui retomba en réveillant l'écho du vestibule. Ce premier coup ne fit pas remuer la porte, mais le second fit entr'ouvrir une fenêtre et paraître une tête blanche qui se penchait sur la rue avec précaution. Chénier se montra et se nomma. Un instant après, la porte grinça sur ses gonds, et Chénier entra dans un vestibule sombre et vaste, à peine éclairé par la lampe du domestique.

— Monsieur de Pressy est-il en son hôtel? demanda le poëte.
— Oui, monsieur Chénier.

Le domestique précéda le visiteur et le conduisit vers le jardin; il ouvrit ensuite une porte, et Chénier se trouva dans un salon superbe, tout illuminé de girandoles et peuplé par un triple cercle de fauteuils.

— Je vais annoncer monsieur André Chénier, dit le domestique en se retirant.

Le poëte resta confondu d'étonnement devant cet appareil de fête, devant ce luxe des plus beaux jours de la monarchie. On aurait dit que le roi était encore à Versailles, et que M. de Pressy donnait un bal ce soir-là aux nobles familles de la cour.

Ici le narrateur est tenté de suivre un ancien usage et de tracer le portrait physique et moral de M. de Pressy, mais nous aimons mieux le laisser se peindre lui-même, ou se sculpter dans son relief historique, avec sa parole et son action.

M. de Pressy entra, vêtu, coiffé, parfumé, comme pour un lever de l'Œil-de-Bœuf. On eût dit qu'il venait de poser devant Boucher, et que son portrait était attendu à la galerie de Trianon.

— Comment! c'est vous, cher poëte! dit-il en serrant les mains de Chénier. Vous négligez donc bien vos ennemis? J'espère que vous ne venez pas me demander un service. Vous savez que je suis mort, depuis le 10 août 1792; mort et inhumé ici; en attendant de ressusciter, je l'espère bien, quand le roi sera libre; dans peu, n'est-ce pas, mon cher ennemi?

— Mon cher Pressy, dit Chénier, votre domestique me connaît mieux; il n'ouvre sa porte qu'à vos amis.

— Ainsi, mon cher poëte, la révolution ne nous a pas brouillés?

— Oh! certainement non.

— Maintenant, écoutez-moi, mon cher André... j'ignore le motif qui vous amène chez moi; mais avant de vous écouter, je dois vous adresser la recommandation que je fais aux rares amis qui me visitent. Il leur est défendu de m'apporter la moindre nouvelle du dehors. Je ne veux rien connaître, je ne veux rien lire, je ne veux rien voir. Mon domestique est muet devant moi. Le 10 août, j'étais aux Tuileries; vous savez peut-être que je m'y suis conduit en gentilhomme. Le lendemain, j'ai dit comme Hector : *Sat patriæ Priamoque datum*, et je suis venu m'ensevelir ici à trente-quatre ans, de mes propres mains. J'ignore, et je veux ignorer tout ce qui s'est passé depuis ce moment.

Les révolutions ont à mes yeux un tort immense, elles sont ennuyeuses. Je me suis conseillé un jour d'émigrer. Émigrer! pour aller où? en Angleterre, ou en Allemagne? deux pays trop tristes pour les gens gais! Il faut que je voie, tous les matins à mon réveil, le clocher de la chapelle de Versailles; c'est pour moi ce qu'est pour le marin le grand mât du vaisseau où il est né. Ce clocher me manquera partout : je reste ici. Vous le voyez, cher poëte, je n'ai rien changé à mes habitudes d'intérieur. Je suis en toilette de petit souper. Ce soir, jeudi, c'est mon jour de réception, et mon salon bleu est en habit de fête. Justement, vous arrivez à propos... Vous me regardez avec des yeux ébahis, mon cher poëte; vous rougissez déjà de vous trouver ce soir en compagnie de belles dames, avec votre costume grotesque de Girondin qui passe aux Montagnards. Rassurez-vous; c'est mon jeudi de réception, mais je ne reçois personne. Ma famille a toujours reçu les jeudis. Je fais mon devoir, quoi qu'il advienne, et personne n'adviendra.

— Vous me mettez à l'aise, dit Chénier en souriant, et j'étais sur le point de vous emprunter un costume de soirée...

— Comment avez-vous pu adopter cette livrée d'esclave? interrompit M. de Pressy. Vous êtes absolument vêtu de la même manière qu'un marbre antique qui représente un barbare demandant l'aumône! Quant à moi, je me ferai hacher en morceaux, avant de tailler mes cheveux à la Titus ou à la Caracalla, et adopter la carmagnole de drap d'amadou! Au temps où on me disait encore quelque chose, ne m'a-t-on pas dit qu'il y avait eu des hommes assez révolutionnaires pour adopter le pantalon, comme les bouffons de la Comédie-Italienne! Si cette mode aussi devient contagieuse, il faut désespérer du bon goût français! Figurez-vous un gentilhomme et un poëte en pantalon! Oh!

M. de Pressy accompagna cette dernière phrase d'un éclat de rire en sourdine, et, prenant la main de Chénier, il lui dit :

— Excusez-moi, cher poëte; soyez tolérant pour un mort. J'ai fort peu d'occasions de parler dans ma tombe, et je paie en ce moment mon arriéré de prose étourdie au premier poëte venu... Voyons! rentrons dans notre sujet. Vous aviez une idée en venant chez moi. Parlez, je vous écoute.

— Oui, mon cher de Pressy; c'est une idée qui m'a conduit chez vous... Mais, d'après tout ce que vous venez de me dire, je juge inutile de vous demander des renseignements quelconques, puisque vous n'appartenez plus au monde...

— Dites toujours, demandez, cher poëte... Qui sait si le hasard...

— Je compte aussi sur le hasard, dit Chénier en interrompant; je voudrais avoir quelques indications sur une jeune et belle femme...

— Son nom, Chénier?
— Je ne sais pas son nom.
— Sa demeure?
— Je ne sais pas sa demeure.
— Et que savez-vous alors sur elle?
— Rien.

— Vous êtes trop poëte, mon cher André; vous abusez de la naïveté d'une chaste muse, votre mère. Comment! vous venez chez moi vous instruire avec de pareils éléments de succès?

— Mais, mon cher de Pressy, je ne puis pas tout vous dire, puisque...

— Ah! c'est juste, Chénier, je comprends; vous vous souvenez de ma consigne... Il est expressément défendu à mes visiteurs de m'apprendre quelque chose du dehors. Je ne ferai pas même une exception pour vous, Chénier.

— Me voilà donc bien embarrassé pour mes renseignements à cause de votre consigne domestique...

— Essayez pourtant, essayez, mon cher poëte, de me dire quelque chose en ne m'apprenant rien.

— C'est une femme d'une taille au-dessus de la moyenne, avec une robe de...

— Prenez garde, Chénier, vous violez la consigne; vous allez m'apprendre quelque infernale nouvelle qui va m'irriter le sang!

— Bien! je ne parlerai pas de la robe... Mais la coiffure?

— Encore moins! Dieu me garde de savoir comment les femmes se coiffent aujourd'hui!... Elles ne se coiffent peut-être pas du tout!

— Je supprime donc encore la coiffure... elle a une figure pleine de distinction, de fort beaux yeux noirs, de charmants contours de corsage, une tournure de ci-devant comtesse, et surtout des pieds mignons, comme on en trouve peu; des pieds qui paraissent se poser avec répugnance sur un chemin battu, ce qui me fait croire qu'ils sont habitués à glisser sur des parquets doux, des marbres ou des tapis.

— Très-bien, Chénier; et maintenant vous voulez que je vous éclaire, en me guidant sur ces observations. Ce serait difficile. Tout cela est trop vague. Ce signalement incomplet est celui de cinquante femmes de l'ancienne cour...

— Si je pouvais un peu m'écarter de la consigne...

— Allons! Chénier, je vous permets une légère infraction; mais n'abusez pas!

— Je puis vous montrer une lettre...

— Oh! point de lettre! vous abusez!

— Un fragment d'écriture?

— Point de fragment!... l'adresse de la lettre suffira...

— Il n'y a pas d'adresse.

— Allons! montrez-moi quatre lignes qui n'apprennent rien; quatre lignes insignifiantes; les lettres en sont pleines de ces lignes-là.

Chénier s'éloigna de M. de Pressy, parcourut la lettre anonyme, et, quand il eut trouvé ce qui était demandé, il montra le fragment qui n'apprenait rien.

M. de Pressy lut et pâlit; le plus morne abattement se peignit sur sa figure; mais un effort surhumain se fit en lui, et, reprenant son sourire et sa grâce de gentilhomme, il rendit la lettre à Chénier, en lui disant : Je ne connais pas cette écriture-là.

Chénier avait vu le trouble de M. de Pressy, mais il prit le maintien étourdi de l'homme qui ne s'est aperçu de rien :

— Je dois me résigner, dit-il, à subir mon énigme en attendant que le hasard m'en donne le mot.

— C'est le meilleur parti, dit M. de Pressy en affectant une grande insouciance.

— Il est d'ailleurs fort tard, dit Chénier en prenant congé, mon ami Roucher doit être dans l'inquiétude... Adieu, mon cher de Pressy, adieu!

— Adieu! mon cher poëte, et souvenez-vous que je reçois tous les jeudis.

VI

DEUX FRÈRES.

Rentré dans sa petite chambre, le jeune poëte sentit éclater en lui des orages plus violents que tous ceux qui soufflaient sur la place publique depuis l'aube de 89.

De quel œil de pitié il regarda les papiers, les manuscrits, les gazettes qui s'amassaient autour de lui! une collection du *Journal de Paris* et les suppléments, une liasse poudreuse d'exemplaires du fameux n° 13, une moitié d'édition de son *Avis aux Français*, un début de satire contre Brissot, et une foule de fragments au crayon de ses tragédies, que son frère Marie-Joseph appelait *impartiales*, à cause de l'innocence classique de leurs sujets : — Et moi aussi, dit-il avec un sourire amer, et moi aussi, j'ai vécu pour les autres; vivons pour moi! s'il fallait m'asservir à la morale politique des hommes, je laisserais flétrir ma jeunesse au souffle stérile de leurs folles agitations! Mais de quelle cité de la Pentapole maudite et incendiée par le feu du ciel sortent-ils donc, ces hommes qui, sur leur sanglant chemin, ne se sont jamais arrêtés devant les regards d'une femme pour vivre et pour aimer?

Il ouvrit sa fenêtre, et comme à cette heure de la nuit il ne craignait pas d'être vu, ses regards se reposèrent et s'attendrirent devant le tableau d'une belle nuit d'avril. Les étoiles flottaient à la cime vaporeuse des bois, la douceur de l'air entrait comme un baume dans l'âme. Toutes les harmonies nocturnes parlaient une langue divine, comprise de tous, et que personne ne voulait entendre. Les villes dormaient à la hâte en préparant des haines nouvelles au lendemain.

André ramenait toujours ses yeux sur la place où la belle inconnue s'était arrêtée un instant pour regarder la petite maison. La nuit était fort noire aux pieds des arbres, et cependant on pouvait voir de la fenêtre une silhouette de corps humain qui s'agitait et n'avançait pas.

Chénier ne détacha plus ses yeux de cette étrange apparition, qui certainement ne pouvait être autre chose qu'un péril : son anxiété se prolongeant trop, il se préparait à descendre pour marcher droit au danger, lorsqu'une voix fredonna ces vers dans une langue étrangère :

> Sais-tu bien que tu t'exposes
> Aux surprises de l'émir,
> Forban de l'île des Roses,
> Qui, sous tes portes mal closes,
> Choisis la nuit pour dormir?

Oh! de toutes les harmonies de cette nuit, aucune ne mit plus d'extases au cœur du jeune poëte que cette strophe timidement fredonnée dans sa vieille langue des fils d'Homère! André retint un cri de joie, et franchissant l'escalier et le jardin en deux bonds, il tomba dans les bras de son frère Marie-Joseph Chénier, qui lui dit :

— Je ne veux être vu de personne, pas même de Roucher; j'aurais voulu même n'être pas vu de toi, mais la lettre que je t'aurais écrite ne me remplacerait pas en ce moment.

— Tu arrives de Paris, mon cher Joseph?

— A l'instant même; j'ai évité la grande route; je suis venu par les bois de Ville-d'Avray... Viens, éloignons-nous d'ici, André; allons nous entretenir un peu à l'écart, dans le bois.

Marie-Joseph et André s'éloignèrent de la route, et, quand

ils se trouvèrent à une distance prudente des habitations, le premier dit à son frère :

— Mon cher André, hier, dix avril, Robespierre a formulé sa dénonciation contre les Girondins.

— Je m'y attendais : les Girondins sont perdus.

— Et avec eux, mon cher André, tous leurs partisans, tous les hommes d'une modération criminelle. Ton nom même a été prononcé. S'il n'y a pas encore de péril pour toi aujourd'hui, il y en aura demain : c'est inévitable. Je vois marcher les hommes et les événements : le tourbillon emporte tout.

— Eh bien! mon cher Joseph, embrassons-nous étroitement, et que le tourbillon nous emporte tous deux sans nous désunir.

— Je lutterai, moi, mon cher André; je résisterai; j'ai des secrets de vie politique qui me sauveront peut-être; mais toi, tu n'es qu'un poëte, un rêveur; tu ne sais rien; tu n'as rien préparé pour défendre ton passé contre l'avenir. Tu as irrité les puissants, tu as montré ton esprit aux imbéciles, et ton cœur de flamme aux hommes glacés. Il y a des notes sur toi dans toutes les mémoires vindicatives, on demandera ta tête; tu penseras qu'elle ne vaut pas la peine d'être disputée au bourreau; par indolence tu la livreras, et l'histoire, menteuse comme toujours, gravera sur mon front le stigmate de Caïn...

— Jamais! jamais! interrompit André; j'ignore ce que Dieu me réserve, mais je sais que jamais l'histoire ne flétrira ton patriotisme si souvent exalté, toujours si pur! ne calomnions pas ainsi nos confrères, les écrivains de l'avenir.

— Soit, je t'accorde cela, mon cher André; l'histoire juste une fois dans ses pages, ne m'accusera point; mais le sang de mes veines, qui est ton sang, se révolte encore à l'idée que tu vas maintenant te reposer dans ta sécurité fatale, parce que je puis n'avoir rien à craindre, moi, des flétrissures de l'histoire! Est-ce que cela peut me suffire, André? Non. Je veux que tu vives; je veux que tu choisisses une terre d'asile où ton sommeil sera doux et ton visage riant; je veux trouver pour ta jeune tête un chevet qui ne soit pas un billot.

— En vérité, mon bon frère, dit André en croisant les mains et levant les yeux aux étoiles, en vérité, je ne comprends rien à ce péril dont je suis menacé; je cherche dans mes souvenirs les crimes que j'ai commis, et que la mort seule peut expier, et je ne trouve pas ces crimes.

— Mon bon André, interrompit Marie-Joseph, tu es un enfant perpétuel; tu n'entendras jamais rien à la politique.

— Voilà justement, mon cher Joseph, une chose que j'ai lue hier dans une lettre.

— Quelle lettre?

— La lettre d'une femme.

— Bien! encore une femme! toujours des femmes! André, tu ne seras jamais un homme sérieux.

— Les hommes sérieux sont-ils ceux qui demandent une tête innocente comme la mienne, pour consolider l'état social?

— En révolution, mon bon André, il faut exclure la logique du raisonnement.

— Et avec qui raisonnerez-vous?

— Avec la passion.

— C'est l'antipode de la logique.

— C'est la logique des révolutions, mon cher André; c'est la *dure nécessité* dont parle Horace, *sæva necessitas*; c'est la loi imprévue qui éclate, dans une nuit, comme la fleur de l'aloès, et livre une tête aux exigences de l'heure, sans s'inquiéter des murmures du lendemain.

— Eh bien! mon bon Joseph, je ne comprends rien du tout à la logique des révolutions.

— Oui, mais la foudre qui te frappe ne te demande point si tu comprends le phénomène de l'électricité. Mon cher André, ne perds pas ton temps à disserter sur les météores; pars demain; va revoir l'Angleterre que tu connais et où tu as laissé des amis. J'ai voulu donner toute sécurité à ton voyage: je t'ai procuré un passe-port; le voici. Ce papier renferme ta vie et la moitié de la mienne. On donne un remède à un malade et un passe-port au proscrit.

— Mon cher Joseph, j'accepte le passe-port...

— Et tu pars demain?

— Demain... non... Pourquoi demain? le péril est-il donc si imminent?

— Oui, André, très-imminent... Faut-il te dire tout? J'ai vu Robespierre ce matin; je lui ai parlé: cet homme est sombre et voilé comme l'avenir; mais il laisse tomber par intervalles des paroles brèves comme des oracles sibyllins, et, pour des oreilles intelligentes, il divulgue sa pensée entière, croyant la cacher. En sortant de cet entretien, j'avais appris Robespierre par cœur; je le connaissais mieux qu'il ne se connaît lui-même, car je sais maintenant où il va; je vois où la fatalité inflexible le pousse dans la grande tragédie qu'il va faire jouer au bénéfice du bourreau. Nous qui composons des œuvres de théâtre, nous savons prévoir le dénouement dès les premières scènes : quelle supériorité de divination n'ont-ils pas sur les autres hommes, les poètes dramatiques devenus simples spectateurs? Ainsi, voilà les Girondins mis en accusation hier; déjà demain ils n'auront plus d'amis, eux qui ont failli fédéraliser la France ! C'est l'exposition du sujet. Le public arrive et se passionne; il faut que l'action marche. Dans une tragédie que j'ai faite sur Charles IX, les protestants sont mis en accusation au premier acte; on les massacre au dernier : telle sera la péripétie des Girondins. L'histoire se copie toujours, parce que les passions qui maîtrisent les événements sont toujours les mêmes; parce que le torrent populaire emportera toujours, comme le fleuve Araxe, dont parle le poète, tout ce que d'imprudentes mains exposeront sur ses bords. Et ensuite, les Girondins anéantis, crois-tu que l'hécatombe sera suffisante? Non. L'histoire se copiera de nouveau.

Nous verrons les proscriptions de Marius et de Sylla; on entendra encore ces plaintes lugubres sur les môles de nos ports : *C'est ma terre d'Albe qui me proscrit!* les agressions du dehors, les folles résistances du dedans introniseront la dictature de la Terreur; alors toutes les têtes ne seront retenues que par un fil sur les plus robustes épaules; alors il n'y aura que des veilles d'agonie, et plus de lendemain. J'ai accepté cet avenir, moi; je vais à lui, je cours à mon destin, sans regarder en arrière; je suis prêt à sceller de mon sang la liberté dont je ne jouirai pas et qui sera l'héritage des autres; le sacrifice de ma vie est fait : perdu comme une goutte d'eau dans la cataracte de la révolution, je sais que je m'écroule, mais j'entrevois à l'horizon le fleuve calme qui fécondera le pays. Mon sang doit suffire à une dette de famille, et je me crois assez d'énergie au cœur pour défendre ma tête contre le stupide caprice d'un bourreau! Toi, mon frère, tu t'es retiré de nos luttes, comme Entelle; tu t'es réfugié sous le saint laurier des muses; tu n'appartiens plus au cirque; va féconder ta jeunesse sous des cieux amis. Laisse-nous le dur labeur de rouler le roc de Sisyphe du vallon à la cime, et prie les dieux de t'ouvrir la porte d'ivoire qui conduit aux bocages élyséens.

Cette prière, où les élans d'un cœur fraternel s'alliaient aux vives images de l'éloquence classique de l'époque, frappa quelque temps André Chénier d'immobilité. Notre jeune poëte, ému aux larmes, allait céder à une première inspiration, mais la souveraine idée du moment le retint et ferma ses lèvres. Marie-Joseph serrait les mains de son frère, et ces deux grands poëtes, ainsi posés face à face, et mêlant leurs haleines de feu, n'avaient d'autres témoins que les arbres et les étoiles, ces éternels confidents des lamentables secrets de l'humanité.

André fit un effort suprême et dit d'une voix sourde :

— Non, non, c'est impossible, mon frère... Mes pieds ont plus de racines sur ce sol que les arbres de cette forêt. Laisse-moi à mon destin.

— Tu te révoltes contre la voix de ton sang, mon cher André! Veux-tu que je dise tout?

— Eh! mon Dieu, dit André avec le ton de l'indifférence, tu peux tout dire; l'arbre ne sera pas déraciné.

— André, ton nom a été prononcé dans de ténébreux conciliabules où s'agitent des hommes qui n'ont jamais pardonné. Tu es inscrit sur une liste fatale; on t'a promis à la justice du peuple. Ta tête ne t'appartient plus.

— Mon cher frère, dit André avec un sourire plein de tristesse, vraiment, tu parles de la vie et de la mort comme si nous étions dans des temps sereins où la mort et la vie ont quelque prix. Vivre et mourir sont aujourd'hui deux mots de valeur égale. Qui se soucie de vivre? Qui a peur de mourir? Personne; pas même les femmes. Si je pouvais consentir à quitter la France, ce ne serait donc point à cause de la terreur que m'inspire la mort. Ainsi tes lugubres révélations ne me touchent guère. Je partirais seulement pour donner une satisfaction à ton cœur fraternel, qui vient de me parler une langue si touchante : mais, crois-le bien, mon excellent frère, je suis comme le soldat sur le champ de bataille : ainsi ne conseille pas à ton frère de déserter.

— Au moins, André, parle-moi avec franchise... c'est une femme qui te retient?

— Oui.

— Eh bien! partez ensemble, et...

André arrêta son frère par un geste lent de la main, et enlaçant son bras au sien, il lui fit sa confidence, sans omettre un seul détail. Il ajouta en finissant : Mon cher Joseph, c'est avec une répugnance extrême que je viole un secret dont la moitié appartient à une femme, mais tu m'as poussé à cette extrémité.

Les premières lueurs de l'aube couraient sur la cime des arbres, et ce joyeux réveil de la nature couvrit de tristesse le visage des deux frères. Malheureuses époques, où on peut regarder avec effroi le sourire d'une aurore de printemps! Marie-Joseph donna au ciel une aspiration pleine de mélancolie, et dit à son frère :

— Il faut nous séparer; je vais réfléchir sur ta position nouvelle, et je t'écrirai par un messager dont je te réponds. Sois prudent... tu me promets d'être prudent?

— Je te le jure devant les étoiles de cette mémorable nuit.

Les deux frères se firent des adieux couverts de larmes, et se séparèrent dans le bois.

Marie-Joseph se dirigea, comme le marinier, sur la dernière étoile du couchant, pour retrouver les grands sentiers de chasse qui rayonnent de Ville-d'Avray, et son frère suivit les allées connues qui descendaient à sa petite maison. Roucher ne s'était pas aperçu de son absence; l'auteur du poëme des *Mois* menait un genre d'existence peu onéreux pour ses amis il avait déjà oublié dans sa nouvelle retraite les orages et les luttes où le hasard l'avait entraîné malgré ses goûts.

Enfermé comme un anachorète, il lisait tous les soirs, au lieu du bréviaire romain, le *Prædium rusticum* du père Vannière, et comparait ce poëme aux Géorgiques, dans un long parallèle imité du père Rapin, ce savant anatomiste de l'antiquité. A neuf heures il fermait Vannière et le manuscrit de son parallèle et s'endormait pour retrouver dans son rêve favori la ferme rustique, la volière, la basse-cour que le Virgile français avait si bien décrites, et que le graveur Lejay de la place Dauphine avait si bien reproduites sur acier. En ce moment, la Montagne et la Gironde luttaient comme le Scamandre et Vulcain dans l'Iliade, et le poëte des *Mois* dormait en souriant.

VII

CLAUDE MOURIEZ.

M. de Pressy, enveloppé dans une robe de chambre de Perse, était assis sur un fauteuil de cuir dans son cabinet de toilette, et livrait l'important travail de sa coiffure à son domestique Valentin. Une discussion sérieuse venait de s'établir entre le maître et le serviteur. M. de Pressy tenait en main une feuille de papier et disait :

— Etes-vous bien sûr, Valentin, d'avoir copié exactement.

— J'ai déjà dit à monsieur le comte que je ne répondais pas des fautes d'orthographe, mais pour avoir bien copié, j'ai copié les mots sur les mots, avec toute la fidélité dont le vieux Valentin est susceptible. Monsieur le comte m'a mis à l'épreuve assez souvent... Monsieur le comte veut-il que je lui apporte demain le numéro du *Mercure de France?*...

— Non pas, certes !... laissez *le Mercure* où il est...

— Le portier de l'hôtel de Grave me dit toujours de l'emporter quand il me voit copier les logographes.

— Ce portier est un idiot. Qu'il garde son *Mercure,* et vous, Valentin, faites toujours ce que je vous dis.

— Oui, monsieur le comte.

— Vous aviez à faire trop de commissions en ville ce matin,

et vous avez copié à la hâte, dans la loge du portier... C'est évident.. voyez :

LOGOGRIPHE.

> Avec ma queue et ma tête,
> On me chérit, on me fête,
> Dans lézard dinde où je sors;
> Et sans ma queue et ma tête,
> On me repousse, on me jette
> Dans la demeure des morts.

Il est impossible, Valentin, qu'on ait pu imprimer une pareille ineptie dans *le Mercure*, où travaillent les gens les plus lettrés de Paris.

Valentin, embarrassé, se donnait une contenance en arrachant avec des efforts simulés le couvercle d'une boîte de fer-blanc pleine de poudre d'amidon.

— Monsieur le comte, disait-il en balbutiant, ne m'a jamais surpris en faute de ce côté... seulement aujourd'hui... comme j'étais très-pressé, le portier de l'hôtel de Grave m'a dicté le logogriphe...

— Ah! vous voyez, Valentin!... vous ne l'avez donc pas copié mot pour mot!

— Non, monsieur le comte.

— Et vous m'avez exposé, Valentin, à perdre toute ma journée sur un logogriphe!

— Pardonnez-moi, monsieur le comte.

— Maintenant, je devine... oui, vous avez écrit sous la dictée de cet imbécile de portier... Il vous a dicté : *Dans les jardins d'où je sors*, et comme il prononce très-mal, vous avez écrit : *Dans lézard dinde où je sors*...

— C'est possible, monsieur le comte.

— Avec cette correction, le mot du logogriphe est facile à trouver.

— Comment! monsieur le comte l'a trouvé tout de suite! dit Valentin avec un accent d'admiration profonde; à l'hôtel de Grave, ils se cotisent une douzaine pour trouver le mot, et souvent ils en sont pour leurs frais, ils ne le trouvent pas.

— Le mot du logogryphe est *Rose*; c'est, ma foi, fort ingénieux! ROSE qui sort des jardins, et OS *dans la demeure des morts*... très-bien!

— C'est vrai, monsieur le comte... j'y resterais, moi, toute ma vie, sur une énigme, si je voulais m'en mêler... j'ai entendu dire que Bretagne, le valet de chambre de M. de Grave, trouvait les mots du premier coup dans *le Mercure*. Il est vrai que Bretagne avait reçu une éducation supérieure chez les Oratoriens... Monsieur le comte est-il content de ces rubans moirés? Ils sont plus larges, et ils écartent mieux la poudre. On dit qu'ils sont très-goûtés à la cour : c'est le premier gentilhomme, M. de Saint-Blancard, qui les a mis à la mode. Je me suis permis d'en acheter une pièce de six aunes trois quarts. Monsieur le comte m'approuve-t-il?

— Oui, vous avez bien fait.

— J'attends que monsieur le comte m'interroge pour...

— Vous n'avez pas besoin que je vous interroge; j'attendais la fin de votre histoire des rubans moirés pour savoir enfin ce que vous avez appris à l'hôtel de Grave, selon mes recommandations de ce matin.

— Monsieur le comte croira sans peine que je me suis acquitté de sa commission avec la plus grande prudence. J'ai d'abord copié le logogriphe du *Mercure*, comme je le fais tous les dimanches; puis j'ai causé des affaires du temps avec le portier. Il m'a demandé des nouvelles de monsieur le comte, et je lui ai répondu que mon maître était parti pour Londres avec sa famille...

— Vous avez bien fait, Valentin.

— Après quoi, là, finement, comme si je ne savais plus que dire, j'ai bâillé sans en avoir envie, et je lui ai demandé si madame la comtesse habitait toujours l'hôtel. Alors il m'a conté une histoire triste, et je suis bien entrepris pour la rapporter à monsieur le comte, parce qu'il y a beaucoup de mots et de choses du jour dont il m'est défendu de me servir...

— Voyons, contez toujours, et ne me parlez que de la comtesse.

— Ah! voilà le difficile! Enfin, je vais essayer... Supposons que je marche sur des œufs... Il y a eu un citoyen, ou, pour mieux dire, un homme qui est venu loger à la municipalité, rue du Réservoir, tout juste à côté de l'hôtel de Grave. Cet homme avait un emploi supérieur dans la... monarchie du moment... Vous savez que madame la comtesse aime beaucoup les fleurs, et qu'elle en avait rempli son balcon... Ces fleurs avaient une couleur qui... non, elles n'avaient point de couleurs, et c'est ce qui a beaucoup irrité le p... les gens qui passaient dans la rue...

— Quel conte me fais-tu là, Valentin? des passants se sont irrités de ce que des fleurs n'avaient pas de couleurs?

— Ah! c'est ainsi, monsieur le comte...

— Voyons! continuez; le reste sera moins obscur, peut-être.

— Monsieur le comte veut que je l'éclaire, et en même temps il m'ordonne de mettre ma torche sous l'éteignoir.

— C'est bien! tâchez d'aller ainsi jusqu'au bout, Valentin. Voyons ce qu'ont fait ces passants irrités contre les fleurs incolores.

— Ils ont lancé des pierres et ont cassé toutes les vitres de l'hôtel de Grave...

— Et le guet ne les a pas houspillés d'importance, ces drôles-là?

— Ah! le guet!... il est bien loin, le guet!

— Poursuivez, Valentin.

— Madame la comtesse a cru devoir aller se plaindre au monsieur dont je vous parlais tout à l'heure, et qui a un très-grand pouvoir : c'est comme vous diriez le gouverneur de la province... eh bien! cette espèce de gouverneur lui a dit : Citoy... Madame, vous avez tort... vous avez des fleurs... que vous ne devez pas avoir... tant pis pour vous!

— Comment! ce maroufle de gouverneur parle ainsi à une grande dame?

— Ah! mon Dieu! il ne s'est pas plus gêné que ça!... Le soir, on s'est encore rassemblé sous les fenêtres de l'hôtel de Grave, et on a chanté la... une chanson marseillaise...

— En provençal?

— Pardon, monsieur le comte, vous me troublez avec vos questions... et je ne sais plus que vous répondre...

— Eh bien! ne répondez pas... continuez...

— Je ne sais plus où j'en étais... Ah! m'y voici! Madame la comtesse était dans ses appartements, du côté du parc; elle a laissé chanter...

— Et pas un archer de la maréchaussée royale du poste du Grand-Commun n'est venu dissiper ces perturbateurs?

— Il paraît que non, monsieur le comte... mais tout cela n'est rien... Le lendemain, le... gouverneur a fait une visite à madame la comtesse, et lui a tenu, à ce que disent ses gens, des propos assez... incivils... si bien que pour éviter une seconde visite, madame la comtesse a quitté l'hôtel de Grave avec une seule femme de chambre, sans dire où elle allait... On n'en a plus entendu parler depuis...

M. de Pressy ôta de son doigt une bague chevalière, et la regarda quelque temps avec une certaine complaisance; puis il dit à Valentin d'un ton très-calme :

— Y a-t-il bien longtemps que cela s'est passé, Valentin?

— Deux mois, monsieur le comte.

— Comment! tu vas tous les dimanches à l'hôtel de Grave pour me copier l'énigme du *Mercure*, et tu ne m'as jamais parlé de cela?

— C'est que monsieur le comte ne m'a jamais recommandé comme ce matin de causer avec le portier, et de demander des nouvelles de madame la comtesse...

— Au fait, il a raison!... Oui, Valentin, vous savez obéir... C'est une conversation que j'ai eue, hier soir, avec M. André Chénier qui m'a fait faire ce matin un premier écart, tout à fait en dehors de mes habitudes... Voilà ce qu'on gagne à jeter un seul coup d'œil, par une lucarne, dans le monde!... J'étais beaucoup plus heureux hier soir... je ne savais rien!

— Est-ce que par hasard, monsieur le comte, j'aurais commis l'imprudence de vous apprendre quelque chose du dehors?

— Non, Valentin, vous n'êtes pas en faute, vous... je vous ai interrogé, vous m'avez répondu... n'ayez point d'inquiétude... Et on vous a dit, Valentin, qu'on ignorait ce que la comtesse était devenue?

— Oui, monsieur le comte.

— C'est impossible! ils le savent!

A ces mots M. de Pressy, à demi coiffé, se leva, et fit deux ou trois pas dans son cabinet de toilette, comme pour obéir à une agitation irrésistible, quoique bien dissimulée par le sang-froid du gentilhomme. Il reprit sa place au fauteuil, posa gracieusement sa jambe droite sur la gauche, et caressant de la main un bas de soie finement étiré, il dit à Valentin avec le calme des sourires :

— Vous avez servi sous le comte d'Estaing, n'est-ce pas?

— Oui, monsieur le comte, à bord de *la Pomone*.

— Vous avez-vu le feu?

— C'est lui qui m'a vu, monsieur le comte, puisque j'ai été blessé au combat de Pondichéry, ce qui m'a débarqué.

— Je sais cela, Valentin, mais je suis bien aise de voir que vous ne l'avez pas oublié.

— Comment voulez-vous que j'oublie ma blessure, monsieur le comte? elle continue à me faire boiter du pied droit.

— Valentin, as-tu entendu prononcer le nom de ce gouverneur qui a insulté madame la comtesse?

— Non, monsieur le comte.

— Tu connais son hôtel?

— Oui, monsieur le comte, rue du Réservoir; je passe devant tous les dimanches avec mon logographe.

— Bien! cela me suffit...

M. de Pressy se leva, s'assit devant un pupitre, et écrivit le billet suivant :

« Monsieur le gouverneur,

« Vous avez insulté une femme qui est veuve et placée sous ma protection. Cette femme est noble, mais sa qualité n'ajoute rien à l'offense. Sur ce point, 89 a raison.

« Votre réponse me dira l'heure et le lieu où nous nous rencontrerons. Je me réserve de vous prouver, sur le terrain, que je suis d'aussi bonne maison que vous.

« Mon témoin attendra vos instructions. »

M. de Pressy plia le billet, le scella d'un sceau de fantaisie, et dit en riant à Valentin :

— Eh bien! mon vieux soldat de Pondichéry, nous allons faire ensemble une petite campagne...

— Vous sortez de l'hôtel? s'écria Valentin avec un étonnement effrayé.

— Il le faut bien, Valentin... j'ai un devoir à remplir... Mais j'espère rentrer tout de suite... à moins que... Vous demanderez le nom du gouverneur de la province à l'hôtel de Grave, et vous l'écrirez sur cette adresse... Vous irez ensuite remettre mon billet à son valet de chambre, et vous attendrez.

— Je ne sais qu'obéir à monsieur le comte, dit Valentin d'un air consterné.

— Voilà tout ce que je vous demande aujourd'hui, Valentin.

— Monsieur le comte sera satisfait.

— Et, quoi qu'il arrive, Valentin, vous serez satisfait de moi.

Le vieux serviteur prit le billet, s'habilla convenablement, mais avec la simplicité de l'époque, et sortit pour exécuter en aveugle les ordres de son maître.

M. de Pressy, resté seul, ouvrit un petit reliquaire de famille et en retira un portrait au pastel, qu'il regarda tendrement. C'était le portrait d'une jeune femme en costume de bergère idéale et d'une beauté plus idéale encore que sa toilette; elle souriait comme le soleil levant, et montrait entre les deux arcs déliés de ses lèvres de corail un double rang de perles d'une finesse exquise. Le peintre, usant des priviléges de son époque et des fantaisies de toilette permises aux bergères de cour, avait prodigué les éblouissantes nudités de l'ivoire sur le buste de ce pastel où l'étoffe ne jouait qu'un rôle accessoire et réservé.

Une très-vive émotion agita le noble et toujours calme visage de M. de Pressy : mais comme tous les hommes qui n'ont que des larmes intérieures et ne trahissent jamais une secrète peine, même dans l'isolement, il reprit tout de suite sa sérénité habituelle, plaça le portrait dans son reliquaire et descendit aux appartements du côté du jardin.

Là, il détacha une épée de la panoplie héréditaire ; il en essaya la garde, en examina la pointe et la remit au fourreau, puis il remua quelques livres entassés sur un guéridon, prit l'*Almanach des Muses* de 1788, s'assit et lut quelques idylles en attendant le retour de Valentin.

Au coup de marteau extérieur qu'il entendit, M. de Pressy

ferma le recueil de poésies fugitives, et fit l'office de son portier, absent pour cause de révolution. Le gentilhomme souriait toujours lorsqu'il se voyait contraint à ouvrir lui-même sa porte à son unique serviteur.

Valentin portait sur son visage bouleversé les traces d'un échec ou d'un affront. L'entretien s'engagea dans le vestibule.

— Très-bien ! Valentin, dit le comte ; malgré ton pied boiteux et tes soixante ans passés, tu es de la bonne race des hommes de la guerre de Sept-Ans... Voyons, quelle réponse m'apportez-vous ?

— Ah ! monsieur le comte... si vous ne m'aidez pas un peu, je ne pourrai jamais vous raconter tout cela...

— Racontez-moi la chose comme elle s'est passée... il me semble que c'est fort simple.

— Pas si simple... tenez, je ne sais pas où prendre les premiers mots..... monsieur le comte, faites-moi la grâce de m'aider.

— As-tu vu le gouverneur ?

— Non, monsieur le comte.

— Comment !... et mon billet ?

— Il me l'a fait rendre, en quatre morceaux, par son secrétaire avec cette réponse : On envoie les conspirateurs à la Force, et les fous à Charenton.

— Que signifie cette réponse, Valentin ?

— Monsieur le comte doit mieux le savoir que moi, puisqu'il connaît le billet qu'il a écrit.

— Et qu'avez-vous répondu à cette insolence, vous, Valentin ?

— Rien, monsieur le comte.

— Soyons juste !... il n'y avait rien à répondre... Vous savez le nom de ce gouverneur, maintenant, Valentin ?

— Oui...

— Il se nomme ?

— Il se nomme... Claude Mouriez.

— Voilà, certes, un nom qui n'a pas un parfum de gentilhomme !

— Et que dirait monsieur le comte, s'il voyait le personnage ?

— Vous l'avez donc vu ?

— Certainement… je l'ai vu quand le secrétaire a ouvert la porte pour me rendre les quatre morceaux de votre billet.

— A-t-il l'air comme il faut?

— Il a l'air comme il ne faut pas. C'est un homme de cinq pieds huit pouces, avec des cheveux crépus, sans poudre et taillés court; une figure de mascaron de fontaine, des yeux de tison, des traits anguleux, un nez en bec de vautour, un teint passé au tropique; si l'enfer a des déserteurs, je sais bien d'où sort cet homme-là. Je ne suis pas étonné que madame la comtesse ait disparu, comme un ange qu'elle est, quand ce cyclope est entré à l'hôtel de Grave…

— Ne parlons plus de cet homme, interrompit M. de Pressy; j'ai eu le tort un instant de vouloir l'honorer par un duel avec moi…

— Oh! monsieur le comte!

— N'en parlons plus, Valentin; mais occupons-nous de la belle comtesse: il faut savoir où elle est à tout prix. J'avais brisé tous les liens qui m'attachaient à la cour, aux femmes, au monde; mais, tout en persistant dans mes premières résolutions, l'honneur me fait un devoir de protéger la comtesse, dans un moment où sa beauté est en péril.

— Monsieur le comte, ce que vous me dites-là me réjouit le cœur.

— Écoutez, Valentin: j'ai reconnu en vous une grande finesse, voilée de bonhomie; c'est la meilleure de toutes les finesses, parce qu'on ne s'en méfie pas. Il a existé un homme doué d'une sagacité merveilleuse, et qui a inventé deux volumes de tours ingénieux pour tromper les maris, les pères, les tuteurs. Le monde, qui est toujours dupe des apparences, a surnommé cet inventeur *le Bonhomme*, parce qu'il s'était composé une figure niaise: je vous compare donc au poëte La Fontaine.

Valentin s'inclina en rougissant de modestie.

— Vous voyez que je vous connais, Valentin, poursuivit monsieur de Pressy; ainsi, je vous donnerai tout ce qui manquait à votre illustre modèle, je vous donnerai tout l'argent que vous voudrez, et vous consacrerez six heures par jour à recherche de ma belle comtesse. Elle n'a pas quitté Versailles, j'en suis certain… Ne faites pas un mouvement d'incrédulité; je vous affirme qu'elle est à Versailles ; j'ai reconnu hier son écriture dans une lettre... elle est à Versailles. Vous la trouverez, Valentin ; vous êtes assez bonhomme pour cela.

— Monsieur le comte peut croire que je ferai tous mes efforts pour répondre à la bonne foi qu'il a de moi.

— Et vous commencerez aujourd'hui, Valentin, et à ce moment... Voilà ma bourse, et quand il le faudra, ne ménagez pas l'or, vous en aurez toujours... Allez ! Valentin.

Le vieux serviteur sortit. M. de Pressy s'enferma dans sa bibliothèque, où il écrivit un commentaire sur *le Baiser* de Dorat, qui commence ainsi :

> Thaïs dormait, tous les oiseaux
> Immobiles dans le feuillage,
> Interrompant leur doux ramage,
> Semblaient respecter son repos.

Ce qui suit est trop délicat pour être cité, à notre époque morale de 1849.

VIII

A LA RECHERCHE D'UNE FEMME.

Valentin marcha, la tête basse, jusqu'aux grandes écuries de Versailles, et tournant le dos à la grille du château abandonné, il regarda tristement à sa droite et à sa gauche la ville qui étendait ses deux ailes jusqu'à des horizons assez éloignés.

Ce monologue mental se déroulait dans le cerveau du vieux marin :

— Monsieur le comte, mon maître, se disait-il, mérite d'être servi avec zèle et dévouement ; c'est incontestable pour moi : mais il y a des bornes à tout, même à la vertu d'un fidèle serviteur. J'ai devant moi, non pas une ville, j'ai deux villes, avec des rues qui s'alignent à l'infini et des hôtels dont le moindre a plus de fenêtres que l'année n'a de jours, et il faut que je trouve une femme dans ce monde qu'on appelle Versailles ! C'est absolument comme si on me chargeait de chercher l'aiguille que madame Dubarry laissa tomber dans la pièce d'eau des Cent-Suisses ; et encore si j'avais le choix, je préférerais l'aiguille. M. le comte veut m'encourager avec la flatterie ; il me compare au bonhomme M. de La Fontaine, qui a inventé deux volumes de piéges à loups pour chasser aux femmes ; je voudrais bien le voir à ma place, ce M. de La Fontaine, s'il lui fallait trouver une comtesse en ce temps de République où il n'y en a plus.

Le vieux marin avait passé les années de sa jeunesse dans le fracas des tempêtes maritimes et des agitations de la guerre ; il avait eu des vaisseaux éventrés sous lui, et ses chemins de fer avaient résisté aux explosions de l'artillerie sur les flots des deux Indes ; il était, en outre, muni de ce superbe dédain dont l'homme de mer accable toutes les choses de la terre ; aussi fut-il à peine ému du tumulte qui agitait en ce moment la ville de Versailles. Des troupes d'hommes et de femmes couraient sur les places et dans les larges rues en chantant les airs patriotiques ; les députations inondaient les rues de la Paroisse et de la Pompe, et se dirigeaient sur l'hôtel de ville, où Claude Mouriez, envoyé extraordinairement pour comprimer une émeute, devait les recevoir. Ce fracas public, si formidable aux oreilles des paisibles citadins, effleurait à peine l'épiderme du vieux matelot, comme une brise soufflante des Açores ; c'était pour lui une équipée d'écoliers en vacances ; il ne daignait pas même lui donner un regard soutenu. Le monologue mental qu'il avait commencé devant la grille du château continuait toujours, et toutes les clameurs grêles de la foule ne pouvaient l'interrompre.

— Il me semble, se disait-il, que les scènes bruyantes de la rue devraient attirer beaucoup de monde aux fenêtres, et il n'y a presque point de curieux. Il est vrai que si madame la comtesse s'est réfugiée dans quelque maison de la ville, elle n'aura pas choisi ces quartiers trop fréquentés. Ce n'est donc pas ici que je puis la découvrir, son visage à une fenêtre, si la curiosité venait à lui conseiller une petite imprudence de femme ennuyée et recluse. Il faut chercher ailleurs.

Valentin donna un dernier regard de mépris tranquille aux bruyantes manifestations de la foule, et il entra dans ces longues avenues plantées d'arbres, qui sont les grands chemins de Paris. Là se recueillent sous d'épais ombrages, beaucoup de maisons isolées que le fracas de la ville n'inquiète pas, et qui, dans ces heures de trouble, semblaient des asiles et des refuges ouverts aux persécutés ou aux indifférents. Ces maisons étaient habitées, ainsi qu'il était aisé de s'en apercevoir, mais elles ne montraient pas leurs locataires sur les façades de l'avenue, et à coup sûr le bruit des émeutes et des députations, s'il eût grondé de ce côté, n'aurait fait ouvrir aucune

4

fenêtre ni paraître aucun visage sur toute la ligne de ces tombeaux de vivants.

Le découragement saisit le vieux serviteur; cette fois, il abandonna le monologue mental, et ne craignant pas d'être entendu, il parlait tout haut, comme font les vieillards causeurs lorsque les interlocuteurs manquent.

— Je me suis chargé, disait-il, d'une commission impossible. Ce bon M. de Pressy ne doute de rien : il croit que nous sommes encore en 1788, lorsque les belles dames faisaient de la tapisserie sous les marronniers des avenues de Viroflay et de Sèvres. Hélas! tous ces oiseaux du paradis ont pris leur vol! il ne reste que les marronniers.

A mesure que Valentin marchait, il découvrait à chaque pas de nouveaux refuges, de nouveaux asiles, de nouveaux tombeaux; toujours le silence, l'immobilité, la mort, ou, pour mieux dire, la vie dissimulée par la peur ou se voilant aux regards ennemis.

— Au fond, M. de Pressy est juste, dit-il; je le ramènerai à une meilleure réflexion, et sans lui donner des nouvelles du dehors, je lui prouverai que je ne suis pas M. de La Fontaine, et qu'il m'est impossible de trouver la perle qu'il a perdue dans le détroit de Magellan.

Il s'arrêta, médita quelques instants, et ajouta :

— Cependant il est bien honteux, lorsqu'on est marin, adroit, pourvu d'or et roturier, de faire l'aveu de son impuissance à un jeune gentilhomme, qui trouve, lui, que tout est aisé. C'est humiliant pour un vétéran du tiers... Essayons de découvrir... oui, essayons; c'est bientôt dit; un vertige m'obscurcit les yeux, en y songeant!

Marcher au hasard, c'est la seule détermination qu'un homme puisse prendre en pareil cas. Lorsqu'on se trouve en présence d'une impossibilité matérielle et physique, le hasard est le seul conducteur intelligent qui reste, le seul fil du labyrinthe universel.

Au coin de l'avenue dite de *Fleurus*, on voyait alors une de ces maisons calmes et recueillies, défendue contre la malignité du passant par une grille de fer. Deux petits enfants jouaient sur la pelouse intérieure, et trois femmes assises sur des bancs de gazon les regardaient en tricotant des bas de laine. Debout sur la chaussée, devant la grille, une contrefaçon de Savoyard chantait en s'accompagnant de la vielle, et sa voix fausse ou le choix de sa chanson expliquait très-bien la désertion qui se faisait autour de lui dans la ville de Louis XIV. Valentin, ne demandant au hasard qu'un prétexte pour s'arrêter, se posa en auditeur unique devant le troubadour, et lança quelques regards furtifs sur les tricoteuses du jardin.

Le Savoyard chantait des couplets nouveaux, insérés au *Moniteur*, sur l'air innocent de maître Adam, *Aussitôt que la lumière*. Cet air plaisait beaucoup à Valentin, et à cause de l'air, il amnistiait les paroles dont voici le premier couplet :

> Fiers enfants de l'Italie
> Qu'un prêtre tient dans ses mains,
> L'ombre de Brutus vous crie
> De redevenir Romains.
> Allez, arrachant l'étole
> De votre sacré tyran,
> Rebâtir le Capitole
> Des débris du Vatican.

Après le chant, le Savoyard tira de sa poche une sébille de bois, et la tendit aux trois femmes à travers les barreaux de la grille. Trois têtes s'agitèrent en signe de refus, et le chanteur, en se retournant, ne trouva qu'un seul *dilettante* dans son auditoire, et lui demanda le prix de sa place aux premières loges. Valentin, un peu déconcerté par cette requête inattendue plongea sa main dans la vaste poche de sa culotte de velours, et n'y trouvant que la bourse de son maître, il l'ouvrit, chercha une pièce de monnaie de billon, ou de douze sols, et ne vit que des louis. Le vieux marin ne voulut pas frustrer le chanteur dans son attente joyeuse, et n'ayant que le choix de donner une pièce d'or ou un refus insultant, il donna le louis.

Le Savoyard, radieux de joie, crut devoir récompenser cette largesse, en exécutant une danse de son pays qui n'était pas dans le programme; mais Valentin n'attendit pas la fin du spectacle, et continua sa marche vagabonde à travers les avenues solitaires qui conduisent aux quartiers du nord de Versailles.

Tout à coup il s'arrêta brusquement, comme si l'idée qui venait de le saisir l'avait foudroyé : son pied frappa la terre, et sa main son front; ses yeux lancèrent des éclairs.

Il tourna la tête, et plongea ses regards dans toutes les directions, pour découvrir le chanteur, et bientôt il l'aperçut agitant sa vielle devant un autre jardin habité.

Valentin n'eut pas de peine à le rejoindre, car celui-ci, voyant son généreux auditeur, fit la moitié du chemin en exécutant un pas nouveau, qu'aucun ballet de Versailles n'avait vu danser.

— J'ai besoin de toi, mon ami, lui dit Valentin, en le conduisant à l'écart; il faut que tu me rendes un service, et je le reconnaîtrai généreusement.

— Parlez, mon bourgeois, je me mettrai au feu pour vous, répondit le virtuose ambulant.

— Sais-tu par cœur beaucoup de chansons?

— Mais j'en sais pas mal, mon bourgeois; je suis parisien, faubourg Saint-Jacques, n° 32. Je sais : *Fiers enfants de l'Italie. Quand mon bien-aimé reviendra. Nous n'irons plus au bois. Amaryllis, vous êtes blanche et blonde.* Je sais encore la marche des *Gardes-Françaises*, mais c'est défendu par le gouvernement. Si vous voulez, je vous la chanterai chez vous.

Le troubadour prit une pose fière, comme un artiste qui a trouvé enfin un connaisseur dans une carrière abreuvée de dégoûts.

— Voilà tout ce que tu sais, mon ami?... Voyons, cherche mieux dans tes souvenirs.

— Mon bourgeois, je vais d'abord vous amuser avec celle-là, et puis j'en trouverai peut-être encore bien quelques-unes. Je vais vous chanter : *Amarillys... Amaryllis, vous êtes...*

Valentin fit un geste brusque qui arrêta la romance d'Amaryllis au premier vers.

— Tais-toi donc, mon ami; ce ne sont pas ces chansons-là que je te demande...

— Voulez-vous : *Te bien aimer, ô ma chère Zélie?*

— Non... Connais-tu?... c'est que je l'ai oubliée, moi aussi, celle-là !... attends... je vais te chevroter l'air...

— J'y suis! j'y suis! mon bourgeois...

> Quand on sait aimer et plaire,
> A-t-on besoin d'autre bien?

— Tout juste, mon ami! s'écria Valentin au comble de la joie, c'est bien celle-là! et tu la sais toute?
— Oui, mon bourgeois... mais un instant... je crois que le gouvernement l'a défendue aussi...
— Allons donc! c'est une chanson de bergère...
— J'irai vous la chanter chez vous.
— Non pas... tu la chanteras en public, et je te donnerai une pièce de vingt-quatre sols toutes les fois que tu la chanteras.
— Ah! mon bourgeois! vous aimez donc bien cette chanson!... Malheureusement je crois qu'elle est contre la république...
— Tu ne sais ce que tu dis, et...
— Attendez, mon bourgeois, examinons-là.

> Rends-moi ton cœur, ma bergère,
> Colin t'a rendu le sien :
> Mon chalumeau, ma houlette,
> Soyez mes seules grandeurs,
> Ma parure est ma Colette,
> Mes trésors sont ses faveurs.

— C'est bien cela! dit Valentin ; où diable vois-tu là-dedans une attaque contre la république? C'est une chanson contre la monarchie, puisque le berger dit que, dans ce monde, les seules grandeurs sont une houlette et un chalumeau; une vraie chanson républicaine!
— Il a raison, le bourgeois! c'est vrai... Allons! je vais vous en donner pour votre argent, et...
— Pas si vite, mon ami!... Je me soucie peu de ta chanson, moi... c'est une autre personne qui s'en soucie et qui l'aime par-dessus tout, et qui n'aimait autrefois que cette chanson;

il y a bien longtemps que personne ne l'a chantée à ses oreilles... Tu vas lui donner un bonheur...

— Oh! je la lui chanterai mille fois, interrompit l'artiste ambulant. Conduisez-moi sous ses fenêtres.

— Ah! voilà le difficile, mon ami!

— Je comprends! je comprends! mon bourgeois. C'est une personne... qui s'est cachée... comme tant d'autres... et que...

— Tu as compris, c'est bien...

— Ce n'est pas pour lui faire du mal, au moins; c'est qu'alors vous pourriez garder vos pièces de vingt-quatre sols, et je vous montrerais les talons.

— Tu es un brave garçon! mon ami... Sois bien tranquille. Comment veux-tu qu'un vieux marin comme moi songe à faire du mal à qui que ce soit au monde?

— Alors, mettons que je n'ai rien dit, mon vétéran. Conduisez-moi et vous me paierez ma journée un petit écu; ça ne vaut pas davantage.

— Non, le prix est convenu, je n'en rabattrai rien; c'est un louis par vingt chansons : ne marchandons plus. Si je fais ta fortune, tant pis pour toi! Il fallait marchander avant. Un homme n'a que sa parole.

— Eh bien! dit le chanteur en riant aux éclats, puisque vous avez de l'argent à jeter par les fenêtres, autant vaut-il que ce soit moi qui le ramasse. Partons!...

— Tu dis : partons; et où vas-tu, mon ami?

— Je n'en sais rien.

— Ni moi non plus... c'est-à-dire, je ne sais pas précisément où nous devons commencer notre promenade. Tu connais mieux ces localités que moi, à cause de ton métier. Ainsi tu vas exploiter toutes les maisonnettes isolées, comme celles où tu chantais tout à l'heure; moi je te suivrai à quelques pas.

— Je comprends mieux maintenant, mon vétéran... Nous allons commencer par l'avenue de la Liberté.

— Je ne connais pas les noms nouveaux.

— C'est égal, je les connais pour vous... Ah çà! mais, dites-moi, mon vétéran, ce sera un peu bête de chanter toujours la même chanson...

— Eh! que t'importe, s'il ne passe personne!

— Oui, c'est vrai.

— Seulement, tu commenceras toujours par une autre chanson.

— Bon ! je finirai par : *Quand on sait aimer et plaire*, et je commencerai par : *Fiers enfants de l'Italie*...

— Non, mille fois non, enragé Savoyard de Paris ! garde-toi bien de parler de ces *fiers enfants-là*...

— Je chanterai *Amaryllis*.

— Chante tout ce que tu voudras, mais jamais les *Fiers enfants de l'Italie*.

— Elle est belle, pourtant, celle-là !

— Je ne conteste pas sa beauté, mais il faut la supprimer dans nos promenades.

— Comme vous voudrez, mon vétéran.

— Maintenant, ne nous parlons plus ; marche à dix pas devant moi et commence devant la première grille que tu rencontreras.

Le début de cette expérience ne fut pas heureux. On épuisa toutes les maisons de l'avenue de la Liberté. Pas une fenêtre ne s'ouvrit. Quelques aboiements répondirent seuls, çà et là, aux chansons du virtuose ; un jardinier passa, le râteau sur l'épaule, derrière la grille d'un jardin, et composa tout le public d'une vingtaine d'exécutions.

Au dernier arbre, Valentin et le virtuose se rejoignirent, et celui-ci fit avec timidité cette proposition :

— Voulez-vous entamer l'*avenue de la Constituante* ?

— Entamons l'avenue de la Constituante, répondit Valentin.

Cette nouvelle série n'amena aucun résultat, mais elle donna quelques émotions qui permirent d'espérer. Le chant fit ouvrir deux persiennes et paraître deux têtes de femmes sexagénaires. Arrivé à l'extrémité de l'avenue, Valentin dit à l'artiste nomade :

— Maintenant je commence à croire au succès.

— Si nous réussissons toujours comme cela, dit en souriant le virtuose, vous y perdrez votre bourse et vous n'y gagnerez rien. Vous cherchez une jeune et jolie femme, c'est sûr, et ce n'est pas pour votre compte, mon vétéran...

— Tu n'es pas sorcier, mon ami ; je cherche une femme superbe...

— Que son mari a perdue?
— C'est elle qui a perdu son mari.
— Je ne comprends pas, mon vétéran.
— C'est une veuve.
— Ah! je comprends.
— Mais toi, qui connais tous les quartiers de la ville, et qui chantes sous tous les balcons, as-tu jamais remarqué la fenêtre de l'hôtel de Grave, rue du Réservoir?...
— C'est celle-là! interrompit vivement le chanteur public, je la connais! elle avait des fleurs à son balcon!... Oui, une femme magnifique, et qui me jetait des pièces de douze sols dans une feuille de papier; mais elle a quitté cet hôtel depuis deux ou trois mois... et l'hôtel est fermé. Il n'y a plus de fleurs. Je l'ai rencontrée, il y a huit jours, déguisée en bourgeoise, dans l'avenue de Satory; elle doit demeurer maintenant de ce côté de la ville. Oh! nous la retrouverons, mon vétéran, nous la retrouverons!
— Eh bien! puisque tu la connais, je te laisse continuer tout seul l'expérience. Ma présence devient inutile et pourrait devenir suspecte et dangereuse... Prends ces deux louis encore, comme à-compte, et quand tu auras réussi, je te donnerai tout ce que tu me demanderas. A dater de ce jour, un rendez-vous entre toi et moi est fixé, tous les matins à neuf heures, devant la grande grille du château.
— C'est convenu, mon vétéran.

Valentin courut tout joyeux donner un bon espoir à M. de Pressy, mais il ne voulut donner aucun détail sur son expédition.

IX

LE PORTRAIT.

Cette histoire est assez avancée pour donner déjà au lecteur une idée de son genre exceptionnel, imposé par les fatalités de l'époque. La vie de tous ces personnages historiques ne peut ressembler à aucune autre existence d'une autre histoire. Soit caprice, soit terreur, soit prudence, chacun se voile et se mure pour ne rien laisser éclater au dehors; les nobles instincts et les passions sauvages vont se heurter dans l'ombre; ce sera comme l'histoire souterraine de ce moment formidable où le fracas extérieur absorbait toutes les attentions, et ne permettait à aucun regard d'explorer tout ce qu'on dérobait au grand jour.

— Écoutez-moi bien, Valentin, disait M. de Pressy en s'enveloppant d'une vaste houppelande dans un salon du rez-de-chaussée, écoutez-moi bien; vous m'arrachez à mes habitudes, vous me faites franchir le seuil de ma maison; c'est très-grave ! Puis-je me fier à votre rapport?

— Je vous jure, Monsieur le comte, que mon rapport mérite toute votre confiance. Vous pouvez me suivre les yeux fermés. Le chanteur savoyard Vincent a cherché six jours la maison de madame la comtesse; enfin, avec la chanson, il l'a découverte, *avenue du Tiers* n° 10. Mon stratagème a réussi.

Ce matin, d'après votre ordre, j'ai loué dans la même avenue la maison n° 18, séparée de l'autre par une allée d'ormeaux et un jardin. J'en ai congédié le portier en lui donnant une gratification. Enfin, ce qui vaut mieux que tout, je me suis glissé d'arbre en arbre jusqu'au petit mur du jardin du n° 19, et j'ai vu, et j'ai parfaitement reconnu madame la comtesse, qui ouvrait avec précaution une persienne pour regarder dans la campagne. Monsieur le comte peut-il désirer de meilleurs renseignements ?

— Valentin, je veux, avant de sortir de ma maison, être bien sûr de mon fait... montez à mon cabinet de toilette, et apportez-moi la cassette que j'ai ouverte l'autre jour devant vous.

— Oui, Monsieur le comte.

Valentin exécuta la commission, et descendit le reliquaire demandé.

Le comte en retira le portrait, et le montrant à Valentin à la clarté d'une gerbe de bougies, il lui dit :

— Connaissez-vous cette femme?

— Du premier coup d'œil, monsieur le comte; c'est ressemblant comme deux fleurs de lis. C'est madame la comtesse.

— Valentin, crois-tu que ce portrait soit bien celui de la femme que tu as vue ce matin ?

— Si je le crois ! il n'y a pas au monde deux visages comme celui-là... seulement, monsieur le comte, le costume de ce portrait n'est pas celui de madame la comtesse, et...

— Cela suffit, Valentin, ouvrez la porte, et précédez-moi.

Le comte se coiffa d'un feutre de chasse, mit le portrait sous son bras et traversa le vestibule. Valentin ouvrit la porte, et poussa au même instant un cri de surprise : un homme franchit le seuil et entra. C'était André Chénier.

— Vous allez sortir ? demanda-t-il en faisant un pas en arrière.

— Sortir ! dit le comte du ton le plus naturel, je me promenais dans mon vestibule, en attendant les visiteurs. Nous avons entendu un bruit de pas dans cette rue déserte, et Valentin a deviné que c'était vous.

— Ne recevez-vous pas tous les jeudis ? demanda Chénier.

— Voilà justement pourquoi nous vous avons deviné, dit le comte en riant; mais, comme c'est aujourd'hui un de mes petits jeudis, je reçois dans le salon jaune. Entrez, entrez, mon cher poëte... Valentin, avancez un fauteuil à M. Chénier, et allez ensuite soigner vos affaires... Eh bien! Chénier, je ne vous dirai pas : Qu'y a-t-il de nouveau? je ne me sers plus de cette formule : mais je vous demanderai : Qu'y a-t-il de vieux? Vous savez que nous sommes toujours en 1788.

— Je ne sais rien, mon cher comte; je vis comme vous dans la solitude; ainsi, n'ayez aucune crainte, je ne puis rien vous apprendre... Mais vous pouvez m'apprendre quelque chose, vous.

— Moi!... ah! voyons cher poëte... ne me demandez pas de vous enseigner l'art des vers.

— Vous avez un secret de ma vie, mon cher de Pressy...

— Comme vous dites cela sérieusement!... Parlons un peu de ce secret...

— Depuis notre dernière entrevue, j'ai bien réfléchi, et je suis certain que vous connaissez la femme qui a écrit la lettre dont je vous ai montré deux lignes.

— Et comment avez-vous supposé cela? dit le comte en souriant.

— Votre émotion vous a trahi jeudi dernier... elle vous trahit encore, en ce moment, malgré toutes les grâces aristocratiques de votre figure... vous la connaissez.

Le comte renversa négligemment sa tête sur le dossier de son fauteuil, croisa les jambes, et caressant de la main droite son menton :

— Vous êtes toujours poëte, dit-il; votre imagination vous abuse. Je ne suis jamais ému... Connaissez-vous la devise de la famille de Pressy?

— Non, dit Chénier d'une voix sombre.

— Eh bien! poursuivit le comte en ôtant de son doigt sa bague chevalière, cher poëte, regardez mes armes, et lisez ma devise : le latin n'en est pas bon, peut-être, mais on le comprend mieux.

André prit la bague comme par complaisance, l'examina négligemment, et la rendit de l'air d'un homme qui demande une explication.

— Mon cher poëte, vous n'êtes pas fort en blason, cela se voit... *Je porte d'azur, à la badelaire d'or, en pal, avec cette* devise : *Ad omnia paratus*, « prêt à tout. » Il me suffit de jeter un coup d'œil sur ma bague pour supprimer en moi toute émotion, si elle osait poindre sur mon épiderme. Ma devise est le cri de ma famille; c'est la voix de mes aïeux. J'écoute, et j'obéis.

Chénier prit une pose simple et imposante : son œil d'un vert orageux lança des flammes, son large front se plissa comme celui d'un vieillard, et il dit :

— Comte de Pressy, regardez la devise de vos aïeux. Cette femme que vous ne connaissez pas est en péril de mort!

Le comte bondit et se leva involontairement, et laissa tomber sur le parquet le portrait qu'il tenait encore caché sous son bras gauche. Chénier se baissa vivement et s'écria :

— C'est elle! c'est elle!

M. de Pressy s'excita énergiquement au calme, et dit en ramassant le portrait :

— Eh bien! s'il y a une femme en péril de mort, votre devoir est de la secourir. Alors, que faites-vous ici, monsieur Chénier?

— Vous allez le savoir, monsieur de Pressy, dit le poëte, en proie à la plus vive agitation; c'est ici, chez vous, que je dois trouver les renseignements nécessaires, et j'y suis venu pour cela... Voici le billet que j'ai reçu..., toujours sans signature, toujours sans adresse... Écoutez, comte de Pressy... « Ces lignes sont les dernières que vous recevrez de moi... J'avais choisi un lieu de refuge où je veillais sur vous; mon asile est connu, on m'a trahie. Ce matin, un homme s'est glissé mystérieusement, en se voilant avec les arbres, jusqu'au mur de mon jardin. Hier, j'ai commis l'imprudence de me montrer à ma fenêtre, du côté de la chaussée publique. Il y avait là un espion de mes ennemis, un émissaire déguisé en chanteur ambulant, et qui n'a pu dissimuler sa joie, quand il m'a reconnue. Je ne vous donne pas d'autres détails. Ce billet est la dernière preuve du vif intérêt que je porte à votre personne. La nuit prochaine, je m'attends à tout; heureusement à l'époque où nous vivons, les femmes aussi savent mourir. »

— Eh bien! mon cher André, dit le comte avec un léger sourire, je suis beaucoup plus rassuré maintenant, après ce billet.

— Comment! ce billet vous rassure, mon cher comte, sur le sort d'une femme qui vous intéresse?

— Oui.

— Et croyez-vous que votre *oui*, tranquillement prononcé, me rassure, moi? Et vous n'ajoutez aucune explication à ce monosyllabe désolant?

— Mais, mon cher poëte, je vous trouve vraiment singulier. Est-ce que vous me donnez quelque explication, vous? parlez-moi avec franchise, et je vous répondrai en gentilhomme.

— Je n'ai malheureusement rien à vous dire, mon cher comte; c'est vous seul qui savez tout.

— Comment connaissez-vous cette femme?

— Je ne la connais pas.

— Vous ne connaissez pas, mon cher André, une femme qui vous a écrit des in-folio?

— Non, je vous le jure sur les cendres de ma mère!

— Ah!... vous n'avez donc jamais parlé à cette femme?

— Jamais.

— Mais vous l'avez vue, puisque vous avez reconnu son portrait?

— Je l'ai vue deux fois, mais de loin, de très-loin.

— Oui, Chénier, je comprends que vous êtes sincère... Eh bien! je veux vous rassurer complétement; cette femme s'est alarmée mal à propos; je vous jure qu'elle ne court aucun danger.

— Et comment le savez-vous, comte de Pressy?

— Je vais vous en donner la preuve; attendez un instant.

Le comte sonna, et deux minutes après, la porte du salon s'ouvrit, et Valentin entra.

— Valentin, dit le comte, vous allez écouter la lecture d'un billet écrit par une femme, et vous donnerez ensuite à M. Chénier les explications qu'il vous demandera. Je ne me mêle pas de votre entretien.

Le comte s'accouda sur le marbre de la cheminée, et regarda le miroir.

La lecture du billet ayant été faite à Valentin, celui-ci résuma ses explications en ces termes:

— La personne qui a écrit ce billet ne court aucun risque, je vous l'affirme sur mon honneur de vieux marin. Elle peut dormir tranquille cette nuit, malgré les deux espions qu'elle a vus, et qui ne sont pas dangereux.

— Vous le voyez, cher poëte, dit le comte, à coup sûr Valentin n'était pas préparé à cet interrogatoire...

— En vérité, interrompit Chénier, tout cela est bien étonnant, tout cela me confond!... Je vois, en effet, à votre calme réel que le péril n'existe pas...

— Mais il existerait, dit le comte d'un air mystérieux, si vous prolongiez plus longtemps chez moi cet entretien.

— Alors, c'est un congé que vous me donnez, monsieur le comte?

— Un congé amical, entendons-nous bien...

— Oui, mais c'est toujours un congé... Monsieur de Pressy, je sais maintenant de quelle manière vous accueillez vos amis les jours de réception.

— Cher poëte, vous allez vous mettre en délicatesse avec moi? Comment diable prenez-vous les choses? Ne faut-il pas nous faire des concessions mutuelles dans les temps où nous sommes? Voyons, soyez raisonnable. Pouvons-nous disposer de notre volonté, de notre franchise, de notre politesse même? Tout est bouleversé. Nous ne sommes les maîtres ni de nos vertus ni de nos vices. Il y a quelque chose dans l'air de dominateur qui change en automates et contrarie tous nos mouvements naturels. Vous voyez, André, que je sais parler raison quand il le faut.

Le comte avait mis dans son organe une douceur exquise, et dans son regard une affection touchante. Chénier se leva, tendit la main au comte et lui dit :

— J'ai fait mon devoir. Si quelque malheur arrive, ma conscience ne me reprochera rien.

— A bientôt! mon cher André, dit le comte en serrant la main offerte; maintenant, je reçois tous les jours, et dans tous mes salons... Valentin, éclairez M. Chénier dans le vestibule, et fermez la porte de l'hôtel avec le plus grand soin. Vous êtes étourdi quelquefois. Le courage n'interdit pas les précautions.

André sortit, et la porte se referma sur lui; mais les dernières paroles adressées à Valentin par le comte étaient maladroites, à force d'exagérer l'adresse : il était évident que le comte s'apprêtait à sortir. D'ailleurs, même en entrant à l'hôtel,

André avait remarqué dans l'étrange toilette du comte, et dans son embarras, des projets évidents d'équipée nocturne. L'occasion était trop favorable pour la laisser échapper.

Une nuit sombre couvrait la rue : les réverbères, créés par Louis XVI en 1786, ainsi que l'atteste leur médaille, ne versaient qu'à de très-longs intervalles une clarté plus sombre encore que la nuit. André se posa au coin d'une ruelle, à peu de distance de l'hôtel de Pressy, et attendit ce qui devait arriver infailliblement.

Un quart d'heure après, M. de Pressy, précédé de Valentin, sortit et remonta la rue. André côtoya la ligne des maisons sur la pointe des pieds, et suivit de loin ces deux hommes qui, pour lui, peuplaient son univers en ce moment.

Il marchait ainsi sur leurs traces, les yeux fixés sur leurs silhouettes noires, retenant sa respiration et cherchant du pied les herbes dans les rues solitaires où personne ne passait plus. Il les suivit jusqu'à l'avenue qui conduisait justement à sa maison ; il les vit s'arrêter devant une grille, ouvrir une porte et entrer dans un petit jardin.

Un horrible désespoir s'empara du jeune poëte. Le mystère était éclairci. Le comte allait à un rendez-vous, et il n'y avait aucun doute à élever sur la femme qui habitait cette maison isolée : M. de Pressy était son amant !

Une si noble femme, un si noble cœur, soudainement dégradés dans une intrigue vulgaire, avec un domestique pour témoin ! Cette pensée brisa le front du poëte.

— Je passerai toute la nuit devant cette maison, dit-il, et demain la clarté du jour m'inspirera quelque salutaire résolution !

Ses pieds faiblirent ; il s'assit sur un de ces tertres de gazon qui bordent les grandes routes, comme un pauvre voyageur fatigué.

X

UN AVEU INATTENDU.

Rien n'est intolérable comme les douleurs non classées, celles qui n'ont pas de nom dans le vocabulaire de l'humanité souffrante. La jalousie n'est qu'une peine vulgaire, fille de l'amour-propre; maintenue à un certain degré, commune à presque toutes les organisations, elle doit même avoir une espèce de charme irritant, puisque tant d'êtres passent leur vie à être jaloux, et se portent fort bien; mais quand ce démon bourgeois des tracasseries intimes se change en vautour de Prométhée, et qu'au lieu d'effleurer l'épiderme, il ronge le foie, oh! il n'y a point de nom à donner alors à cette mort vivante; ce n'est plus la jalousie, et c'est moins que l'enfer.

Cette intolérable douleur était en ce moment celle d'André Chénier. Depuis le grand poëte Prométhée, tous ceux qui ont voulu ravir le feu céleste ont subi en une heure leur siècle de Caucase. André avait vu disparaître le comte de Pressy dans les ténèbres de la nuit et des arbres; il avait entendu le bruit d'une seconde porte fermée avec précaution, et ses yeux cherchaient à travers la grille pour découvrir un rayon de lumière intérieure aux fenêtres de la maison isolée : rien ne luisait sur la façade, aucun bruit n'en sortait, et si parfois son oreille croyait saisir des murmures de voix humaines, il reconnaissait bientôt que le vent de la nuit agitait les feuilles, et produisait ces murmures intermittents sous les arbres du jardin.

Mais il n'était pas nécessaire d'entendre pour tout savoir, tout connaître, tout souffrir. En pareille circonstance, quel homme aurait pu élever le moindre doute? Par intervalles, un accès de folie si violent embrasait le front d'André, qu'il s'approchait de la grille avec l'intention d'épouvanter les amants en faisant retentir cette *grande voix* dont parle le poëte, cette grande voix entendue dans les forêts silencieuses, et qui jetait sur tous les visages la pâleur de la mort.

Et les heures s'écoulaient, si on peut appeler des heures ces éternités écoulées dans les douleurs de l'amour. Une légère traînée d'opale courut sur la cime des arbres, et quelques étoiles perdues dans un ciel sombre pâlirent devant cette première lueur de l'aube. A ce moment, qui n'est plus la nuit et n'est pas l'aurore, André entendit très-distinctement un bruit de porte et de pas dans le jardin; on marchait du dedans vers la grille extérieure; un nouveau mystère commençait. André se cacha derrière un buisson d'aubépine à côté de la grille, et son cœur battait avec tant de violence, que le dialogue suivant faillit être perdu :

— Avez-vous un peu dormi, vous, Valentin?

— Fort peu, monsieur le comte.

— Je dormirai probablement tout le matin, moi, et vous n'entrerez dans ma chambre qu'à midi sonnant... Quelle nuit, Valentin !

Les deux interlocuteurs passèrent, et, traversant la chaussée, ils se perdirent dans les profondeurs ténébreuses encore de l'avenue du Tiers.

André sortit de sa retraite et dit avec un sourire de damné :

— Oui, j'ai bien entendu, il a poussé le fameux cri de joie du poëte latin : *Qualis nox, dii deæque!* je suis encore vivant après avoir entendu ce cri!

Ensuite, de sombres et folles idées envahirent son cerveau; le délire parlait en lui et lui inspirait le plus étrange des monologues, que devait suivre la plus audacieuse des actions.

— Oui, c'est au moment où nous sommes que je prendrais

la peine de réfléchir ! La réflexion est la vertu des calmes époques. On prend les bastilles, on force la porte des rois, on envahit Versailles et les Tuileries, et je m'arrêterais, moi, devant une grille de jardin !

Le poëte frissonnait comme le coupable avant la minute du crime ; il commençait à comprendre qu'il est plus aisé de franchir la grille d'un château royal que le mur d'une maison habitée par une femme ; il n'aurait pas reculé devant la Bastille, le jour de l'assaut, il hésita devant une porte ouverte sur un perron : jamais porte ne lui parut mieux fermée. On voyait le vestibule et l'escalier conduisant aux appartements supérieurs. Aucune précaution n'avait été prise, et cette porte béante avait quelque chose d'effrayant.

Après réflexion, André crut devoir admettre qu'il n'y avait, dans ces deux battants ouverts, qu'une étourderie ou une distraction du comte.

— Oui, mais, se dit-il ensuite, son domestique Valentin n'avait pas les mêmes raisons pour être distrait, comme son maître, après l'insomnie d'une pareille nuit !

Il attendit sur le perron le lever du soleil ; cet astre donne du courage et change les incertitudes de la nuit en suprêmes résolutions.

André suivit le premier rayon du soleil dans le vestibule. Son pied n'était pourtant pas encore bien affermi. Il remarqua un salon ouvert à sa droite, et il y entra. Tout annonçait une femme dans les objets qu'il découvrit. Les consoles, les guéridons, les fauteuils étaient chargés de toutes les brillantes et gracieuses fantaisies qui ont un sexe. Seulement les vases du Japon ne montraient que des fleurs flétries, et à côté d'un jardin où les lilas et les premières roses abondaient.

— Cela ne prouve rien, d'ailleurs, se dit-il : au temps où nous sommes une femme, surtout celle-là, ne songe pas à renouveler tous les jours les fleurs de son salon.

Le jour avançait, aucun bruit ne se faisait entendre, aucun domestique ne se levait. Ce silence était alarmant. Autour du jardin la campagne retentissait des murmures joyeux de la saison.

Une curiosité irrésistible entraîna le poëte ; il fit le premier pas sur la première marche de l'escalier, et comme ce premier pas est le seul qui coûte, il monta aux appartements supérieurs.

Quatre portes étaient ouvertes, à droite et à gauche, dans un corridor tout éclairé du soleil. A chaque instant le téméraire visiteur s'attendait à voir sortir un domestique, et cette idée le glaçait d'effroi et lui conseillait une retraite prudente, avant le scandale qui allait éclater.

Personne ne se montrait; André se décida enfin à pénétrer dans une des chambres, et n'y trouva que des meubles en désordre, et toujours des fleurs flétries depuis longtemps. L'inspection continua dans toutes les autres pièces... désert partout, abandon partout, maison vide!

André ne prit plus aucune précaution; il marcha d'un pas résolu, il parla haut, ferma les portes avec fracas; somma les gens du comte de Pressy de paraître. Même silence. Le poëte croisait les bras, inclinait sa tête sur sa poitrine, et réfléchissait.

Il avait beau réfléchir, il ne pouvait former aucune conjecture satisfaisante. Une seule résolution vint se présenter à son esprit, il l'adopta.

Le comte de Pressy avait ordonné à Valentin d'entrer dans sa chambre à midi. André prépara un plan d'attaque, et, quittant la maison déserte, il entra chez lui pour prendre un peu de repos, et quand il jugea l'heure convenable, il se rendit, par des rues solitaires, chez M. de Pressy.

Le comte achevait sa toilette de grand seigneur, lorsque Valentin annonça Chénier.

— Mon cher comte, dit le poëte, vous m'avez dit hier que vous receviez tous les jours, et je profite de votre hospitalité quotidienne. J'ai d'ailleurs une excellente raison, aujourd'hui, qui m'oblige à user et même à abuser des visites. Ma nuit a été mortellement inquiète, et vous devinez bien pourquoi.

— Chénier, dit le comte d'un ton très-naturel, vous êtes un poëte, c'est-à-dire un enfant. Ne vous ai-je pas dit, hier, que la femme à laquelle vous vous intéressez ne court aucun risque? Avez-vous foi en ma parole de gentilhomme?

Oui, cher comte, j'ai foi en vous ; mais enfin vous pouvez, à votre insu, vous induire en erreur vous-même, avec la meilleure foi du monde, et lorsqu'il s'agit de la vie et de l'honneur d'une femme noble, on doit...

— On doit, on doit, interrompit le comte, on doit se fier à la parole d'un de Pressy.

— Savez-vous la grande erreur des gens du monde, cher comte?

— Non, poëte. Voyons la grande erreur du monde.

— La voici : c'est de croire que les poëtes sont des imbéciles.

— Je n'ai pas dit cela, mon cher André.

— Vous ne le dites jamais; vous le pensez toujours.

— Eh bien! voyons! où voulez-vous arriver avec cette épigramme contre les gens du monde?

— Je veux arriver à ceci, cher comte... Vous êtes dans la plus grande des erreurs en disant et en croyant que cette femme n'a couru aucun danger cette nuit.

— Cher André, dussé-je être encore foudroyé d'une épigramme, je vous traiterai une seconde fois de poëte.

— Cher comte, les poëtes voient tout ce que voient les autres hommes, et, de plus, tout ce que les autres hommes ne voient pas.

— Ils ont quatre yeux, nous le savons; continuez.

— Je continue... Je sais de source certaine que la nuit dernière deux hommes ont pénétré dans une maison de l'avenue du Tiers, avec des intentions qui n'étaient pas très-favorables à la noble femme qui nous intéresse, vous et moi.

André prononça cette phrase avec une lenteur étudiée, et ses yeux verts s'enfonçaient dans les yeux de son interlocuteur.

— Ah! vous avez appris cela! dit le comte avec une assurance de ton artificielle, mais qui pouvait tromper une oreille vulgaire.

— Oui, cher comte, j'ai appris cela, et même j'affirme sur l'honneur que ce que j'ai appris est la seule chose qui soit vraie.

— Et moi, Chénier, je persiste dans ce que j'ai dit.

— Il me sera aisé de vous prouver, comte de Pressy, que la maison nº 18, de l'avenue du Thiers, a été envahie la nuit dernière par deux hommes qui ne l'ont quittée qu'avant le jour... En sortant, un de ces hommes a dit : Quelle nuit! Cet homme est resté inconnu.

— Ah! l'homme qui a poussé cette belle exclamation est resté inconnu! dit le comte avec un flegme superbe.

— Oui, mais on m'a promis de me dire son nom quand on le saura.

— Et que ferez-vous, quand vous le saurez?

— J'irai protéger cette femme contre les embûches de la nuit.

— Mon cher André, je ne comprends rien à tout ce que vous me dites.

— Vous ne m'appelez plus poëte, maintenant?

— Vous l'êtes cependant plus que jamais. Il y a des nuages sur votre front, et vous parlez comme la sibylle de Cumes.

— Comte de Pressy, me permettez-vous de déchirer mes nuages?

— Eh! mon Dieu! si cela vous convient, ne vous gênez pas.

— Voulez-vous que je vous dise le nom de l'inconnu de cette nuit?

— Ah! oui, je serais bien aise de le savoir, quoique cela me soit fort indifférent.

— Vous me pardonnez d'avance la révélation que je vais vous faire?

— Je vous pardonne tout.... Faites-moi connaître l'inconnu.

— C'est M. le comte de Pressy.

— Moi! dit le comte en riant faux.

— Vous-même! et vous le savez bien.

— Ma parole d'honneur, mon cher André, je ne sais trop sur quel herbe du Tiers vous avez marché ce matin!

— Puisque vous parlez de votre parole d'honneur, jurez-moi que ce que je vous ai dit est faux.

— Vous venez donc me dicter des lois dans ma maison, mon cher Chénier! Ah! il faut convenir que vous abusez de vos priviléges de 89.

— Cher comte, vous éludez.

— Eh bien! oui, j'élude; voyons! ne suis-je pas maître chez moi? Il me convient d'éluder.

— Vous plaisantez fort agréablement, cher comte, mais il y aura bientôt un moment où vos railleries passeront au sérieux.

— Quand vous me ferez arrêter comme aristocrate?

— Oh! monsieur le comte! voilà une parole que vous rétracterez.

— Pourquoi, monsieur Chénier? Ne remarquez-vous donc pas que vous me parlez depuis une demi-heure avec un ton d'hostilité fort inconvenant?

— Prenez garde, mon cher comte, vous déplacez la question. Nous avons causé, au contraire, fort amicalement. Vous souteniez une thèse, j'en soutenais une autre : vous m'avez vous-même encouragé; puis, lorsque je vous ai poussé dans vos derniers retranchements, par votre invitation, votre sourire s'est éteint sur vos lèvres, et, pour la première fois, votre charmant regard est devenu sérieux.

— Eh bien! oui, André Chénier; oui, c'est moi qui suis entré la nuit dernière dans cette maison : êtes-vous content?

— Content à demi.

— Vous êtes bien exigeant!

— J'ai le droit de l'être.

— Voyons ce droit.

— Comte, je suis amoureux de cette femme.

Le comte de Pressy donna un libre essor à un de ces éclats de rire homérique, comme les poitrines aristocratiques seules peuvent en contenir, aujourd'hui que les dieux de l'Iliade n'existent plus.

Chénier suivit avec des grands yeux ébahis cette explosion d'hilarité folle dans toutes ses phases, et attendait une fin qui n'arrivait pas.

— Vous êtes amoureux de cette femme? dit le comte.

Et le rire tournait à son déclin; on n'entendait plus que les notes expirantes d'une interminable gaieté.

— Eh bien! comte, dit Chénier avec cet air candide qui ramène souvent les grands poëtes à l'enfance, eh bien! que trouvez-vous là d'étonnant? Il me semble que je suis de l'âge de ceux qui aiment. Vous m'avez forcé dans mon aveu, je vous l'ai fait : oui, j'aime cette femme.

— Chénier, vous ne pouvez pas vous faire encore une idée de la violence bouffonne de cet aveu; on ne peut trouver son égal que dans une comédie de Goldoni, traduite par Cailhava... Connaissez-vous cette comédie? elle est intitulée *l'Amoureux imprudent.* La connaissez-vous?

— Non.

— Mais, au moins, connaissez-vous cette femme dont vous êtes amoureux?

— Comte, je vous ai déjà dit, hier, que je ne la connaissais pas.

— Eh bien! mon cher poëte, c'est ma femme!

XI

ON PRÉPARE LA LOI DES SUSPECTS.

A cette foudroyante nouvelle, annoncée dans un éclat de rire, André Chénier se trouva dans la position que son aïeul fraternel Ovide a si bien décrite, la position de l'homme touché par le tonnerre : il vit encore, et il ne sait pas s'il est vivant*.

Quand le nuage de sang qui monta au front de Chénier se fut éclairci, la parole revint sur ses lèvres, et il dit d'une voix sourde :

— Comte, vous avez prononcé un de ces mots qui brisent un entretien et une relation. Adieu ! comte de Pressy.

Il fit quelques pas vers la porte et tourna la tête en entendant son nom prononcé deux fois par M. de Pressy.

— Chénier, Chénier, vous êtes plus qu'un poëte, vous êtes un enfant, devenez enfin un homme. Quoi ! vous voulez briser nos relations, parce que vous êtes amoureux de ma femme !

Fulmine tactus,
Vivit et est vitæ nescius ipse suæ.

Si je prenais cette initiative de susceptibilité, moi, je serais excusable ; mais vous, vous n'avez pas le droit de rompre ! je vous conteste ce droit.

— Comte de Pressy, dit Chénier, en se retournant sur un seul de ses pieds, ne vous blessez pas de ma franchise...

— Ne craignez rien ; dites toujours.

— Je n'ai pour vous ni haine, ni répugnance, au contraire ; eh bien ! je suis forcé de sortir, parce que vous me faites horreur !...

— Parce que je suis le mari de ma femme ? dit le comte en riant. Vous avez un luxe de franchise merveilleux ! Adieu donc, Chénier !

Et il ajouta d'un ton plus bas : Voilà le poëte !

Valentin, qui se promenait dans le vestibule, ne voulut pas permettre que Chénier sortît par la porte de la rue ; il lui fit traverser le jardin et lui ouvrit une porte qui touchait à la campagne, et comme le poëte se laissait conduire aveuglément, sans faire la moindre observation :

— Il faut être, lui dit-il, plus prudent que jamais, et vous savez pourquoi.

Et comme Chénier se taisait toujours, Valentin ajouta :

— Vous ne savez pas pourquoi ?

— Non, répondit Chénier machinalement.

— Parce que nous avons reçu ce matin, à Versailles, de très-mauvaises nouvelles de Paris... Cela n'a pas l'air de vous intéresser beaucoup... Cependant... connaissez-vous ces nouvelles ?

— Non, répondit le poëte comme l'automate de Vaucanson, qui prononçait ce monosyllabe.

— Ah ! vous ne les connaissez pas ! Eh bien !... on va décréter sur la...

— Merci ! Valentin, dit le poëte d'un ton sec.

— Et il s'élança vers la campagne, en laissant Valentin plongé dans la stupéfaction.

André marcha longtemps au hasard avant de songer à s'orienter ; il lui fallut quelques heures pour trouver sa maison, qu'il ne cherchait pas. Roucher se promenait dans le jardin ; il accourut au-devant de son ami, avec la joie d'un enfant qui a reçu une récompense, et lui dit :

— Mon cher André, j'ai fait la plus belle découverte du monde, et je mourais d'envie de vous la communiquer.

André, qui avait une idée fixe sur les découvertes, tressaillit, serra les mains de Roucher, et l'interrogea des yeux.

— J'ai découvert enfin deux vers littéralement traduits, et c'est M. de Voltaire qui les a traduits dans sa *Henriade*, et sans le savoir!... Cela ne vous étonne pas, André?

— Oui, dit André, comme il aurait dit : Non.

— Cela paraît peu vous étonner?

— Cela m'étonne beaucoup.

— Voici les deux vers latins ; ils sont de Vida... suivez bien le sens, mon ami.

— Je suis le sens.

— Écoutez :

Turba sacerdotum, pede, fortunata, quieto
Emilios calcat cineres tumulosque Catonum.

— C'est très-bien! dit André, et il fit un mouvement pour se séparer de son ami.

— Comment! c'est très-bien! dit Roucher en retenant le fugitif, eh! vous n'avez pas entendu la traduction de M. de Voltaire?

— Ah! oui, la traduction.

— La voici :

Des prêtres fortunés foulent d'un pied tranquille
Les tombeaux des Catons et les cendres d'Émile.

— Très-bien traduit! dit André, en se dégageant de son ami.

— Est-ce fort cela, mon cher André?

— Très-fort!

— Littéralement traduit!

— Traduit littéralement... Roucher, j'ai un travail à terminer là-haut; nous nous reverrons ce soir... j'ai besoin d'être seul.

— N'êtes-vous plus seul, quand vous êtes avec moi, André?

— Oui, Roucher, nous ne faisons qu'un toujours, vous et moi, mais, aujourd'hui, il y a une...

— Ah! je comprends, Chénier, je comprends... C'est en effet bien terrible...

— Qui est terrible?

— Ce qui vous préoccupe.

— Ah!... vous savez...

— Mon Dieu! tout le monde le sait.

— Comment! Roucher, tout le monde connait cette affaire!

— Eh! puisque les gazettes en parlent!

— Que dites-vous... Roucher?... Ah! je devine, c'est une vengeance de Brissot!

— Et de bien d'autres, André!

— Voilà le dernier coup, le coup de grâce, Roucher, mon ami!... Et le nom de cette femme a-t-il été révélé aussi dans les papiers publics?

— Quelle femme, André?

— La comtesse de Pressy.

— Quelle comtesse? dit Roucher en ouvrant de grands yeux.

— On n'a point parlé d'elle! Dieu soit béni!

— Je crois, André, que nous ne nous entendons pas... je vous parle, moi, de la grande nouvelle du jour...

— Et moi aussi, Roucher, je vous parle de celle-là.

— De la loi contre les suspects que le comité de salut public va faire promulguer.

— Ah! ce n'est que cela?

— Il me semble, André, que c'est suffisant.

— Ce n'est rien du tout!

— Y pensez-vous, André! une loi contre les suspects! une loi contre vous, contre moi, contre tous nos amis! contre les écrivains des *Suppléments!* contre les partisans des Girondins! Cela n'est rien du tout?

— Oui, rien.

— Il persiste!

— Mais, mon bon Roucher, il paraît que vous étiez de mon avis tout à l'heure, puisque je vous ai trouvé méditant sur deux vers latins du poëte Vida.

— C'est juste, dit Roucher avec bonhomie. J'avais aussi oublié la loi des suspects.

— Comment vous étonnez-vous alors que je l'oublie !

— A propos de Vida, mon bon Chénier, approuvez-vous le dernier vers du poëme sur Jésus-Christ ?

— Qu'y a-t-il de coupable dans ce vers ?

— Il est spondaïque.

— Voilà un grand malheur !

— Vous ne connaissez pas ce vers, peut-être ?

— Non.

— Alors vous ne pouvez le juger.

— C'est évident : aussi je ne le juge pas.

— Le voici...

— Adieu ! Roucher...

— André, vous ne voulez pas connaître ce vers spondaïque ?

— Eh bien ! voyons le vers spondaïque.

— Remarquez les deux *spondées* de la fin :

Supremamque auram, promens caput expiravit.

— Ce vers est affreux ! Adieu ! Roucher.

Et André courut vers la maison.

Roucher, resté seul, poursuivit tranquillement ce monologue :

— Affreux ! c'est un jugement bien dur, injuste même : car les deux spondées expriment très-bien l'agonie et le dernier soupir, bien mieux qu'un dactyle et un spondée arrangés selon les règles de l'hexamètre. Chénier n'a pas bien compris.

Heureux poëte !

Réunissez tous les livres de philosophie et composez-en l'élixir éclectique d'une théorie qui vaille cette sagesse en action ! Quel dédain sublime des hommes et des choses ! Le poëte des *Mois* souriant à des vers, quand tout s'écroule autour de lui, est plus beau que Pline, qui ordonne à son pilote d'aller chez chez Pomponianus, sous les cendres du volcan [*].

[*] *Verte ad Pomponianum.*   (*Lettres de Pline le Jeune.*)

En ce moment même André Chénier luttait, avec un autre genre de philosophie d'action, contre la tempête extérieure des hommes. Pendant que l'amour s'exilait de la terre et que des haines formidables flétrissaient toutes les fleurs du beau printemps de 93, le grand poëte aimait une femme inconnue, et ne voyait sur le sombre horizon que cet arc-en-ciel lumineux.

Son âme, brisée par la douleur, demandait au corps un peu de repos pour se lancer à la poursuite de cet amour, au milieu des embûches de la proscription. Que lui importaient les bruits sinistres arrivés de Paris ! Il avait à se donner à lui-même la solution de bien plus graves mystères. Quel était ce comte de Pressy, reclus dans sa maison, et vivant loin de sa femme ? Quelle était cette femme, abandonnée de son mari et se constituant l'ange gardien d'un poëte ? Quelle était cette maison de l'avenue, où le comte passait toutes les nuits, dans la plus chaste des solitudes, en ne laissant d'autres traces de sa veille que des portes ouvertes, et des fleurs flétries ? Toute la vie d'André Chénier était dans ces trois problèmes. Ils étaient bien stupides ceux qui, dans ce moment, préparaient des lois contre les suspects ! Ces proscripteurs n'avaient donc point de femmes et point d'amour !

Le poëte avait adopté une résolution, et lorsque le corps fut reposé, l'âme reprit sa vigueur et fonctionna.

Quand la dernière lueur du crépuscule fut éteinte, André sortit de son asile et suivit la pente de l'avenue jusqu'au n° 18. Ce n'était pas l'heure de l'arrivée du comte ; on pouvait donc, sans crainte de le rencontrer, faire une seconde invasion dans le jardin, par les chemins déjà connus. La nuit favorisait cette tentative hasardeuse et pleine de périls, car le poëte savait que le comte de Pressy, malgré sa gracieuse étourderie de gentilhomme, portait une épée dont il se servait héroïquement dans l'occasion.

Cette fois André laissa la petite maison à gauche, et visita un massif d'arbres pour y choisir un bon poste nocturne d'observation.

Comme il explorait tous les recoins de ce petit parc, il longea une grille de fer qui séparait ce domaine du domaine voisin, et, en jetant un regard à l'extérieur, il vit une femme s'acheminant avec une lenteur rêveuse vers une allée d'arbres arrondis en voûte, du côté de la grille de clôture. La nuit était fort sombre, et il fallait bien se tenir en garde contre le rapport de ses yeux avant de donner un nom à un objet.

Aussi, malgré ses noires préoccupations, Chénier ne put s'empêcher de sourire en se disant à lui-même :

— O illusion de l'amour! elle fait trouver partout ce qu'on cherche : ne suis-je pas assez absurde pour croire reconnaître dans cette femme la comtesse de Pressy!

Cependant, comme le rêve est toujours préférable en l'absence de la réalité; comme il y a toujours une sorte de bonheur à regarder la femme indifférente qui ressemble à la femme aimée, notre poëte s'appuya contre la grille limitrophe en voilant sa tête des massifs de larges feuilles que la saison prodiguait, et, comprimant son haleine, il regarda passer, à portée de main, la belle voisine.

Malgré l'intensité des ténèbres, sous la voûte opaque de l'allée du jardin, André reconnut la taille, la tournure, la démarche de la comtesse, et l'hémistiche d'un autre poëte, son aïeul aussi, lui revint en mémoire : *Qui peut tromper celui ou celle qui aime* * !

—Oh! je ne me trompe pas! pensa-t-il, ne pouvant le crier.

L'allée où la jeune femme avait établi sa promenade du soir n'était pas longue, ainsi, à courts intervalles, elle passait et repassait devant les yeux scrutateurs qui lançaient des rayons pour éclairer son visage.

L'arrivée d'une autre femme sous l'allée dissipa le dernier doute du poëte. La nouvelle venue était bien la suivante ou l'amie de la comtesse, et d'ailleurs la conversation qui s'engagea tout de suite à voix basse laissait des lambeaux décousus devant le poste d'observation, en trahissant la belle inconnue.

Chénier entendit ainsi très-distinctement ces mots sans suite, mais significatifs, tombés au passage :

—Personne n'a plus reparu dans... fausse alerte, qui... oui, l'homme du jardin était sans doute un vieillard sans... il faut même se méfier de ces chanteurs... une maison change de...

Quis fallere possit amantem.

il faut pourtant se tenir sur ses gardes... et où peut-on se réfugier, d'ailleurs, lorsque... si M. Chénier n'a point...

A ce nom qui effleura, en l'embrasant, l'oreille du poëte, la dernière obscurité se dissipa, comme si le soleil eût percé le dôme des arbres. Chénier appela toute son énergie à son secours, pour s'éclairer lui-même et s'arrêter sur une détermination.

Au même instant, des bruits de portes ouvertes et des pas amortis par le gazon arrivèrent à son oreille. Deux hommes montaient avec précaution le perron de la maison déserte. Il n'y avait aucun doute à élever sur ces deux visiteurs nocturnes : c'étaient le comte de Pressy et Valentin ; ils arrivaient à la même heure, comme la dernière nuit.

Ainsi tout s'expliquait ; tous les rayons éclairaient à la fois ces mystères et ces ténèbres. La maison déserte conduisait, par un prudent détour, à la maison habitée. Les deux époux, séparés sans doute par la tourmente révolutionnaire, se réunissaient tous les soirs à la faveur du voisinage de ces deux jardins. Le n° 18 n'était qu'un passage clandestin pour arriver au n° 19. La grille de clôture avait, à coup sûr, une porte mitoyenne que la nuit ne permettait pas de voir, mais qui allait s'ouvrir devant la main du comte. Ces idées, naturellement déduites de la circonstance, traversèrent le front de Chénier avec la rapidité de l'éclair.

Le poëte serra la grille du jardin avec des mains convulsives, et attendit les autres révélations de cette affreuse nuit.

XII

LA FEUILLE BLANCHE.

Si tous les jeunes hommes de cette époque se fussent trouvés dans une position équivalente à celle d'André Chénier en ce moment, 93 n'aurait pas existé.

Notre poëte était comme étouffé par deux émotions mortelles ; et ne sachant à laquelle des deux donner la préférence, il les subissait à la fois, comme un homme qui recevrait deux coups de poignard et souffrirait une double agonie avant sa mort.

Il y avait surtout un moment intolérable, celui dont le poëte allait être le témoin lorsque la porte de la grille s'ouvrirait pour réunir les deux époux dans le jardin. Oui, l'homme qui ne recule pas devant cette angoisse suprême de l'amour et l'attend de pied ferme, n'a plus rien à redouter dans sa vie des fatalités de l'avenir.

La nuit, en s'avançant, ne donnait aucun nouvel incident à cette scène, jouée par trois personnages sur trois points éloignés. Le poëte comparait sa position à celle du condamné qui, dans sa prison, a entendu sonner l'heure de son supplice, et, ne voyant pas arriver le geôlier et le bourreau, conçoit un vague espoir de pardon, à force de s'étonner de l'inexactitude de la mort.

La jeune femme avait engagé avec sa suivante un de ces entretiens décousus et saccadés qui sont, le soir, comme la table des matières d'une longue conversation du jour. Elle s'arrêta dans sa promenade, à peu de distance de Chénier, et dit à voix basse, mais distincte :

— Il est impossible, vous dis-je, que ce jeune homme ne porte pas quelque intérêt à la femme inconnue qui a écrit cette lettre. Mon dernier billet était alarmant, et mon devoir est de le rassurer demain.

— Le rassurer par un autre billet que Madame écrira demain? dit l'autre femme.

— Sans doute.

— Alors, Madame, j'irai demain à Viroflay pour avertir votre messager fidèle, ce bon Denis.

— Et de très-bonne heure, Angélique, de très-bonne heure ; il faut que mon billet soit remis vers midi à M. Chénier.

— Oui, Madame, parce que M. Roucher dort toujours à cette heure-là.

— Ainsi, vous vous lèverez avec le soleil, Angélique, et maintenant, vous pouvez vous retirer, je vous souhaite une bonne nuit.

— Madame ne veut pas m'écouter! je crains pour elle l'humidité du soir...

— Bonne Angélique, est-ce que les femmes craignent quelque chose aujourd'hui !

— Madame a toujours raison.

Angélique sortit de l'allée et disparut bientôt; la jeune femme continua sa promenade, pour se dédommager sans doute de la longue réclusion du jour.

Nouvelle péripétie pour André Chénier!

L'idée qui vint aussitôt le saisir impérieusement n'était ni sensée ni convenable, mais il y a des moments où l'esprit a perdu le calme, ce régulateur de toutes les actions, où l'homme abdique sa raison pour obéir à un instinct.

Il déchira une page blanche du petit album qui recevait les confidences de la muse antique, il écrivit au crayon ses deux noms, et quand la jeune femme eut passé devant lui, il étendit le bras, et laissa tomber ce papier sur le gazon de l'allée, où sa blancheur se détacha dans l'ombre comme une lame d'argent.

En ce moment les convives d'un festin civique, au nombre de deux mille, descendaient l'avenue du Tiers, en chantant l'hymne admirable de Marie-Joseph Chénier. Cet ouragan de voix était formidable, comme le défi d'une armée en face de l'ennemi, et André ne l'entendit pas! Toute son âme avait passé dans son regard, fixé sur un seul point.

Ces minutes décisives, qui apportent avec elles la révélation de l'inconnu et la destinée d'une existence sont lourdes sur le front comme le poids de l'infini.

La jeune femme remonta l'allée, et chacun de ses pas s'amortissait sur la poitrine du poëte; elle s'arrêta tout à coup, et le murmure sourd d'une aspiration gutturale se fit entendre distinctement dans le silence de la nuit.

Il ne faut pas toujours, au milieu des ténèbres tristes, une apparition soudaine et formidable pour glacer l'âme de terreur; le moindre détail qui brise la logique des faits vulgaires révolte l'esprit et donne l'effroi comme un péril de mort!

L'air n'avait pas une seule brise, aucun souffle n'agitait les plus légères feuilles des arbres, et la jeune femme rencontrait là, sous ses pieds, quelque chose d'épouvantable, qui agitait convulsivement la main prête à la toucher!... Elle jeta un rapide regard autour d'elle, et ramassa la feuille blanche avec la précaution méticuleuse qui effleure un tison... Malgré l'intensité des ténèbres sous le dôme des arbres, le nom d'André Chénier, écrit en larges caractères, se lisait facilement... La feuille échappa des doigts comme si elle les eût brûlés; un murmure strident sortit des lèvres de la jeune femme, et ses deux bras se tendirent de stupéfaction vers un massif de feuilles agitées sur la grille, au milieu de la morne immobilité du jardin.

Au même instant, elle entendit une voix douce qui disait:

— *Est-ce que les femmes craignent quelque chose aujourd'hui?*

— Oui, elles ne craignent rien, dit la jeune femme en s'avançant d'un pas résolu vers la grille et la voix.

— Madame, dit le poëte en tremblant, c'est une voix amie qui vous parle... Je suis André Chénier.

— C'est bien lui! dit la jeune femme.

Et elle serra la main que lui tendait le poëte.

— Que les révolutions soient bénies, Madame, je leur dois cet épanchement spontané, cette franchise d'affection que les convenances repousseraient dans des temps ordinaires. Vous et moi, nous nous abordons pour la première fois comme de vieux amis.

— C'est que nous sommes de vieux amis, monsieur Chénier, dit la jeune femme; et la preuve, c'est que j'ai reconnu votre voix.

— Il me serait bien cruel, Madame, de détruire chez vous une illusion qui me donne en ce moment un bonheur immérité... mais je suis obligé, en conscience, de vous dire que ma voix vous a été inconnue jusqu'à ce jour.

— Non, Monsieur, elle m'est connue depuis cinq ans... Cherchez bien dans vos souvenirs.

— Excusez-moi, Madame, si le début de notre entretien éloigne de ma bouche tout ce que j'avais à vous dire; je veux rester dans le sillon que vous avez tracé vous-même, dussé-je regretter jusqu'à la mort ce précieux instant... Ces souvenirs sont tous absorbés par votre présence, mais si j'avais eu le bonheur de vous parler une seule fois, je sais bien que je vous aurais parlé toujours. Au reste, Madame, si cette illusion a le moindre charme pour vous, daignez la garder toute votre vie, et j'en ferai ensuite pour moi une réalité.

— Monsieur, vous l'avez dit avec raison, nous vivons dans un temps où l'incertitude du lendemain nous délivre des vieilles convenances sociales; mais je tiens pourtant à constater que vous êtes pour moi un très-ancien ami, et je viens tout de suite rassurer votre conscience qui, devant mon illusion, n'adopterait pas une réalité mensongère, quoi que vous en disiez... Il y a cinq ans, Monsieur, vous avez traversé la Provence; vous avez séjourné à l'hôtel de la Tour-d'Aigues, à Aix, et...

— Oui! oui! dit Chénier en supprimant une exclamation de joie, très-dangereuse à cause du voisinage. Pardonnez-moi!... Vous êtes madame la comtesse Marguerite de G... Oui!

mais je vous avais reconnue sans vous reconnaître; ma seconde impression continuait la première. Sous votre modeste costume de 93, rien ne m'annonçait de loin la brillante comtesse de 88; mais la séduction de la grâce et l'éclat de la beauté n'ont pas été détruits comme nos costumes par le souffle du démon politique, et à cinq ans d'intervalle, j'ai rencontré encore, sous une coiffure vulgaire, ce type idéal et divin que tout poëte garde en lui comme le rêve de son adoration.

— Je vous remercie, Monsieur, de rester fidèle, en ce temps-ci, aux anciennes formes de la galanterie française. Les ombres des gentilshommes de Versailles doivent tressaillir de joie en vous écoutant... Toutefois, veuillez bien remettre l'entretien dans le sillon où je l'ai placé, comme vous dites, et veuillez bien m'expliquer le mystère de votre présence dans ce jardin.

— Madame, dit Chénier d'un ton irrésolu, Dieu m'est témoin que le hasard seul m'a conduit ici.

— Monsieur Chénier, je vous prie d'avoir la franchise du gentilhomme comme vous en avez le langage.

— Madame...

La voix du poëte s'arrêta, comme si sa langue eût été soudainement paralysée; mais un geste véhément, un geste irrésistible, comme un coup de foudre de l'éloquence, continua la phrase suspendue, et repoussa la comtesse bien loin de la grille du jardin.

La jeune femme bondit en arrière comme une gazelle blessée, et devinant à la brutalité du geste toute l'imminence d'un péril inconnu, elle se réfugia dans le plus ténébreux recoin de son petit parc.

A quelques pas de Chénier, se trouvait un puits d'arrosage, dont l'orifice était presque tout recouvert par la végétation luxuriante et sauvage qui croît si vite dans les terrains abandonnés. Le poëte ne voyant que ce refuge n'hésita point. Il se glissa en écartant les herbes dans le périlleux asile, et raidissant avec vigueur ses pieds et ses mains, il se cramponna aux crevasses des parois intérieures, et suspendu ainsi sur l'abîme, il attendit ce que le destin lui envoyait sous le nom du comte de Pressy.

On a déjà compris, sans doute, qu'un bruit de pas et de voix avait frappé l'oreille d'André Chénier, et que cet incident, facile à prévoir, venait d'interrompre l'entretien.

Le comte, suivi de Valentin, descendait le perron et en agitait, malgré sa prudence, les pierres disjointes; il marcha lentement jusqu'à la grille et s'arrêta devant le puits d'arrosage pour examiner et entendre : sa main serrait la garde d'une épée nue, et la fierté de son attitude annonçait l'énergie d'une résolution.

Il n'y avait que ténèbres et silence dans les deux jardins.

Valentin, les bras croisés sur sa poitrine et la tête négligemment penchée sur une épaule, n'accordait qu'une attention railleuse à ce danger invisible.

Ne voyant rien, n'entendant rien, le comte crut pouvoir hasarder quelques paroles, et même il commit à dessein cet acte d'imprudence, pour provoquer un péril qu'il préférait à cette absurde inaction.

— Valentin, dit-il, je comprends le sens de ton silence; j'écoute ta pensée : eh bien ! je t'affirme que mes oreilles ne m'ont pas trompé tout à l'heure. On a parlé ici... ici même... j'en suis certain.

— Si monsieur le comte l'affirme, je crois ce que monsieur le comte dit.

— Il y a un effet d'acoustique dont je me rends bien compte dans ce jardin : c'est le même phénomène remarqué à Trianon; nous nous en amusions souvent avec la reine et madame de Polignac. Celui qui parlait à voix basse, la nuit, devant la grille, était étendu très-distinctement sous le mur du château. Ici, la voix qui part de cette grille suit l'allée, et va rebondir contre la façade nue de la maison, où elle tombe dans une oreille, s'il se trouve là un auditeur. Je puis même affirmer que non-seulement j'ai entendu la voix, mais encore ces mots : *le rêve de mon adoration...* Tu conçois, Valentin, que je ne puis pas inventer ce détail. A coup sûr ce n'est pas cet arbre qui parle à ce puits du *rêve de son adoration*, et ces mots ne pleuvent pas du ciel en bon français.

— Ah! monsieur le comte, dit Valentin en s'inclinant, vous me donnez maintenant tant d'explications, que...

— Que tu n'as encore rien expliqué, Valentin.

— C'est possible, monsieur le comte.

— Nous sommes arrivés ici pour nous mettre en embuscade et protéger la comtesse, en cas de violence jacobine. Mon rôle est changé; il faut que je me défende, moi, contre quelque dameret girondin qui prêche le *Contrat social* pendant le jour, et l'*Art d'aimer* pendant la nuit.

— Ici, monsieur le comte me permettra de ne pas être de son avis. Ce ne serait pas madame la comtesse qui prêterait l'oreille à un avocat girondin.

— Je sais très-bien ce que je dis, Valentin; et je dis tout haut ce que je sais, parce que si je suis entendu par un homme de cœur caché dans ces broussailles, il en sortira, et trouvera une épée à croiser avec la sienne. Il y a même ici un sépulcre pour y dérober un cadavre : ce puits...

— Il doit être profond, car il est étroit, dit Valentin en s'avançant vers le puits.

Le comte l'arrêta par un signe brusque, et lui montra l'autre jardin à travers la grille.

Dans les ombres nocturnes de l'allée voisine passait en ce moment une forme humaine, dont la démarche solennelle rappelait tout ce qu'on raconte des visions de minuit. M. de Pressy s'avança jusqu'à la grille, et suivit des yeux l'apparition, qui se perdit un instant dans les massifs noirs des arbres, et reparut sur la lisière la plus ténébreuse du petit parc.

— Valentin, dit le comte à voix basse, crois-tu aux fantômes, toi?

— Non, monsieur le comte, je suis marin, et il ne peut pas y avoir des fantômes à bord des vaisseaux. Alors je n'y crois pas.

— Eh bien! que penses-tu de la chose que nous voyons là, dans l'autre jardin?

— Je pense, monsieur le comte, que c'est une femme naturelle.

— Pourrais-tu donner un nom à cette femme?

— Oui, monsieur le comte.

— Il est impossible de s'y méprendre, Valentin, n'est-ce pas?

— Oui, c'est madame la comtesse, comme je suis Valentin.

— C'est elle! c'est elle dans la plus obscure des nuits! mon cœur la verrait avant mes yeux!

Et le comte se tut pour suivre tous les mouvements de cette gracieuse apparition.

XIII

L'ONCLE ET LE NEVEU.

En ramenant cette histoire à la veille de cette nuit de terreur, nous trouverons, dans une salle de l'hôtel de ville de Versailles, Claude Mouriez s'entretenant avec un jeune homme de vingt-deux ans, d'une figure grave et pleine d'expression.

Le portrait physique de Claude Mouriez a déjà été tracé par Valentin; le portrait moral arrivera bientôt, sans peintre.

— Adrien, mon petit neveu, disait Claude Mouriez en se promenant avec rapidité, il y a plusieurs manières d'être républicain. Toi, tu es un républicain du *de Viris illustribus*. Tu as vingt-deux ans, j'en ai trente-cinq; tu as des vertus et j'ai des passions; tu ne désires rien, je désire tout. Notre républicanisme ne peut pas être de la même souche. Voilà!

— Mon oncle, voici la différence : je veux servir la république, moi, et vous voulez vous en servir, vous.

— C'est joli, mais je suis sûr, Adrien, que tu as pris cela dans quelque Platon.

— J'ai pris cela dans mon cœur.

— Je t'en félicite, mon neveu; mais attends, tu y trouveras bien d'autres choses, dans ton cœur; et quand tu auras des passions, tu te serviras de la république pour faire ton chemin.

— Ne m'accusez pas dans mon avenir, mon oncle; je ne puis pas défendre ce qui n'existe pas, je défends mon présent.

— Mon petit Adrien, tu as trop de bon sens et d'esprit pour moi. Suis mon conseil : retourne dans le Calvados, auprès de ta mère, qui est veuve, et qui a besoin de voir chaque jour son fils unique. Là, tu seras républicain à huis-clos et ta vertu spartiate ne se scandalisera plus de la conduite de tes voisins. Si tu veux continuer à me servir de secrétaire, obéis-moi et ne contrôle plus mes actions. Un secrétaire est une chose qui reçoit des secrets, les garde, et noircit du papier à raison de douze cents livres par an.

— Oui, mais je suis votre neveu, aussi; je suis le fils de votre frère, mort glorieusement à Fleurus; et, vous le savez, c'est à la mémoire de mon père que vous devez les hautes fonctions extraordinaires dont vous êtes investi. Tout cela me donne quelque droit à vous parler franchement...

— Et tu en abuses, Adrien, parce que, sous mon air farouche, tu sais que je suis bon...

— Oui, mon oncle, quand une passion ne vous emporte pas, vous êtes un excellent homme; mais la passion vous emporte toujours.

— Même en ce moment, où je raisonne avec cette tranquillité?

— Comment! vous avez déjà oublié votre colère de ce matin, à propos de la ci-devant comtesse Marguerite?

— Eh bien? n'avais-je pas cent fois raison contre toi?

— Vous le voyez, mon oncle, nous allons recommencer!

— Mais je recommencerai soixante fois à l'heure. Adrien, tu es un enfant et je suis un homme. Je connais toute l'étendue de mes devoirs. Cette ci-devant comtesse est une ennemie acharnée de la république; elle conspire contre le gouvernement.

— C'est vous qui conspirez contre elle.

— Adrien, tu te fais insolent!

— Il n'y a que moi qui puisse vous dire la vérité; vous êtes plus heureux qu'un roi.

— Tu devrais ajouter que je suis amoureux de cette femme... Voyons!... parle...

— Puisque vous l'avez ajouté vous-même, je n'ai plus rien à dire.

— Adrien, tu me soupçonnes de cela?

— Je ne soupçonne pas; j'en suis certain.

— J'aime mieux rire de tes impertinences, Adrien, que de m'en irriter.

— Eh bien! mon oncle, ne vous acharnez plus après cette femme, et je rétracte tout ce que j'ai dit.

— Et mon devoir, Adrien, mon devoir?

— Votre devoir, mon oncle, est de vous montrer bon et honnête républicain, et de faire aimer la république. Ne donnez aucun prétexte de calomnie aux royalistes; ayez les mœurs austères des...

— Ah! tu crois, mon petit Adrien, interrompit brusquement Claude Mouriez, tu crois que je prends goût à tes sermons? Mais vraiment, c'est le monde renversé! les neveux en remontrent à leurs oncles! c'est l'inverse des comédies de Molière!... Brisons là, mon neveu, et introduis tout de suite ce saltimbanque, qui est la première cause de notre discussion. Obéis-moi, ou pars pour le Calvados.

— Vous savez, mon oncle, que ce pauvre diable est détenu arbitrairement en prison.

— Parbleu! je le sais bien!

— Aussi, mon oncle, je n'ai pas la prétention de vous l'apprendre; je recommande ce malheureux à votre justice et à votre humanité.

— Nous verrons... introduis.

C'était le chanteur ambulant, le faux savoyard Vincent qui entra, pâle comme un cadavre.

Claude Mouriez s'assit, et fouillant dans des liasses de papier, il en retira une feuille et dit au prisonnier :

— Voici le procès-verbal de ton arrestation, Vincent. Nous verrons ensuite ce que tu as à me répondre... Tu as été arrêté dans l'avenue du Tiers pour avoir chanté la chanson prohibée : *Quand mon bien-aimé reviendra.* On t'a fouillé; on a trouvé dans tes poches plusieurs pièces d'or; on t'a demandé d'où provenaient ces pièces, tu t'es troublé et tu as répondu qu'un vieux te les avait données pour découvrir la maison d'une femme, qu'après bien des recherches tu l'avais enfin trouvée dans l'avenue du Tiers. Tout cela est-il vrai ?

— Oui, dit Vincent d'une voix d'agonie ; il n'y a qu'une chose fausse : je n'ai pas chanté : *Quand mon bien-aimé reviendra ;* on a mal entendu.

— Au reste, cela importe peu...

— Comment ! cela importe peu ! interrompit Adrien, en se penchant à l'oreille de son oncle ; cela importe beaucoup, puisque, s'il n'a pas chanté cette chanson, la police n'avait pas le droit de l'arrêter.

— Je sais ce que je dis, Adrien... Écoute bien, Vincent, et parle selon la vérité, si tu veux être libre... Où demeure cette femme pour laquelle on t'a donné tant d'or ?

— Elle demeure avenue du Tiers, n° 19.

— Tu la connaissais, sans doute, avant de la chercher ?

— Oui.

— Où l'avais-tu connue ?

— Je l'avais vue à la fenêtre d'un hôtel, rue du Réservoir.

Claude Mouriez fit un mouvement de joie qui n'échappa point au jeune Adrien.

— Vincent, dit Mouriez d'une voix émue, si tu as dit la vérité, tu seras libre demain. Retire-toi, on va te reconduire à la prison.

Vincent s'inclina et sortit la joie peinte sur la figure.

— Eh bien ! mon petit Adrien, dit Mouriez en se composant une face impassible, tu vois que je suis juste et humain.

— Je vois que j'ai bien deviné, voilà tout ! dit Adrien d'un air sombre.

— Pouvais-je le mettre en liberté aujourd'hui, Adrien ? soyons de bonne foi.

— Oh ! mon oncle, il ne s'agit point de cela.

— Et de quoi s'agit-il ? demanda Mouriez avec le calme de la candeur.

— Il s'agit toujours, mon oncle, de la ci-devant comtesse Marguerite. Le hasard vient de la livrer entre vos mains. Vous avez là devant vous mille procès-verbaux que vous ne lisez jamais peut-être ; vous avez lu celui du chanteur ambulant parce qu'il vous intéressait. Vous voyez qu'il s'agit de la femme que vous poursuivîtes à l'hôtel de Grave, rue du Réservoir.

— Adrien, dit l'oncle avec une gravité feinte, je t'écoute avec la bonté tolérante d'un père, car je te regarde comme mon fils, et je veux même pousser ma bonté paternelle jusqu'à une sorte de justification. Peux-tu désirer davantage?

— Non, mon cher oncle; vous savez bien que je vous aime, et que je m'efforce de corriger votre nature en me servant de tout ce qu'il y a de bon en vous.

— Il est charmant, ce neveu! dit Mouriez avec un léger sourire : moi, devant qui tout tremble ici, vous verrez que je serai obligé de trembler à mon tour devant un écolier!... Adrien, tu connais et tu as vu la scène scandaleuse de l'hôtel de Grave?

— Oui, mon oncle.

— Tu as vu de tes propres yeux avec quelle impudence contre-révolutionnaire cette femme étala sur son balcon des fleurs de couleur séditieuse?

— Mon oncle, comment pouvez-vous dire ces choses sans rire? Est-ce qu'il y a des fleurs séditieuses? Et sous le régime de la liberté, chacun n'est-il pas libre d'étaler sur son balcon les fleurs qui lui conviennent?

— Non, mille fois non; voilà ce qui prouve bien que tu es un enfant, et que tu n'entends rien à la politique! Cette ci-devant comtesse ne peut arborer un drapeau à sa fenêtre, elle arbore des fleurs.

— Ah! voilà qui est bien dangereux pour la république!

— Oui, plus dangereux que tu ne penses; si on laissait étaler partout des signes de ralliement royaliste, il faudrait livrer bataille dans les rues tous les jours, et nous avons besoin de nos armées aux frontières. L'énergie d'un seul homme tient ainsi garnison à Versailles, et remplace une demi-brigade dont Sambre-et-Meuse a besoin. Eh bien! comprends-tu maintenant?

— Je comprends moins, mon oncle; expliquez mieux encore, je ne comprendrai plus du tout. J'ai des idées fixes sur la liberté. Je ne changerai pas. Périsse tout, excepté le principe! Si nous avons détruit la Bastille pour n'avoir plus ensuite même la liberté d'arroser un œillet blanc à notre balcon, relevons la Bastille et allons sacrer à Reims un nouveau roi !

— Adrien, tu déraisonnes !

— Oh ! nous ne nous entendrons jamais sur ce point, mon oncle. Et je vais même plus loin : si la passion ne vous aveuglait pas, si la comtesse Marguerite était une vieille séditieuse octogénaire, vous la laisseriez parfaitement tranquille dans sa maison.

— Là, tu dis vrai, Adrien. Je connais l'influence d'une jeune femme, et d'une belle femme, dans cette ville toute pleine encore des parfums ambrés de la ci-devant galanterie; et voilà justement ce que je dois combattre de toute ma vigueur. Tu n'as pas vu comme moi le festin de l'Orangerie, à Versailles?

— Eh bien ! quel rapport a ce festin avec les œillets blancs ?

— Quel rapport, dis-tu? Le voici. A ce festin, ou pour mieux dire, à cette orgie, ce furent les femmes qui électrisèrent les hommes, qui leur firent fouler aux pieds les couleurs de la révolution, qui nouèrent aux uniformes les rubans royalistes ! donc les femmes sont les plus dangereuses ennemies de la république; sans les femmes, notre nouvel ordre de choses aurait suivi une marche pacifique, et nous n'aurions pas l'Europe armée sur les bras.

— Vous avez raison, mon oncle; suivez donc votre plan; organisez la tyrannie contre la belle comtesse, et sauvez ainsi la patrie, menacée par des œillets blancs.

— Mon ami, tu sors des bancs de l'école, et tu as la fureur d'employer contre le meilleur des oncles la figure de rhétorique qu'on nomme l'ironie. Moi, j'ai des choses plus sérieuses dans la tête, et mon professeur m'a enseigné d'autres devoirs.

— Et moi, mon oncle, je m'obstinerai toujours à corriger les devoirs de votre professeur.

— Comment, toi, Adrien, qui lis tous les matins mes rapports de police, peux-tu me trouver rigoureux ? Cette ville de Versailles est un nid de conspirateurs. Il y a des nobles dans toutes les caves, il y a de faux émigrés qui ne sont pas sortis de leurs hôtels et qui attendent pour faire un coup. Ne m'a-t-on pas aussi, dernièrement, signalé deux enragés écrivains du *Journal de Paris*, André Chénier et Roucher, qui se sont réfugieés à Versailles, pour y exploiter la contre-révolution? deux hommes dangereux comme cent femmes, parce qu'ils écrivent, le matin, des vers dans les ruelles, et de la prose, le soir, dans les conciliabules secrets. Quand je ferai arrêter ces auteurs du supplément n° 13, serai-je rigoureux ou juste?

— Mon oncle, vous éludez maintenant la question, ou vous l'agrandissez pour la faire disparaître. Si des conspirateurs existent, votre devoir est de veiller pour la république. Nul ne vous reprochera la malheureuse sévérité de vos fonctions; mais j'ai voulu concentrer toute la discussion sur un seul point, et vous éclairer dans la fausse route où vous a mis une passion qui n'est ni politique ni républicaine. Je ne veux pas, pour l'honneur de notre famille, pour la sainte mémoire de mon père, je ne veux pas qu'on puisse dire que votre acharnement contre la comtesse Marguerite prenait sa source dans un sentiment équivoque et très-peu républicain.

— Adrien, Adrien, cela suffit; tu perds devant moi toute retenue, et j'ai besoin de me souvenir que tu es mon neveu, et mon fils d'adoption...

— Voilà pourquoi je vous parle ainsi; ces titres me donnent des droits. Si j'étais un étranger, je donnerais ma démission et j'irais chez ma mère qui m'attend; mais je reste à mon poste, où je puis vous être utile; je ne déserterai pas.

Claude Mouriez haussa les épaules, s'assit devant son bureau, et tourmenta des collines de dossiers amoncelées devant lui; puis, prenant une voix affectueuse, il dit :

— Adrien, nous avons perdu une heure en paroles oiseuses, et le temps est précieux; on ne doit pas le perdre, on doit l'employer. Nous avons vingt lettres là qui attendent des réponses... Écris à Fouquier-Tinville une lettre dans ce sens que tu développeras... : L'annonce de la prochaine loi des suspects a produit à Versailles un excellent effet. La population est toujours animée du meilleur esprit, etc., etc.

— Oh! la population est toujours animée du meilleur esprit! C'est un refrain épistolaire que je connais, dit Adrien.

Et il se mit à tailler une plume, très-lentement, pour ne commencer que fort tard.

XIV

RETOUR A LA GRILLE DES DEUX JARDINS.

Le comte de Pressy fit un signe à Valentin, qui se tenait un peu à l'écart dans une pose stoïque, et le vieux marin s'approcha de son maître.

En ce moment, l'apparition s'était perdue aux extrémités du jardin.

— Valentin, dit le comte d'une voix modérément contenue, tu es intelligent, comme tous les vieux marins, toi ; eh bien ! comprends-tu quelque chose à ce que nous voyons en ce moment ?

— Si monsieur le comte n'y comprend rien du tout, je n'ai pas la prétention d'avoir plus d'intelligence que lui.

— C'est que je ne suis pas tout à fait de sang-froid, Valentin, et je l'avoue à ma grande confusion. Il y avait ici un rendez-vous, c'est évident ; il y avait un entretien engagé ; j'en ai entendu quelques mots. L'homme a disparu à mon approche, c'est encore incontestable ; pourquoi donc la femme n'a-t-elle pas disparu avec lui ?

— C'est très-juste, monsieur le comte, pourquoi la...

— Ceci est inexplicable ! car l'un et l'autre ont entendu le bruit de nos pas ; ils ont pris l'épouvante, et madame la comtesse poursuit tranquillement sa promenade et continue à se pavaner aux yeux des témoins qu'elle ne voit pas, mais qui existent, quoique invisibles, ce qui, pour elle, est bien plus effrayant.

— Monsieur le comte a raison; c'est inexplicable.

M. de Pressy appuya son front sur la grille, et se mit à réfléchir.

Un violent coup de marteau retentit en ce moment dans le voisinage, et la direction de ce bruit annonçait évidemment qu'on frappait à la porte du n° 19.

Le comte releva nonchalamment la tête et regarda Valentin d'un air significatif.

Le vieux serviteur mit la main droite à son oreille, et désigna ensuite du doigt la maison de la comtesse.

— Il est minuit! dit le comte à voix basse, c'est un peu tard pour une visite honnête!

— C'est ce que je pensais, dit tout bas Valentin.

La porte ne s'ouvrait pas. Après un assez long intervalle, deux coups de marteau succédèrent au premier.

Le comte vit alors courir vers la maison, avec l'élan d'une gazelle, la jeune femme qu'il reconnut encore mieux.

Le silence de la nuit, dans ce quartier isolé, permettait de tout entendre. Une fenêtre s'ouvrit sur la façade de l'avenue, et une voix grêle laissa tomber une interrogation mal articulée.

Une voix forte répondit :

— Ouvrez, au nom de la loi!

— Au nom de la loi, dit le comte, sans trop ménager son organe. La comtesse est en péril! Oublions tout.

— C'est ce que j'attendais, dit Valentin.

Le comte examina la grille, en mesura la hauteur, et dit : On peut franchir cela.

Et il jeta son épée de l'autre côté.

Puis il dit à Valentin :

— Reprends ton agilité de matelot, et suis-moi.

A ces mots, le comte escalada la grille, appuya un pied dans le vide des dards aigus qui la couronnaient, et suivit son épée par le même chemin.

Aussitôt, sans voir s'il était suivi de Valentin, il courut se mettre en embuscade sous les derniers arbres qui ombrageaient la maison.

— Monsieur le comte, dit Valentin, aurait dû me faire passer le premier en m'aidant de ses mains et de ses épaules. Essayons toujours.

Valentin tenta l'escalade, mais quoique encore vert et vigoureux, il avait perdu l'usage des mâts.

— Ah! dit-il en frappant son front, pourquoi monsieur le comte ne m'a-t-il pas aidé?

— Eh bien! je vous aiderai, moi! dit une voix qui effleurait son oreille.

Valentin tourna lentement la tête, comme un homme habitué aux choses surnaturelles, et vit devant lui André Chénier.

— Pas un cri! Valentin, pas un retard! dit Chénier, et donnez-moi votre parole de vieux soldat que vous garderez ce secret.

— Je vous le jure, dit Valentin, si vous m'aidez à rejoindre mon maître.

André, qui était doué d'une grande force physique, grimpa sur la grille, et arracha cinq pointes de fer à demi rongées par une rouille séculaire; puis, maître de cette position, il aida Valentin dans son escalade, et le fit descendre de l'autre côté en le suspendant à ses bras, comme à deux cables de fer.

— Maintenant, lui dit-il, voilà mon poignard, et gardez-le avec mon secret.

Valentin leva une seconde fois sa main droite pour renouveler son serment, et, ramassant le poignard, il suivit le chemin qu'avait suivi son maître.

Au même instant, on entendit un second *Ouvrez, de par la loi!* accompagné d'une volée de coups de marteau.

Une voix répondit du dedans: *On y va!* et un peu après, la porte s'ouvrit pour se refermer tout de suite.

Chénier sauta dans le jardin sans hésiter et se prépara résolument à intervenir, si la lutte s'engageait dans la maison. Sans doute il lui répugnait de compromettre l'honneur d'une femme en se montrant chez elle à pareille heure; mais il y a des circonstances impérieuses qui suppriment toutes les considérations.

— Je ne me montrerai, se dit-il à lui-même, qu'à la dernière extrémité, si j'entends le cri de détresse d'une femme.

Le comte de Pressy et Valentin, masqués par un buisson de lilas, tenaient les yeux fixés sur la maison, à peine distante de cinq pas. Ils entendirent d'abord des voix confuses que multipliait l'écho du vestibule; peu après les portes des appartements s'ouvraient et se refermaient avec fracas, et des exclamations d'impatience sortaient par les fenêtres ouvertes. Tous ces bruits intérieurs se rapprochaient et retentirent enfin dans la salle basse, ouverte sur la campagne, et aux oreilles même du comte de Pressy.

— Ainsi, dit une voix brusque, tu soutiens que tu habites seule cette maison?

— Oui, Monsieur, seule.

— Tu te nommes?

— Angélique Brunon.

— Es-tu mariée?

— Je suis veuve.

— Alors, c'est toi qui as montré ton visage quand le Savoyard a chanté sous tes fenêtres?

— Oui.

— Nous savons que tu mens, et tu vas nous suivre.

— Je vous suivrai.

— Y a-t-il une cave dans cette maison?

— Oui; voulez-vous la visiter? venez avec moi.

— On n'est pas si bête de se cacher dans une cave... ta maîtresse est dans ce jardin, puisque nous n'avons rien trouvé dans la maison... donne-nous deux flambeaux... et ne bouge pas d'ici.

Pendant qu'Angélique apprêtait les deux flambeaux demandés, les deux hommes qui faisaient cette visite domiciliaire nocturne montrèrent leurs têtes dans le cadre de la salle basse, et ils examinaient attentivement le jardin.

— Ils ne sont que deux, dit Valentin à l'oreille du comte.

— Sans compter ceux de la rue, répondit le comte.

— Ah! c'est juste, je ne songeais pas à la rue.

— Faisons toujours notre devoir ici, Valentin, la rue aura son tour, s'il le faut. Ne vois-tu pas que la comtesse est dans le parc?

— Parbleu ! je le devine bien, monsieur le comte.

— Ces messieurs vont faire une chasse aux flambeaux. Un vrai amusement royal.

— Oui, monsieur le comte, mais ils ont oublié *de faire le bois.*

— Valentin, voilà un terme de vénerie bien appliqué. Décidément tu as de l'esprit.

— Eh ! Monsieur, j'ai fait deux campagnes aux Grandes-Indes.

— C'est juste !... eh bien ! mon vétéran, faut-il attendre, faut-il attaquer ?

— Ah ! monsieur le comte, je suis bien tenté de prendre cette maison à l'abordage.

— Assez ! les voici.

La même voix qui avait déjà interrogé Angélique se fit entendre lorsque les deux flambeaux furent descendus.

— Encore une question. Pourquoi nous a-t-on laissé frapper trois fois à la porte ?

— Parce qu'une femme seule, dans une maison isolée, est bien excusable d'avoir peur à minuit. D'ailleurs, j'ai perdu beaucoup de temps à m'habiller.

— Elle répond très-bien, cette bonne femme !

— Il est facile de bien répondre, lorsqu'on dit la vérité.

— C'est bon ! retire-toi.

Les deux hommes descendirent le perron, et arrivés au premier arbre, ils rencontrèrent l'épée du comte de Pressy, lequel leur dit d'une voix calme :

— Vous n'irez pas plus loin, ou je vous tue ! Arrière, messieurs les inquisiteurs !

Les deux hommes reculèrent dans un bond prodigieux, et mirent le sabre à la main en laissant tomber leurs flambeaux.

Au même moment, un nouvel adversaire tomba comme la foudre sous les ténèbres des arbres, et agitant avec une dextérité merveilleuse de rotation stridente un rateau de jardin, il mit en fuite les deux hommes, les poursuivit à travers les salles basses de la maison, et, fort heureusement pour eux, la porte extérieure se trouvant ouverte par un hasard inexplicable, ils s'élancèrent sur l'avenue où la poursuite s'arrêta.

Le comte de Pressy éprouva un saisissement terrible qui ne venait pas, certes, du danger couru. Cette scène avait été si vive, et la nuit était si obscure, qu'il n'aurait pu reconnaître cet agile et formidable combattant, tombé si à propos à son secours, mais ce secours devenait pour lui une sanglante insulte; mais sans avoir vu le visage de cet auxiliaire officieux, le comte devinait un amant, et il pouvait même donner un nom à l'inconnu. C'est dans cette occasion que la devise des Pressy : *Ad omnia paratus*, devait ressusciter le gentilhomme, et lui rappeler sa dignité aux yeux de son serviteur Valentin.

La métamorphose fut spontanée.

— Eh bien! Valentin, dit-il en mettant son épée sous son bras gauche, voici un gaillard qui joue du bâton comme l'huissier de la procession du roi René à Aix... As-tu quelque idée sur cet homme?

— Aucune idée, monsieur le comte, dit Valentin en avalant sa respiration.

— Si c'est un homme du peuple, je voudrais bien le récompenser, je n'aime pas qu'on me rende un service gratuit.

— Oui, dit Valentin, je pense que c'est un homme du peuple... le jardinier de la maison, probablement.

— Probablement, dit le comte, comme un écho.

— Malgré l'obscurité, poursuivit Valentin, j'ai vu qu'il n'était vêtu qu'à demi, et il avait l'air de se réveiller.

— Oh! il était parfaitement réveillé, le gaillard!... Valentin, tout est calme maintenant, et le péril est passé pour la comtesse, du moins jusqu'à demain. Par le plus grand bonheur, personne ici ne m'a vu. En me montrant, je savais que je perdais le fruit d'un année de retraite, mais on ne doit pas raisonner devant le péril.:. Viens, Valentin, rentrons dans notre premier retranchement de l'autre jardin.

Le serviteur suivit son maître jusqu'à la grille de séparation.

— Sais-tu, Valentin, dit le comte en riant, que tu m'as bien étonné tout à l'heure, quand tu es arrivé à mon secours?

— Monsieur le comte doutait alors de moi?

— Non, Valentin, non, je ne doutais pas de ton courage et de ton dévouement; mais il était bien permis de douter de ton agilité. Diable! tu as grimpé sur cette grille, à ton âge, comme tu grimpais sur le grand mât de *la Pomone*, sous le comte d'Estaing !

— Ah !... c'est que... voyez-vous, monsieur le comte... les marins n'ont jamais d'âge... comme les baleines... la mer nous sale et nous empêche de vieillir.

— Allons, Valentin, il te faut encore une fois escalader cette grille... Mais ce sera plus facile maintenant, tu connais le chemin... Veux-tu passer le premier ?

Valentin hésita quelques instants avant de répondre.

— Eh bien ! poursuivit le comte, que regardes-tu ?

— Moi ? rien, monsieur le comte... Je faisais une réflexion.

— Laquelle, Valentin ?

— Je passerai la nuit ici... on ne sait pas ce qui peut arriver encore... Et, au moins, je n'aurai plus de grille à franchir, et je serai tout prêt, en cas de nouvelle attaque.

— Et tu crois que je vais te laisser seul ici, Valentin ?

— Puisque vous restez avec moi de l'autre côté de la grille, je ne serai pas seul. Vous êtes plus ingambe que moi, monsieur le comte... Mais moi je perdrai toujours beaucoup de temps, s'il me faut refaire une troisième ascension au grand mât de *la Pomone*.

— Oh ! non, Valentin, je ne te laisse pas seul ici. Bon courage ! un effort, un dernier effort !... Si la comtesse est dans le jardin, si elle te reconnaissait...

— Monsieur le comte, il n'y a pas de danger. Croyez-moi, je suis plus calme que vous et je connais madame la comtesse, elle n'est pas femme à rester dans sa *bauge* comme un *solitaire*, en attendant que le limier le force à *débûcher* : madame la comtesse a déjà pris la clé des champs.

— Tu crois cela ?

— Monsieur le comte, si elle était dans le jardin, elle serait déjà devant vous depuis un quart d'heure, croyez-moi.

— Il a raison... Au fait, ce jardin et ce parc ne sont pas très-étendus.

— Monsieur le comte me permet-il de lui donner un conseil ?

— Donne, donne, Valentin.

— Je flaire d'une lieue une maison vide... Il n'y a plus personne dans cette maison, ni amis, ni ennemis. Croyez-moi, monsieur le comte, et suivez-moi. Si nous attendons encore un peu, il ne sera plus temps.

— Allons! mon vieux loup de mer, tentons la chose; en avant!

Valentin jeta un dernier et rapide coup d'œil à cette grille délatrice dont il esquivait adroitement le passage, et marcha rapidement vers la maison.

Passage libre partout; portes ouvertes partout, même sur l'avenue du Tiers.

— Que vous ai-je annoncé? dit fièrement Valentin.

— Ton inspiration a été bonne, j'en conviens; mais avoue, Valentin, que tu as reculé devant une seconde escalade?

— Moi, monsieur le comte, je franchirais vingt grilles comme celle-là dans une nuit! Vous ne connaissez pas les vieux marins!

— Valentin, maintenant, prenons le plus court et rentrons chez nous... Ensuite, il faudra se mettre demain à la recherche de ce courageux... jardinier qui est venu à notre aide. Je veux le remercier, Valentin.

Le vieux serviteur ne répondit pas.

Peu d'instants après, le comte et le serviteur rentraient à l'hôtel de Pressy.

XV

GARDÉ A VUE.

Bien persuadé qu'il n'avait pas été reconnu, et comptant sur la discrétion du vieux marin, André Chénier s'arrêta un instant sur le seuil de la maison, délivrée des deux inquisiteurs nocturnes, et prévoyant qu'ils reviendraient bientôt avec du renfort, il monta l'avenue d'un pas rapide, ouvrit lentement la porte de son petit jardin, et entra dans sa maison, en usant de toutes les précautions nécessaires pour ne pas troubler le sommeil de Roucher, son ami.

Une suprise l'attendait dans sa chambre : André y trouva Roucher lisant le *Prædium rusticum*, comme en plein jour.

André recula vers l'escalier, comme un voleur qui rencontre une sentinelle vigilante, et il avait certes de bonnes raisons pour dérober à l'œil de son cher poëte sa toilette toute dévastée, et absente à demi. Une autre réflexion contraria la première, et Chénier, se composant un sourire, alla droit à Roucher et lui dit :

— Voilà ce qu'on gagne à étudier la nature dans les bois à minuit! on m'a dévalisé.

Roucher ne parut pas très-étonné du désordre qui régnait

sur toute la personne de son ami; il ferma le livre, serra la main offerte, et répondit:

— Vous vous croyez, André, sous le régime des gardes-forestiers, ou des faunes et des sylvains. Les forêts sont aussi dangereuses que les villes, à présent. Il n'y a plus de protection, même dans les bois. L'auteur du *Voyage d'Anacharsis* a écrit ceci : *Le secret effroi que vous éprouvez en entrant dans une forêt sombre vous annonce la présence des dieux.* Il faudrait changer le dernier mot, aujourd'hui, etc..., etc...

André interrompit brusquement son ami d'un air d'un homme qui a plus besoin de sommeil que de causerie.

— Roucher, dit-il, il est fort tard, je raconterai mon aventure demain.

— Nous sommes à demain, dit Roucher en souriant, il est bientôt deux heures... Racontez tout de suite, j'écoute.

— Ce serait trop long.

— Tant mieux !... Voyons ! commencez.

— Mais, je vous prie de me dire, mon cher Roucher, quelle fièvre d'insomnie vous a poussé à prolonger votre veille, contre votre habitude, jusqu'à deux heures du matin?

— Ah! mon bon André, j'attendais cette demande.

— Eh bien! elle est faite, donnez la réponse, et allons dormir chacun de notre côté.

— Ma réponse ne sera pas courte, je vous préviens.

— Au nom de Dieu! Roucher, laissez les faunes et les sylvains en Arcadie, et vous serez bref comme un avocat qui plaide d'office.

— Asseyez-vous, André...

— Oh! je reste debout!... Si je m'asseois, le soleil nous trouve ici tous deux, moi endormi, et vous répondant.

— Mon début va vous donner d'abord une grande joie... J'ai reçu, par un messager fidèle, une lettre, devinez de qui?

— Roucher, vous avez juré de me faire périr d'insomnie!... Dites-moi vite de qui, et allons dormir.

— De l'aîné Trudaine... Eh bien! vous ne sautez pas de joie?

— Je sauterai demain.

— André, votre réponse me rappelle l'anecdote de ce fils...

— Quoi! vous allez me raconter une anecdote!

— Très-courte, Chénier... c'est un fils qu'on réveilla au milieu de la nuit, pour lui annoncer la mort de son père : *Oh! dit-il, que j'aurai du chagrin demain en me réveillant!* et il s'endormit.

— Il fit bien; adieu! je vais faire comme lui...

— Et vous ne voulez pas que je vous lise la lettre de Trudaine?

— Lisez, lisez, mais l'essentiel seulement.

— Chénier, j'ai cru faire acte de bonne amitié en vous attendant ici, jusqu'à une heure du matin, pour vous lire cette lettre.

— Merci! merci! mon bon Roucher... oui, vous avez raison... c'est moi qui... lisez...

— Écoutez, André, je commence...

Roucher ouvrit la lettre et lut :

« Mon cher ami,

« En vous écrivant à vous, j'écris à André, c'est moins dangereux. Je me méfie des distractions de notre ami; il a contracté la fatale habitude d'égarer les lettres en courant après les Muses, dans les bois, comme l'élève de Silène, dont parle la fable de Fénelon *.

« Je n'ai pourtant aujourd'hui que de bonnes nouvelles à vous donner. Vous savez que j'examine la situation de sang-froid, et que je me méfie des illusions, optique trompeur, à travers lequel nous ne sommes que trop habitués à voir des réalités dans nos songes, depuis 89. Mais tout méfiant que je suis, j'aime à reconnaître l'amélioration quand elle est évidente, comme la lumière du soleil.

« Les esprits reviennent au calme; il y a bien encore un peu de houle, mais la tempête a disparu. La loi contre les suspects ne sera pas présentée, on y a renoncé, et pour toujours, sans doute. Un citoyen modéré, Boyer-Fonfrède, préside la Convention. Les exaltés se remuent fort peu, et ne se re-

---

* Un jour le fils de Jupiter, que Silène instruisait, cherchait les Muses dans un bois. (*Le Fils de Jupiter et le Faune.* — Fable de Fénelon.)

mueraient pas du tout si les tribunes n'étaient pas là. Au dehors, Paris reprend son aspect des anciens jours, et il y a du plaisir à voir cette animation joyeuse dans cette ville naguère morne de stupeur.

« En ce moment douze théâtres sont ouverts chaque soir à une foule qui ne demande pas mieux que de revenir à ses habitudes de légèreté française. C'est un excellent indice de la sécurité d'un prochain avenir. Lorsque toute une capitale s'amuse, quel gouvernement songerait à la contrister?

« Nous avons eu de bien belles soirées la semaine dernière. J'ai assisté, au théâtre de la rue Feydeau, à la première représentation d'une comédie en cinq actes, intitulée *les Bizarreries de la fortune*. La foule avait envahi le théâtre de bonne heure, et j'ai eu toutes les peines du monde à trouver un billet de parterre. La nouvelle comédie a obtenu un très-grand et très-légitime succès. L'auteur, dont le nom a été vivement applaudi, est un jeune homme nommé Téogate; il marche sur les traces de Molière, et l'avenir le plus brillant lui est réservé*.

« Oui, il ne faut pas désespérer d'un pays où les douces émotions de la littérature et des arts conservent leur empire dans tous les cœurs!

« A l'Académie de musique, le grand opéra de *Climène* remplit la salle tous les soirs; ce chef-d'œuvre a pris son rang; tous les connaisseurs le préfèrent à *Œdipe*. La musique française n'ira jamais plus loin. Après *Climène*, on donne tantôt le ballet de *Bacchus et Ariadne*, tantôt le ballet du *Jugement de Pâris*. Ces deux chefs-d'œuvre chorégraphiques sont mis en scène avec un luxe merveilleux. Le décor qui représente l'île de Naxos fait le plus grand honneur au peintre Ferrety. Il est impossible au pinceau de produire plus d'illusion.

« A l'Opéra-Comique national, *la Mélomanie* de Champein est l'œuvre à la mode. Depuis *le Devin du Village*, on n'avait

---

* Rien n'est inventé par l'auteur dans tous ces détails historiques de l'époque; les noms et les faits sont puisés aux meilleures sources. Ce n'est pas la faute au roman s'il ressemble à notre histoire présente et à toutes les histoires futures.

pas entendu une plus charmante musique. Au Théâtre-Français comique et lyrique, on assiége les portes dès cinq heures pour entendre un délicieux opéra de Duni, *les Chasseurs et la Laitière*. Sainval est admirable de gaieté bouffonne lorsqu'il chante :

> Je suis gelé, morfondu,
> Ah! quelle chienne de vie!

« On y représente aussi avec un succès prodigieux le chef-d'œuvre de Gossec, *les Pêcheurs*; c'est beau comme *les Pêcheurs* de Théocrite; on crie *bis* tous les soirs à Léonard quand il chante ces jolis couplets :

> Simon est un brave garçon,
> Il en tient pour ma fille.

« Même empressement du public pour aller applaudir au théâtre du Palais-Variétés le vaudeville intitulé *le Voyage de Cadet Roussel*. C'est une folie à mourir de rire. Cambon et Robespierre assistaient hier, dans une petite loge, à cette bouffonnerie, et ils se pâmaient comme des enfants... Ce sont peut-être de vieux enfants. Qui connaît les hommes, excepté Dieu!

« Mais la grande nouvelle du moment, c'est l'ouverture de l'amphithéâtre d'Astley, au faubourg du Temple. Le peuple s'y porte avec fureur. Il y a des prix de places pour tout le monde, depuis trois livres jusqu'à trois sous, c'est l'égalité devant le plaisir. Ce cirque, imité des anciens, est consacré aux spectacles équestres. On y remarque surtout un jeune écuyer nommé, je crois, Franconi, qui exécute des voltiges surprenantes, et de vrais tours de jongleur indien comme ceux dont parlent Bussy et Tavernier.

« Ainsi, mes chers amis, lorsqu'on voit éclater partout cette joie, cette ivresse, ce délire, devant les jeux charmants de la scène; quand on voit tout un peuple se ruer avec tant de frénésie vers les délassements de l'esprit, du cœur et des yeux, on sent que nous touchons au terme des orages, et que l'azur va teindre l'horizon de sa consolante sérénité.

« Toutes les nouvelles politiques que je vous enverrais ensuite, vraies ou fausses, ne vaudraient pas, à coup sûr, tout ce que vous venez de lire : les Français rentrent dans leur caractère national; ils rient, nous sommes sauvés!

Cet oracle est plus sûr que celui de Calchas.

« 93 a mal commencé, il finira bien. Préparez-vous à être heureux.

« Adieu, chers exilés du moment,

« Votre frère,

« TRUDAINE. »

Cette lettre lue, Roucher la replia lentement et regarda Chénier qui paraissait absorbé par les réflexions qu'inspirait cette lecture.

— Vous voyez maintenant, dit Roucher, que j'avais de bonnes raisons pour vous attendre, malgré l'heure avancée de la nuit. Un ancien a dit : Je renvoie les choses sérieuses au lendemain : *ad crastinum seria remitto;* mais les choses joyeuse, c'est bien différent! on les garde pour la veille... André, vous attendiez-vous à recevoir d'aussi bonnes nouvelles en rentrant?

— Non, dit Chénier, qui ne songeait qu'aux aventures du n° 19, et au comte de Pressy.

— Vous répondez ainsi par un simple monosyllabe sec et distrait?

Chénier poussa un soupir aigu, et plongeant ses deux mains dans les boucles de ses cheveux noirs, il s'écria :

— Mais, mon ami, vous avez donc juré de me rendre fou?

— Comment! dit Roucher avec calme, c'est ainsi que vous êtes reconnaissant? Je ne vous comprends pas, André!

— Mais comprenez-vous au moins qu'il est trois heures du matin, et que je suis accablé de fatigue! Voulez-vous m'infliger le supplice du régicide Damiens, et me supprimer le sommeil?

— Vous verrez qu'il ne dira pas un mot de la lettre de Trudaine! dit Roucher, comme dans un *a-parte.*

— Je n'en ai pas entendu trois lignes, de votre lettre, je

dormais debout... Eh! que m'importent l'opéra de *Climène!* le vaudeville d'*Ariadne!* le cirque équestre de Robespierre! le ballet de Franconi! où diable voyez-vous qu'il faut priver les gens du sommeil pour leur lire toutes ces balivernes!

— Ah! voilà comment vous jugez les choses, Chénier!

— Oui, je les juge ainsi! Adieu!

— Vous êtes un franc étourdi, André; voilà tout ce que je puis vous prêter pour votre justification. Voulez-vous, maintenant, que je vous lise une autre lettre, qui...

— Assez de lettres, Roucher, au nom du ciel!

— On m'y donne de curieux détails sur le procès criminel intenté à M. Jean-Paul Marat, rédacteur en chef de *l'Ami du Peuple...*

— Roucher, avouez que vous dépassez toutes les bornes! Si vous n'êtes pas somnambule, rien ne peut vous excuser à mes yeux.

— Vous avez aujourd'hui, André, une rudesse de langage qui étonne votre ami et qui l'attriste...

— Mais vous resterez donc cloué sur votre fauteuil toute la nuit?

— Chénier, nous sommes au mois de mai, le jour va bientôt paraître, et il est inutile...

— Ah! interrompit Chénier; il est inutile de dormir, parce que nous sommes au mois de mai! Eh bien! puisque vous vous êtes emparé de ma chambre, restez-y; moi, je vais dormir dans la vôtre.

André s'avança rapidement vers la porte; mais Roucher, se levant avec une vivacité surprenante, lui barra le chemin de l'escalier, en disant :

— Mon ami, vous ne sortirez pas!

— Je ne sortirai pas? dit Chénier en fixant des regards ébahis sur Roucher.

— Vous ne sortirez pas!

— Roucher, vous voulez donc me pousser jusqu'à la violence?

— André, je vous en conjure; ne méconnaissez pas votre meilleur ami. Suivez mon conseil, ne faites point de bruit. Les maraîchers passent déjà sur l'avenue : on peut nous entendre. Soyons calmes.

— Mais, Roucher, je ne demande pas mieux que d'être calme ; dormons même pour faire encore moins de bruit...

— Eh bien ! soit, mon cher André, dormons. Ce fauteuil sera mon lit.

— Il n'en démordra pas !

— André, vous avez à peine trente ans, et j'en ai, moi, cinquante-deux ; je suis votre ami, votre mentor, et je remplace votre père. Vous me devez obéissance et respect...

— Alors, Roucher, expliquez-moi le mystère de votre acharnement...

— Il n'y a point de mystère...

— Vraiment ! la plaisanterie est forte !... Mais c'est à ce point, Roucher, que si vous n'êtes pas devenu subitement fou, je ne m'expliquerai jamais votre conduite étrange de cette nuit.

— Je n'ai jamais été plus raisonnable, mon bon André.

— Roucher, dit Chénier au comble de l'exaspération, la raillerie poussée à cette limite est intolérable ; tout mon trésor de patience est épuisé... Laissez-moi sortir ! Une dernière fois, Roucher, laissez-moi sortir !... je sens que je vais porter sur vous des mains violentes, et mon cœur se laisse dominer par la tête. Respectez mon désespoir.

— Et vous, Chénier, respectez une femme !

— Une femme ! une femme, dites-vous ! et quelle femme ? dit Chénier en ouvrant des yeux démesurés.

— Y a-t-il deux femmes pour vous, Chénier ?

— Comment !... mon ami !... cette femme ?

Roucher montra du doigt sa chambre, en disant

— Elle est là !

XV

JALOUSIE DE POÈTE.

Les peintres qui ont inventé sur la toile des expressions pour peindre Saül devant la Pythonisse, ou les prophètes sur le Thabor, Salvator Rosa et Raphaël, qui ont trouvé les lignes de la terreur infernale et du ravissement divin, auraient brisé leurs pinceaux devant la figure du grand poëte, qui passa, tout à coup, du désespoir à l'extase, aux derniers mots de son ami.

— *Elle est là!* dit-il; et la mélodie de *l'Hosanna* céleste accompagna ces trois mots sur les lèvres du poëte homérique; deux larmes, diamants de joie, étincelèrent dans ses yeux; l'auréole du bonheur couronna son large front, plein d'avenir; ses mains se croisèrent avec cette énergie que donne la fièvre sainte d'une prière mentale, et tous les voiles de la nuit disparurent devant cette radieuse révélation.

L'amitié eut son tour : André prit les mains de l'autre poëte, se confondit en excuses et sollicita le pardon.

— Mon bon Chénier, dit Roucher, comment se fait-il que votre sagacité se soit trouvée si longtemps en défaut! comment vous qui me connaissez, avez-vous cru, pendant deux heures, que je prenais plaisir à irriter votre impatience! comment n'avez-vous pas tout deviné?

— C'est vrai, mon ami..., oui... vous avez raison..., je vous comprends et je ne me comprends pas...; j'étais absurde... mais aussi quelle horrible nuit!... Il faut être de sang-froid pour deviner la plus claire des énigmes... Elle s'est réfugiée ici, la noble femme!... Une attaque nocturne de bandits armés!... Quelle imprudence d'habiter une maison dans un désert!... Que vous a-t-elle dit en entrant, mon cher ami? Racontez-moi tout... parlez-moi...

— Non, André, vous avez besoin de repos...

— Je suis reposé, je puis attendre le jour...

— Elle vous racontera tout elle-même demain...

— Mon cher ami, ne me laissez pas dévorer un siècle, parlez...

— J'ai besoin de repos, André...

— Bien! voilà maintenant que vous prenez mon rôle de tout à l'heure...

— Eh! puisque vous me prenez le mien, André, il faut bien que je prenne le vôtre...

— Pour le coup, mon ami Roucher, je ne vous comprends plus! Nous allons recommencer notre petite guerre civile en intervertissant les rôles! Ceci est plus obscur pour moi que le neuvième problème d'Euclide!

— André, mon ami, que puis-je vous dire de plus! La femme que vous pouviez supposer en péril de mort ou de déshonneur est en sûreté! N'exigez plus rien de moi.

L'accent avec lequel Roucher prononça ces derniers mots n'appartenait pas à l'organe habituel de ce poëte tranquille; c'était une forme d'expression inouïe pour l'oreille de Chénier. Le mystère se compliqua donc au moment où il paraissait devoir s'éclaircir.

Chénier, murmurant des paroles confuses, se promenait à grands pas, et comme sa chambre était fort étroite, il ressemblait au lion qui attend sa pâture dans sa cage, en étouffant des mugissements sourds par respect pour sa dignité royale devant les regards des curieux.

Roucher avait ouvert le *Prædium rusticum* et se faisait ressembler à un homme calme qui lit.

Le calme subit dans les scènes violentes annonce toujours l'explosion.

La nature se tait profondément quand la foudre va gronder.

André bondit vers la porte en agitant sa crinière d'ébène, et, repoussant de la main son ami comme on courbe du bout du doigt la tige d'une fleur, il s'élança sur l'escalier, et là, repoussé à son tour par une main invisible, la main de l'honneur, il s'arrêta subitement, et son énergie fut paralysée devant la porte que l'hospitalité sainte couvrait de respect.

Cependant cette porte s'ouvrit comme d'elle-même, et une voix douce prononça ces mots deux fois :

— On peut entrer.

La première fois, Chénier croyait avoir mal entendu.

Il entra pour obéir, car il comprit que son action s'élevait à la hauteur d'un crime, et il tomba sur ses genoux pour implorer un pardon.

Ses yeux baissés ne voyaient que la frange d'une robe et n'osaient remonter plus haut.

Un saisissement, qui manquait aux impressions de cette nuit, fit tressaillir le poëte lorsqu'il entendit ces paroles :

— Relevez-vous, Monsieur, je ne mérite pas tant d'honneur, je n'ai fait que mon devoir.

Chénier leva la tête et vit une femme d'un âge mûr et d'un visage à lui inconnu.

— Je ne suis qu'Angélique, ajouta-t-elle, la femme de compagnie de madame la comtesse.

— Et la comtesse? s'écria Chénier en se relevant.

— Madame la comtesse m'a envoyée dans votre maison qu'elle connaît très-bien, pour vous annoncer qu'elle s'était mise à l'abri de tout danger; mais elle avait recommandé aussi de ne parler qu'à votre ami, et de ne me montrer à vous qu'au jour.

— Et pourquoi cette précaution, Madame?

— Pour éviter précisément ce qui arrive, pour prévenir des demandes et des réponses indiscrètes, pour ne pas prolonger les émotions de cette nuit, pour vous donner quelques heures de repos dont vous avez besoin. C'est l'indiscrétion de votre ami qui a détruit tout le plan de madame la comtesse, et qui me met moi-même dans un extrême embarras.

— Mon ami n'a pas été indiscret, ne l'accusez point, Madame; c'est moi seul qui suis coupable. Je m'excuse auprès de vous, et vous m'excuserez auprès d'elle. Ma raison ne conduit plus ma volonté. J'ai la fièvre au cerveau. Les racines de mes cheveux brûlent. Le sang roule dans mes yeux... Et tout ce que vous venez de me dire, Madame, consomme le désespoir! Je ne puis plus vivre après l'horrible consolation que vous venez de m'apporter.

— Que dites-vous, Monsieur? C'est le délire qui parle, et non votre raison!

— Oui, Madame, c'est le délire! le délire du fou, de l'agonisant, du damné!

— Au lieu de vous réjouir, Monsieur, en apprenant que Madame...

— Eh bien! s'écria Chénier en serrant sa tête entre ses deux mains, j'aimerais cent fois mieux apprendre que madame la comtesse est dans un repaire de bêtes fauves, dans un cachot d'inquisition, dans une forêt infestée de bandits!

— Que de savoir qu'elle est en sûreté? dit Angélique avec un sourire triste.

— Oui! répondit Chénier, en frappant du pied le plancher.

— Voilà une bien étrange affection, Monsieur!

— C'est que je sais où elle est en ce moment, moi! je le sais! dit Chénier, en croisant les bras et en regardant Angélique avec des yeux fixes.

— Ah! monsieur Chénier, croyez bien que vous ne le savez pas.

— Je ne le sais pas? dit Chénier, avec un rire fou, je ne le sais pas! me mettez-vous au défi de le deviner?

— Oui.

— Prenez garde, Madame, vous me poussez à bout!

— Il est impossible, Monsieur, que vous puissiez deviner la retraite de madame la comtesse.

— Allons! c'est un défi, je parlerai. Madame la comtesse est à l'hôtel du comte de Pressy.

Angélique fit un mouvement dont le sens équivoque pouvait être interprété par le poëte, selon les fiévreuses dispositions de cette nuit.

— Vous êtes dans l'erreur, dit Angélique d'une voix émue.
— Madame, j'ai dit la vérité. Votre émotion a démenti votre bouche. Elle est là! elle est là!
— Non, Monsieur. Croyez-moi.
— C'est une idée horrible! oh! mon Dieu! Gardez-moi ma raison; c'est aujourd'hui le seul trésor de l'homme!... Mes artères de feu se hérissent comme des aspics et déchirent ma chair! un démon est dans ma poitrine!... Elle est là! et elle a raison d'y être! Le comte de Pressy, jeune, brave, charmant, vient de risquer sa tête contre le bourreau, sa vie contre un assassin, pour sauver une femme, et il sait accomplir ses actes d'héroïsme avec une modestie surhumaine! Oh! oui, il mérite bien tout l'amour d'une femme! je lui rends justice en le détestant! Oui, elle a bien fait! son noble cœur l'a bien conseillée; elle a suivi le signe d'une main héroïque, l'appel de la plus séduisante des voix... et maintenant, que d'ivresse! que d'extase!!... Sur cette terre maudite qui souffre et se lamente, il y a deux êtres humains qui sont enviés des dieux! et moi, j'assiste de loin, comme le mendiant et le lépreux, à cette fête qui est mon deuil, à cette joie qui est ma torture, à cette vie qui est ma mort!

Le poëte se laissa tomber sur un fauteuil, et sa poitrine haletante, qui renfermait toutes les lamentations des angoisses terrestres, semblait prête à s'ouvrir comme un cratère pour les exhaler toutes à la fois, car la parole s'était brisée dans un suprême effort.

Angélique, appuyée contre l'angle de la cheminée, baissait la tête comme une femme qui n'a plus rien à dire et qui accepte tout ce qu'on lui dit.

Après un quart d'heure de silence le poëte avait repris sa force, comme le vent qui expire et renaît au fond des bois, et contemplant l'attitude désolée et trop significative d'Angélique, il lui dit :

— Madame, je comprends votre silence; il répond trop clairement à toutes mes terreurs. Vous m'avez forcé à parler, j'ai tout dit; je vous ai forcée à répondre, vous n'avez rien dit. Que puis-je désirer de plus? je suis content.

— Monsieur, dit Angélique d'une voix éteinte, ce que madame la comtesse avait prévu est arrivé.... C'est votre ami, M. Roucher, dont l'indiscrétion...

— Non, Madame, ce n'est la faute de personne, c'est la faute de ma fatalité, je sens que ma mort n'est pas loin... Il y a une main qui me pousse à la tombe; je sens cette main de fer sur mon front, et si je lutte encore, c'est que je voudrais voir une dernière fois la femme qui me tue et que je veux bénir en expirant.

— Eh bien! Monsieur, dit Angélique en relevant sa tête avec assurance, vous la verrez; j'ose vous donner cet espoir.

— Mais je veux la voir tout de suite... à l'instant même... Oui, je suis déraisonnable... c'est vrai... je comprends votre signe... ma demande est absurde...

Un rire convulsif déchira ses joues et fit couler ses larmes, et il ajouta :

— Oui! comme s'il était possible de frapper à la porte du comte de Pressy, et de dire!...

Il se leva en frémissant de tout son corps, et voila ses yeux de ses mains, comme pour se cacher à lui-même une horrible et désolante vision.

— Madame, dit-il en essuyant ses larmes et d'un ton résolu, j'irai à mon destin... Béni soit Dieu qui vous a envoyée ici, Madame, pour être témoin du plus grand désespoir qui ait brûlé le sang d'un homme. Vous rapporterez ce que vous venez de voir; cela me suffit : il y aura des pleurs sur moi!... Admirez l'intelligence du démon de la fatalité!... la comtesse Marguerite se dévoue noblement pour protéger ma vie, qu'elle croit menacée par mes ennemis politiques, et c'est elle qui va me tuer ici, dans ce refuge où m'ont retenu ses avis, son ordre et sa main!

— Non, Monsieur; je dirai à madame la comtesse que vous avez vécu, et que vous vous résignez à suivre encore ses avis et ses ordres.

— Vous ne lui direz pas cela, Madame, dit Chénier d'une voix lugubre, parce que l'aurore de ce jour ne me trouvera pas vivant!...

— Vous pensez au suicide! dit Angélique toute convulsive.

— Madame, si je porte des mains violentes sur moi, c'est

pour respecter le repos et la vie de la femme que j'aime. Je dois ce sacrifice à la comtesse Marguerite.

— Vous êtes donc décidé à mourir?

— Madame, vous parlez à l'agonisant; demain vous verrez passer le cadavre.

— Monsieur Chénier! fit Angélique en saisissant le bras du poëte, vous ne mourrez pas! j'assume sur ma tête la responsabilité d'une action coupable! vous verrez madame la comtesse...

— Quand?

— A l'instant même.

— Et où, Madame?

— Que vous importe! vous la verrez.

— A l'hôtel du comte?

— Mais, Monsieur, qui vous parle de l'hôtel du comte! Vous la verrez.

— Seule?

— Seule... seule, avec moi.

— Partons tout de suite, Madame, au nom du ciel!

— Allez avertir M. Roucher, votre ami, et dites-lui bien de n'avoir aucune crainte : l'endroit où nous allons est sûr.

Chénier qui, dans cette nuit, avait épuisé toute la série des émotions humaines, reprit une sérénité rayonnante, et entra dans sa chambre, où il avait laissé son ami.

Roucher dormait du sommeil de l'innocence, un livre à la main.

Chénier écrivit deux lignes, les plaça sur le livre et sortit.

Angélique attendait sur la première marche de l'escalier; elle prit la main du poëte et lui dit à voix basse :

— Suivez-moi.

XVII

INTÉRIEUR ET EXTÉRIEUR D'UN TERRORISTE.

Une femme d'un certain âge, décorée du nom suspect de gouvernante, ouvrait la porte de la chambre de Claude Mouriez, et, déposant un flambeau sur une table, elle disait :
— Avez-vous sonné plusieurs fois, Monsieur?
— Quatre fois, Suzon.
— Je dormais... Il me semble qu'il est permis de dormir à trois heures du matin, surtout quand on a été obligée, comme moi, de recevoir des pétitions tout le jour.
— Cela ne t'a pas mise en belle humeur ce matin, ma pauvre Suzon!
— Oh! maintenant, Monsieur, j'en aurai pour toute la semaine.
— Donne-moi mon gilet blanc à grands revers.
— Où l'avez-vous quitté hier soir?... Est-ce que vous ne mettrez jamais un peu d'ordre dans cette chambre, qui est un vrai chenil?... Voilà votre gilet marron... l'autre ne se trouve pas.
— Donne-moi mon habit neuf... Là, sur le canapé.
— Ah! par exemple! attendez que je vous laisse sortir avec

cet habit, à trois heures du matin, pour parler à des émeutiers!... Endossez-moi cette houppelande de drap d'Auvergne, et, avec votre écharpe, vous ressemblerez au maire de Paris.

— Que dit le portier de cette émeute?

— Il dit que ce sont les gens de Marly qui se sont réunis sur la place de la Liberté, pour chanter une chanson contre les autorités.

— Voilà tout ce qu'ils font? Ce n'est pas grand'chose...

— Oui, mais ce qui est beaucoup, c'est qu'ils demandent du pain.

— Je n'en ai pas.

— Il faut pourtant bien que vous en trouviez. Vous êtes de drôles de citoyens patriotes! Vous faites des révolutions pour le peuple, et puis, vous le laissez mourir de faim!

— Suzon, tu ne comprends rien à la politique... Donne-moi mes bottes à revers.

— Vous avez là des souliers sans boucles, et c'est tout ce qu'il faut pour marcher contre les émeutiers, ainsi que vous les appelez, lorsqu'ils s'insurgent contre vous.

— Va pour les souliers!

— Savez-vous bien, Monsieur, que vos bottes neuves m'ont coûté quatre écus neufs?

— Donne-moi mon ceinturon...

— Que voulez-vous en faire?

— Parbleu! je veux y accrocher mon sabre!

— Et que voulez-vous faire de votre sabre, Monsieur? Pourquoi marchez-vous avec des armes contre de pauvres diables qui demandent du pain?

— Et si je suis attaqué?

— Si vous êtes attaqué, ce n'est pas ce vieux sabre qui vous défendra. C'est avec de bonnes raisons qu'il faut se défendre contre le peuple, quand on n'a ni pain ni travail à lui donner.

— A la bonne heure!... Coiffons-nous, maintenant...

— Ne prenez pas ce chapeau! Quelle rage avez-vous de vous pomponner comme si vous alliez à la parade?... Ces beaux hommes sont tous les mêmes! Ils se doreraient comme des calices pour se promener devant des hiboux et des chauves-souris!... Voilà votre chapeau d'occasion; il a déjà essuyé la pluie de la fête du Champ-de-Mars. Coiffez-vous avec celui-là... Vous ressemblez ainsi au beau Léandre...

— Suzon, regarde à travers la persienne du balcon si mes hommes sont arrivés.

— Oui, ils sont là, monsieur Claude.

— Sont-ils nombreux?

— J'en compte six.

— C'est tout?

— Le sergent compris.

— Six soldats pour réprimer une émeute! On ne dira pas que je marche sur les traces de Lafayette et de Bailly.

— Monsieur Claude, comportez-vous bien avec les pauvres gens.

— Sois tranquille, Suzon!

— Oh! vous dites toujours : Sois tranquille! et après vous ne faites que des sottises.

— Ce n'est pas l'avis du ministre qui m'a, dans une lettre, félicité hier encore, sur mon civisme et sur...

— Ce ministre ne lit pas ce qu'il écrit. Je vous connais mieux qu'il ne vous connaît.

— Me voilà prêt, Suzon... regarde-moi passer de la fenêtre, et ne te montre pas.

— Je vais dormir : bonjour, monsieur Claude!... Il a bien raison, cet aristocrate royaliste, qui disait au tribunal, en se défendant : On m'accuse de ne pas aimer le nouveau drapeau de la nation! Au contraire, je l'aime, parce qu'il ne me fait passer que des nuits blanches.

— Où as-tu lu cela, Suzon?

— Dans le dernier numéro du *Glaive-Vengeur*.

Claude Mouriez pirouetta gracieusement devant deux miroirs, donna un baiser amical au front de la gouvernante et descendit l'escalier d'un air grave et d'un pas résolu.

Les cinq hommes, fragment d'escouade, se rangèrent en bataille; Claude Mouriez les passa en revue, et leur adressa d'une voix énergique cette allocution :

— Camarades, s'il le faut, faites-vous tuer et ne tuez pas.

Il se mit à leur tête et marcha vers la place de la Liberté.

A la clarté sombre de deux réverbères, Claude Mouriez distingua un rassemblement très-considérable, et les cris furibonds de cette foule annonçaient des dispositions hostiles. Toutes les fenêtres du voisinage étaient ouvertes et garnies de têtes de curieux.

— Au nom de la loi! cria Mouriez d'une voix de stentor, illuminez partout, afin que je distingue les bons citoyens!

Cet ordre fut exécuté sur deux lignes, et à l'instant, comme si deux fusées eussent été lancées sur les lignes des maisons. Claude arriva devant les premiers groupes, et leur dit d'un ton ferme et en agitant sa tête formidable :

— Citoyens, je vous ordonne de vous retirer, vous troublez le repos public!

— C'est le repos public qui nous trouble, citoyen, dit un vigoureux émeutier qui prenait des airs de chef; nous manquons de travail, et nous mourons de faim.

— Il faut savoir souffrir pour la république.

— Donnez-nous du pain, et nous souffrirons.

— Vous en aurez. J'écrirai aujourd'hui même au comité de salut public. Mais dispersez-vous, au nom de la république!

— Eh bien! dit le chef, moi, je reste au nom de la liberté!

— Et moi, je t'arrête au nom de la loi! dit Claude en saisissant l'émeutier d'un bras vigoureux, et le remettant aux mains de ses soldats.

Des cris furieux s'élevèrent de la foule, des menaces terribles accompagnaient ces cris. Claude ressemblait à un roc battu par les vagues; les ondulations de l'émeute se brisaient sur la pointe de ses pieds.

— Fussiez-vous cent mille, criait-il, je ne reculerai pas, et je vous défie tous d'oser mettre la main sur un représentant de la Convention! Voyez! je croise les bras sur ma poitrine, je ne me défends pas!

L'émeute reculait insensiblement, les cris devenaient plus rares et se perdaient dans le lointain. Claude Mouriez s'avançait toujours seul au milieu d'une armée, et sans trouver la moindre résistance.

— Citoyens, dit-il alors, puisque vous obéissez à la loi, vous choisirez six délégués parmi vous: ils seront chargés d'exposer vos plaintes communes, et je les recevrai à midi.

Un murmure général d'approbation accueillit ces paroles; le rassemblement perdit son caractère d'hostilité redoutable et se dispersa : il n'en restait plus de traces aux premières lueurs de l'aube.

Claude Mouriez dit à l'escouade de conduire l'unique prisonnier à sa destination, et il rentra seul chez lui, en traversant plusieurs rues jalonnées de curieux très-peu sympathiques.

Amis ou ennemis, tous cependant regardaient passer avec admiration ce géant révolutionnaire, qui luttait seul contre un peuple, et dont la voix, le geste, l'énergie, la figure, répandaient au loin une silencieuse terreur!

Il faut dire que Claude Mouriez ne négligeait rien pour faire valoir, en ces occasions, les formidables qualités physiques dont la nature l'avait pourvu : il ébranlait le sol, comme la tour ambulante des siéges romains; il agitait ses lèvres, allumait ses yeux, gonflait ses narines, donnait un relief énorme à son vaste gilet républicain, et traversait ainsi la foule, comme un archange mal foudroyé dans sa rébellion, et tombé sur notre globe par une erreur de chemin.

Le petit neveu Adrien, déjà debout avant l'aube, attendait son oncle sur la porte de l'hôtel de ville, et achevait de lire quelques rapports de police, arrivés pendant la nuit, et recommandés à la célérité de l'examen par ce mot, écrit dans un angle : *pressé*.

— Ah! te voilà! mon petit Adrien, dit l'oncle en serrant la main de son neveu, montons vite, car les curieux vont s'amasser, et, tu le sais, les curieux sont la semence des émeutes.

— Oh! dit le neveu, en précédant Claude sur l'escalier, vos paroles sont toujours plus sages que vos actions.

Quand ils furent seuls, et assis dans le laboratoire municipal, Claude Mouriez dit au jeune homme :

— Toi aussi, te voilà encore de mauvaise humeur de très-bon matin!

— Il y a vraiment de quoi, mon cher oncle!

— Ah! voyons!... quitte cet air mystérieux et parle.

— Voici, dit Adrien, en jetant un papier sur la table, voici un rapport qui parle pour moi.

Claude prit la feuille de police, et la chair bronzée de sa figure sembla se décomposer comme la cire devant le tison.

— Tu as lu cela? dit-il à Adrien d'un ton naïf.

— Pourquoi donc, mon cher oncle, commettez-vous (excusez le mot) l'étourderie de me confier la lecture de tous les rapports, si parfois il doit m'en tomber de semblables sous la main?

— Ceci est une exception, Adrien... une fâcheuse exception.

— Certes, mon oncle, vous employez là un terme bien indulgent!... *fâcheuse!*... Tout le monde ne jugera pas ainsi.

— Tu crois donc, Adrien, que cette aventure fera du bruit?

— Si je le crois! Ah çà! mais, mon cher oncle, vous êtes quelquefois naïf comme le premier mot d'un enfant!... Quoi! vous envoyez deux sbires enlever une femme dans une maison de l'avenue du Tiers, n° 19; ces deux maladroits n'enlèvent rien du tout; ils sont chassés honteusement, à coups de fourches, par la garnison de cette femme, et vous croyez que cette aventure est une *fâcheuse exception*, qui ne fera point de bruit!

— Il faut te dire, Adrien, dit Claude d'une voix conciliante, que j'avais des raisons majeures pour violer ainsi le domicile d'un citoyen...

— Oh! mon oncle, je connais ces raisons majeures! et ce citoyen dont vous parlez est une citoyenne... elle n'est pas nommée dans le rapport, mais je parierais bien deviner son nom.

— Tu te tromperais, Adrien... Oui, tu as beau me regarder avec des yeux ronds, tu te tromperais.

— Ce n'est pas la comtesse Marguerite?

— Non! répondit Claude, par un suprême effort de mensonge.

— Vous dites non!... Ce n'est pas la comtesse Marguerite?...

— L'ex-comtesse, la ci-devant comtesse, Adrien.

— Bah! il s'agit bien de chicaner sur le titre! voilà une ingénieuse discussion que vous trouvez pour m'éloigner de ma route! je re erai dans mon sujet...

— Ceci est vraiment trop fort! dit Claude en se levant d'un air humblement révolté; me voici encore obligé de me justifier devant cet enfant!

— Mon oncle, il faut subir les conséquences des révolutions que vous faites. Même la hiérarchie dans la parenté doit disparaître. Nous sommes oncle à notre tour, et je vais vous le prouver...

Adrien se leva, ouvrit une fenêtre, et regarda le ciel.

— Où vas-tu donc, enfant? dit Mouriez avec l'accent timide du coupable qui veut se concilier son juge.

— Je vais faire une expédition, moi aussi.

— Et quelle expédition? dit Claude avec un sourire sérieux.

— Autrefois, avant 89, lorsqu'un oncle apprenait que son neveu s'était compromis dans une équipée nocturne, il se rendait de sa personne sur le lieu du délit, pour étouffer la fâcheuse exception dans son berceau. Je vais donc, en vertu du nouvel ordre de choses, remplir le même devoir. Seulement, les rôles seront intervertis.

— Adrien, tu ne sortiras pas! dit Claude, en se plaçant devant la porte.

— Mon oncle, vous avez commis une action infâme, et qui peut flétrir notre nom et le nom de mon père! Laissez-moi passer; laissez-moi passer, vous dis-je, pour aller coudre les lambeaux de notre honneur de famille, cet honneur que vous avez mis en pièces cette nuit!

— Adrien, mon cher fils, dit Claude d'une voix presque suppliante; tu exagères tout, avec l'imagination de ton âge. Rien n'est compromis dans notre honneur, crois-le bien...

— Deux sbires, envoyés ténébreusement chez une jeune femme, comme cela se pratiquait dans la république de Venise! la sainteté du gynécée profanée à minuit! voilà certes des choses fort honorables, et qui glorifient un nom!... Il n'y a maintenant qu'un noble mensonge qui puisse nous sauver de l'infamie. Il faut dire à la comtesse Marguerite que ces deux hommes sont deux bandits; il faut se hâter de les désavouer, et de repousser la solidarité de leur crime. Mon premier mouvement me conseille cette démarche, et je la fais sans réfléchir, parce que je la crois bonne, et je ne veux pas attendre cette réflexion diplomatique qui empêche toujours d'accomplir le bien... Mon oncle, laissez-moi passer... Ne m'arrêtez point sur le chemin du devoir.

— Attends encore, Adrien... le grand jour t'inspirera mieux, dit Claude les mains jointes.

— Attendre! il n'y a pas une minute à perdre... Voilà le

jour qui commence à poindre, je pars, et maintenant j'exige davantage : je ne partirai pas seul; vous m'accompagnerez.

— Moi?

— Ce que j'ai dit est bien clair, il me semble, mon cher oncle. Oui, vous m'accompagnerez chez la comtesse Marguerite. Passez le premier, je vous suis. Claude Mouriez, c'est votre frère qui vous crie cet ordre du fond de son tombeau.

Claude Mouriez, vaincu par un enfant, comme Goliath par David, inclina la tête, et sans trop savoir ce qu'il allait faire, il obéit au jeune Adrien.

XVIII

L'ARME DU PROSCRIT.

André suivit Angélique sur l'escalier et dans le jardin.

Arrivés tous deux sur le talus latéral de l'avenue, Angélique regarda le ciel, et fit un léger signe de tête qui exprimait la satisfaction; puis elle entraîna Chénier dans une longue allée massive d'arbres, et elle lui dit :

— Un jour, Monsieur, vous nous avez suivies de loin, Madame et moi, dans ce sentier sauvage. Vous en souvenez-vous?

— Comment puis-je avoir oublié cela ! répondit André avec émotion. Il n'y a pas fort longtemps, et je me souviens même que je perdis subitement vos traces..., et précisément, je crois, à l'endroit où nous sommes.

— Maintenant, monsieur Chénier, écoutez bien ma recommandation. Ne cherchez pas à découvrir où je vais. Asseyez-vous au pied de cet arbre, et attendez-moi.

— J'obéis aveuglément, dit le poëte.

— Oui, aveuglément, c'est le mot.

Un quart d'heure s'écoula. L'aurore remplissait les bois de ses murmures charmants et réveillait tous les parfums endormis dans les calices des fleurs et les grappes de lilas.

André prêta l'oreille à un léger bruit de gazon effleuré par la bordure d'une robe; il ne tourna pas la tête et attendit l'apparition, l'œil toujours fixé sur le même point.

Se lever, tomber à genoux et se relever au premier signe, André Chénier fit tout cela au même instant; la comtesse Marguerite était debout devant lui.

— Monsieur, dit-elle, il faut vivre dans les temps où nous sommes pour assister à de pareilles scènes. Si tout est interverti dans les convenances et les devoirs, si nous vivons de cette vie de souterrains et de ténèbres, la faute n'en est pas à nous : elle vient des exigences terribles de ce moment que nous traversons. Cela vous explique, Monsieur, pourquoi je suis ici.

— Madame, dit Chénier, vous êtes venue pour sauver un homme de son désespoir; cette bonne action est de tous les moments et de toutes les époques.

— Non, Monsieur; c'est une erreur. Nous sommes dans un moment où une femme peut ajouter foi à la parole d'un homme qui la menace d'un suicide. Il est si facile de mourir aujourd'hui! Ainsi, j'ai cru à votre désespoir, et je suis venue à votre secours, comme on tend la main au naufragé.

— Madame, c'est la seconde fois dans la même nuit que vous me prêtez votre assistance; car j'ai compris ce que vous avez fait pour moi il y a quelques heures dans votre jardin, lorsque vous avez reparu pour attirer sur vous toute l'attention du... de ces deux hommes, et me ménager le moyen de me sauver dans les ténèbres. Il n'y a qu'une femme qui puisse trouver ces expédients merveilleux, ou, pour mieux dire, il n'y a qu'une femme, celle que ma vie entourera de reconnaissance et d'amour.

— Monsieur, dit la jeune femme en prenant la main du poëte, je vous ai prouvé tout l'intérêt que je vous porte en accourant à votre cri de détresse; maintenant, je crois pouvoir être tranquille... retirez-vous et soyez prudent. Je continue à veiller sur vos jours, pauvre exilé; mais il faut aussi, Monsieur, que vous méritiez les soins maternels qu'on vous donne. Un suicide serait plus qu'un crime, ce serait une ingratitude : vous ne serez point ingrat.

A ces mots, la comtesse se retourna vivement, et serrant la

main de Chénier avec force, elle l'entraîna sous d'autres arbres plus touffus et plus sombres.

— Mettez vos pieds là, lui dit-elle, sur cette bordure de hautes herbes, et ne faites plus un seul pas, plus un seul mouvement, plus une seule question !

Les premiers rayons du jour éclairaient l'avenue, et on voyait blanchir les murs des maisons à traver les éclaircies des arbres.

Angélique arrivait d'un pas rapide, et quoique le bruit de sa marche eût été amorti par le gazon, il était parvenu aux oreilles de la comtesse Marguerite. C'était comme une sentinelle vigilante qui, en se repliant, et même sans pousser le moindre cri, annonçait un danger.

André demeurait immobile sur le terrain mystérieux où l'ordre d'une femme l'avait incrusté, comme une statue sans piédestal.

Angélique tremblait en serrant la main de la comtesse.

— Madame, dit-elle, lorsque l'émotion fut un peu calmée, vous avez eu une excellente idée en me plaçant en observation dans ce taillis où l'on voit tout sans crainte. Deux hommes sont arrivés sur l'avenue, devant votre maison ; leur allure n'avait rien de rassurant, et je ne les ai pas perdus de vue. Ils se sont arrêtés en se faisant des signes d'intelligence, et ont désigné de la main la porte, comme des gens qui se font des cérémonies pour les honneurs et les priviléges du pas. L'un de ces deux hommes est d'une haute taille, et à force de le regarder dans ce jour qui n'est pas encore bien clair, je l'ai reconnu...

— C'est lui ? lui dit la comtesse par une interruption brusque.

— Oui, Madame.

— Qui, lui ? demanda involontairement Chénier.

La comtesse posa sa belle main sur les lèvres du poëte, et lui donna un regard doucement sévère.

— Oh ! je m'attendais à cette visite ! dit la comtesse. Sont-ils entrés ?

— Non, Madame.... On dirait, et je présume qu'ils attendent du renfort... Les deux premiers agents de police ont probablement sonné l'alarme dans leur camp, et le chef vient se mettre, sans doute, à la tête d'une nouvelle expédition.

— Toutes les avenues de ma maison, dit la jeune femme, sont cernées par la police en ce moment!

— C'est probable, Madame, et j'ai eu la même idée.

— Madame, dit Chénier vivement, je vous offre un abri dans...

— Monsieur Chénier, interrompit la comtesse, voilà deux fautes de désobéissance commises en deux instants... Vous m'offrez un abri dans votre maison... Il ne serait pas très-sûr, cet abri... nos deux maisons sont malheureusement trop voisines... Et puis, que penserait-on de moi si on me trouvait chez vous?... Monsieur Chénier, croyez que les femmes sont plus prévoyantes que les hommes... Si le bois est cerné, comme je n'en doute point, que feriez-vous, Monsieur? Voyons! je vous permets de répondre.

— Madame, si j'étais seul, je...

— Vous n'êtes pas seul, interrompit vivement la comtesse, nous sommes trois.

— Madame, je vous défendrais jusqu'à la mort.

— Et votre mort me sauverait-elle?

— Non, Madame, mais...

— N'ajoutez plus rien, monsieur Chénier; vous ne pouvez rien ajouter de sensé après ces trois mots... Eh bien! moi, monsieur le poëte, j'ai eu la prévoyance d'une mère ou d'une sœur... pour vous... Regardez, regardez aux carrefours lointains de tous ces bois... Ne vous semble-t-il pas que des armes brillent, que des têtes hideuses se montrent, que les branches s'écartent pour laisser passer des bandits?

— Oh! ce ne sont pas des visions peut-être, Madame, dit Chénier en couvrant la comtesse de ses regards, ce sont des réalités; moi, je ne vois que vous!

— Fuyez alors, Monsieur, fuyez! vous ne pouvez rien pour ma défense, rien pour la vôtre. Vous n'avez pas même une arme, vous serez pris au piége, sans gloire, comme le lion qui tombe dans la fosse du chasseur.

André saisit une branche d'ormeau, l'arracha de l'arbre et l'émonda en un clin d'œil, comme aurait fait un berger, habitué à se forger cette arme, dans les vallons de Thessalie, à l'approche d'un loup ravisseur.

— C'est insensé ce que vous faites, dit la comtesse; plus insensé ce que vous comptez faire. De grâce, obéissez-moi ! Profitez de ces dernières ombres qui nous voilent sous ces arbres, et que le soleil va dissiper bientôt...

— Mais, Madame, interrompit le poëte, demandez-moi le possible, au nom du ciel ! et je vous obéirai. Comment voulez-vous que j'accepte une aussi lâche désertion ! Je m'écrierai comme le frère de Godefroy du Tasse : *Que dirait-on si on saurait que j'ai refusé mon bras à une femme !* Vos ennemis, d'ailleurs, Madame, sont aussi les miens, je les attends. Je tiens d'une main vigoureuse l'arme qui terrassa Géryon et Antée; je ne tomberai pas le premier dans cette lutte, et vous avez, Madame, quelque chance de vous sauver, quand ceux qui vous cherchent se verront obligés de se défendre contre moi.

La jeune femme croisa les bras sous le sein, agita convulsivement son pied droit sur les herbes, et regarda le ciel comme pour lui demander une inspiration.

— Monsieur Chénier, dit-elle, je vous remercie de ce noble dévouement; ce n'est pas seulement avec votre génie que vous imitez l'antique, c'est avec votre cœur. Vous êtes donc bien résolu à vous faire tuer pour moi ce matin ?

— Ce matin et toujours.

La comtesse fit signe à Angélique qui se tenait à quelques pas.

Un rayon de soleil perça horizontalement la voûte des arbres, et vint éclairer cette scène.

— Maintenant, dit la comtesse, nous allons être aperçus... Vous gardez toujours votre même position, monsieur Chénier ?

— Toujours, Madame.

— Toujours même obéissance ?

— Même dévouement.

— Eh bien ! je suis contente de cette épreuve, que le hasard a mise à ma disposition ce matin. M. Chénier, vous méritez tout ce qu'une femme a fait pour vous... Angélique, ouvrez.

Dans le plus épais du taillis, Angélique souleva une de ces trappes secrètes, comme cette époque en vit tant construire, et André aperçut une pente sombre qui conduisait à une voie souterraine :

— Suivez-nous, dit la comtesse; et elle descendit la première.

— La trappe retomba sans faire le moindre bruit, comme un couvercle de velours.

Ce souterrain, qui existe encore aujourd'hui, conduisait secrètement de la maison n° 19, au bois, les proscrits de 93 : il était creusé en voûte dans une terre argileuse, mais solide, et trois lanternes l'éclairait de trente à trente pas.

— Comment trouvez-vous cette surprise? demanda la comtesse en souriant. Vous avez maintenant mon secret, monsieur notre poëte.

— Voilà sans doute, dit Chénier, la meilleure arme de défense qu'un proscrit puisse avoir... et par quel heureux hasard, Madame, avez-vous trouvé cette arme sous vos pieds?

— Monsieur notre poëte, vous voulez trop vous instruire en un jour... je vous apprendrai cela plus tard.

— Madame, excusez mon indiscrétion.

— Voilà pourtant, poursuivit la comtesse, voilà nos galeries du palais de Versailles aujourd'hui! Voilà les corridors, où passent les grandes dames! Qui nous eût dit cela au petit souper de l'hôtel de la Tour-d'Aigues, à Aix, en 1788, quand M. de Florian nous récitait ses bergeries! quand M. Chérubini nous chantait : *Ah! s'il est dans votre village!* quand M. l'abbé Delille nous déclamait des vers sur les figues et les olives de Provence!...

— Ajoutez aussi, Madame, interrompit Chénier, quand vous me regardiez d'un air si sombre au milieu d'un festin si gai! quand votre charmant visage se couvrit d'une pâleur subite, comme si la vision de 93 eût passé sanglante devant vos yeux...

— Oui, oui, je me souviens confusément de cela, c'est vrai! c'est vrai! dit la comtesse en appuyant son front sur ses deux mains.

— Non, Madame, vous vous en souvenez fort clairement, au contraire; il n'y a aucune confusion dans votre mémoire, j'en suis bien certain.

— Aucune, aucune, c'est vrai, dit la comtesse en secouant mélancoliquement la tête. Oui, la femme ne peut tromper le poëte qui devine tout... Alors, je vous achèverai ma confidence... Oui, c'est le souvenir d'un pressentiment affreux et de ce nuage de sang qui passa devant moi, qui a voué ma vie à la vôtre, qui depuis vos premières luttes a mis la comtesse

Marguerite sur tous les chemins où s'aventurait le poëte Chénier... Oui, cette soirée d'Aix, ce souper à la Tour-d'Aigues se sont fixés dans mon souvenir en caractères ineffaçables... J'ai vu alors passer dans le fond ténébreux de la salle des choses horribles, et se dresser des objets sanglants qu'aucune langue ne nomme, et qui brûlaient mes cheveux à leur racine ! et je me suis attachée à vous par un sentiment d'affection que je saurais classer peut-être si j'avais été mère... Voilà, Chénier, voilà un souterrain qui a été creusé à votre intention, et en deux mois, par mon fidèle Denis, mon ancien jardinier, aujourd'hui retiré avec sa famille à Viroflay; c'est lui qui veille sur Angélique et sur moi pour les nécessités de la vie, et qui est notre Providence exacte de chaque soir.

André prit une main de la comtesse et la mouilla de larmes, puis il dit :

— Permettez-moi, Madame, de vous demander maintenant ce qui a pu vous attirer cette persécution de la part de...

— Je vous arrête, Chénier; ne me demandez rien. Il y aurait un moment où vos demandes deviendraient indiscrètes à votre insu, et il m'en coûterait trop de ne vous répondre que par un silence injurieux. Attendez les réponses que le temps, ce grand révélateur, donne lui-même à toutes les questions.

— Je me résigne, Madame.

— Nous voici, maintenant, à l'extrémité de notre *cache*. Parlons très-bas, ou faisons mieux, ne parlons pas du tout... Écoutons lorsqu'on parlera...

— Et qui parlera, Madame, si nous nous taisons, nous?

— Chénier, vous allez entendre et voir; cela doit vous suffire. N'interrogez plus.

XIX

POETE-DEVIN. — POETA-VATES.

La duchesse appuya son oreille contre un panneau de bois qui fermait le souterrain, et après avoir gardé cette position pendant quelques instants, elle fit signe de la main qu'elle n'entendait aucun bruit.

— Maintenant, dit-elle à Chenier sans trop contraindre sa voix, je vais vous expliquer brièvement tout le mécanisme de cet abri. Qui sait! peut-être un jour cela pourra vous être utile... En appuyant le doigt sur ce bouton de cuivre, le panneau de bois s'ouvre, et on entre dans le salon. Une console cache intérieurement ce panneau et fait corps avec lui... Il n'y a point de danger, en ce moment, de compléter cette démonstration, et elle n'en sera que plus claire...

La jeune femme pressa le bouton de cuivre et par une fissure lumineuse et verticale on aperçut une partie du salon : aucun bruit, aucune voix, n'en sortaient; la main de la curiosité poussa le panneau plus avant, et André Chénier, hasardant la tête, d'abord, puis le torse, pénétra enfin dans le salon pour examiner le mécanisme intérieur de la console. La jeune femme le suivit en lui faisant une remarque fort juste, en apparence du moins, et qui les tranquillisa tous les deux.

— Nous n'avons encore entendu aucun coup de marteau, dit-elle ; avant d'enfoncer la porte ou de tenter une escalade, ils commenceront par frapper. Nous avons ainsi assez de temps pour disparaître sans être vus.

— C'est incontestable! dit André, tout entier au bonheur de contempler l'éblouissante beauté de la comtesse Marguerite, dans les joyeux rayons du matin.

La comtesse Marguerite, malgré les sinistres préoccupations du moment, cédait à l'innocent amour-propre de montrer au poète tous les ingénieux détails de cette console mobile, dont le mécanisme avait été organisé d'après ses conseils et ses plans ; elle referma donc le panneau secret, et dit à Chénier :

— Vous voyez qu'à présent il est impossible de deviner l'issue du souterrain, et lorsqu'on veut s'enfuir de cette maison, comme j'ai fait cette nuit, on presse du doigt cette rosace de la console, et...

La main de Chénier s'appuya fortement sur la main de la comtesse ; elle leva les yeux, et vit, dans le miroir, deux hommes qui entraient dans le salon. Une sueur froide glaça son épiderme : elle avait reconnu Claude Mouriez.

André Chénier garda sa position, et rendit, par un mouvement de tête, le salut que les deux hommes lui donnaient en entrant.

La comtesse recueillit toute son énergie, et regarda fixement les deux étranges visiteurs.

Angélique n'avait pas quitté le souterrain.

La grande dame se révéla subitement en cette occasion foudroyante.

— J'invite ces Messieurs à s'asseoir, dit la comtesse avec un geste gracieux, comme si elle eût reçu deux nobles seigneurs en son hôtel de Grave.

Claude Mouriez, qui n'avait pas tremblé, la nuit dernière, devant l'émeute de la faim, se sentait défaillir comme le lâche devant la pointe d'une épée nue. Le jeune Adrien regarda son oncle et vit la pâleur de la mort sur cette figure pétrie d'airain.

— Nous venons, dit le jeune homme avec le ton le plus respectueux, nous venons prier Madame de vouloir bien nous accorder un entretien particulier.

— Particulier, dit Claude, qui avait trouvé à peine un souffle calme pour prononcer un mot.

— Monsieur, dit la comtesse en désignant Chénier, Monsieur est-il de trop dans cet entretien?

Adrien regarda son oncle, qui fit timidement un signe affirmatif.

— Il m'est impossible de quitter Madame, dit Chénier d'un ton résolu, mais poli.

L'homme qui tremble devant une femme ne tremble jamais devant un homme; la parole brève de Chénier rendit tout son courage à Claude.

— Citoyen, dit-il, si vous ne sortez pas, l'entretien est impossible, et alors tant pis pour les récalcitrants!

— Si Madame m'ordonne de sortir, dit Chénier, je sortirai.

— C'est très-juste! dit Adrien qui, par un geste adroit et insensible, ramenait son oncle à la douceur.

— Et bien! Messieurs, dit la comtesse, vous excuserez la timidité d'une femme, je ne puis me décider à accepter cet entretien tel que vous le proposez.

Claude Mouriez préparait une explosion : Adrien la calma tout de suite en enlaçant son bras au bras de son oncle avec une familiarité charmante, et en disant d'une voix douce :

— Au fait, nous avons été trop exigeants, mon oncle et moi, envers une femme; ce que nous venons vous dire, Madame, pourrait être entendu de tout Versailles; ainsi nous ne prétendons par exclure votre unique auditeur... qui, sans doute, est le mari de Madame...

Chénier et la comtesse gardèrent un silence jugé prudent.

Adrien se tourna vers son oncle, et lui dit avec le gracieux sourire de la jeunesse :

— On ne peut pas séparer la femme du mari, n'est-ce pas?

Claude parla intérieurement, comme l'orgue qui s'éteint sur une note sourde.

— Mon oncle le citoyen Claude Mouriez, dit Adrien, est investi, comme vous le savez, de pouvoirs extraordinaires par le Comité de salut public. Guerre aux méchants, et protection aux gens de bien, telle est sa devise. Or, nous avons appris par des rapports exacts : que deux malfaiteurs se sont introduits la nuit dernière dans votre maison, Madame, et en vous affirmant qu'un pareil attentat ne se renouvellera plus, nous vous annonçons que les coupables seront recherchés, découverts et punis exemplairement. Il était de notre devoir de commencer cette journée par une démarche que vous apprécierez, Madame ; plus tard nos travaux d'administration nous eussent retenus à l'hôtel de ville ; et même, nous ne serions pas entrés chez vous, Madame, à une heure si matinale, sans une circonstance qui nous a enhardis à franchir le seuil de votre maison : la porte déjà ouverte annonçait des locataires réveillés avant le lever du soleil.

— J'aime à croire, dit la comtesse, que ce que vous venez de me dire est l'expression de la pensée de M. Mouriez, votre oncle.

Mouriez fit un signe d'adhésion, et balbutia quelques paroles qui ne formèrent pas une phrase.

Adrien se disposait à sortir, et montrait du regard à son oncle la porte du salon ; mais celui-ci ne pouvait se décider à suivre son neveu : un charme invincible le retenait dans cette atmosphère calme où la grâce du printemps, le parfum des fleurs, les chants des feuilles, la beauté d'une femme se réunissaient pour amortir les haines et verser une douce ironie sur les passions politiques du moment.

Les yeux de Claude Mouriez avaient parcouru, en un quart d'heure, toutes les nuances de l'expression du regard, depuis la sévérité fixe jusqu'à la tendresse veloutée : cette femme qu'il poursuivait si ardemment dans ses loisirs politiques était là, devant lui, et l'innocent bonheur de la regarder lui faisait oublier Fouquier-Tinville, le journal *l'Ami du Peuple* et le club des Jacobins.

Pressé par le regard dominateur du jeune Adrien, Claude Mouriez bégayait les syllabes confuses de l'adieu, mais il n'eut pas le courage de subir si tôt cette éclipse de la beauté ; les paroles d'adieu se transformèrent sur ses lèvres tremblantes, et au lieu de ce qu'il allait dire, il prononça cette phrase :

— Avez-vous, Madame, quelques soupçons sur les... malfaiteurs dont vous a parlé mon neveu ?

— Non, Monsieur, répondit la comtesse avec une candeur bien jouée.

— Il me suffirait, Madame, du plus léger indice pour me mettre tout de suite sur la trace de ces hommes...

— Monsieur, je n'ai aucun indice à vous donner.

Deux hommes amoureux de la même femme ne se trompent jamais mutuellement sur leur intentions réciproques. André n'avait pas un seul instant détourné son regard du visage de Claude Mouriez, et son intelligence, encore éclairée par l'amour, avait tout deviné, tout compris. Vingt fois l'ardent poëte réprima, comme il le disait lui-même, *le démon qui s'agitait dans son cœur*, mais cette lutte de la prudence et de l'exaltation devait avoir un terme : l'exaltation l'emporta.

— Monsieur, dit-il avec un accent inimitable où l'ironie aiguisait chaque mot, si Madame n'a aucun indice à vous donner pour vous mettre sur la trace des deux malfaiteurs, il ne faut pas que votre justice bienveillante se décourage. Des hauts sommets où vous êtes, il vous est facile de bien voir et d'assurer le succès de vos investigations. Quand vous voudrez tout savoir, vous saurez tout. Je me fais garant de la réussite. Surtout, prenez les criminels là où ils sont : il y a un bras coupable qui a tout conduit, il y a un instrument aveugle qui a tout exécuté. C'est le bras qu'il faut atteindre, et cela vous sera facile, Monsieur, et si facile que vous ne le ferez pas.

— Et qui pourra m'empêcher de suivre mon devoir? demanda Claude d'un ton mêlé d'assurance et d'indécision.

— Qui pourra vous empêcher? belle demande! vous le savez bien...

— Ah! je le sais! remarqua Mouriez avec un sourire sombre.

Chénier fit avec la tête plusieurs signes consécutifs d'affirmation.

Le jeune Adrien, pâle d'épouvante, regardait la comtesse, qui tenait les yeux baissés sur la pointe de ses pieds, dans un stoïcisme superbe.

— Mais, poursuivit Claude en jouant la bonhomie d'une façon très-gauche, si pourtant mon intelligence était en défaut; si j'étais moins instruit que vous ne le présumez, pourrais-je, dites-moi, avoir recours à vos lumières?

— Monsieur, dit Chénier lestement, je n'ai jamais refusé le secours de mes lumières à personne.

Il y a des paroles qui semblent rebondir sur la poitrine d'un interlocuteur comme le plomb sur la cible. Mouriez fit le mouvement d'un homme atteint d'une balle tirée à brûle-pourpoint.

— Eh bien! dit Mouriez en riant avec tristesse, je vous consulterai lorsqu'il le faudra.

Et il regarda la comtesse de l'air d'un homme qui attend l'intervention officieuse d'une troisième personne, pour sortir d'un cruel embarras.

La comtesse affectait d'attacher en ce moment ses yeux sur la cime des arbres de son jardin, comme une femme qui laisse son défenseur suivre en toute liberté une idée généreuse, sans s'inquiéter du fâcheux résultat que le courage imprudent et inopportun amène quelquefois.

— Lorsqu'il le faudra! dit Chénier d'un ton railleur, lorsqu'il le faudra!... Mais ces choses-là doivent être éclaircies tout de suite. Votre justice veut-elle s'obstiner à marcher d'un pied boiteux, lorsque je lui offre des ailes pour aller au but?

— Voyons! voyons! dit Mouriez, en croisant ses larges bras sur sa poitrine, en guise de bouclier.

— Vous allez voir, continua le poëte; nous avons, nous, des instincts infaillibles pour lire sur les visages, comme vous lisez, vous autres, sur vos rapports de police. Le procès-verbal de la dernière nuit est écrit, pour moi, sur votre figure et dans vos yeux; il retentit dans chaque note de votre voix; il se peint dans les lignes de votre gaieté si triste... à tel point, Monsieur, que vous n'auriez pas ce sourire, ces gestes, ce maintien, cette voix, cette attitude, si ce qui est n'était pas; à tel point que votre neveu, honnête jeune homme, se serait déjà levé, dans la généreuse exaltation de son âge, pour me fermer la bouche, au lieu de garder son silence accusateur. Cela est-il assez clair? Voulez-vous un rayon de plus? qu'il luise!... Monsieur, vous aimez brutalement cette femme, et vous êtes l'auteur et le complice du crime sauvage de la dernière nuit!

Adrien poussa un cri déchirant et s'évanouit : jusqu'à ce moment son courage l'avait soutenu.

La terre trembla sous le pied de Claude; un cri sourd retentit dans la poitrine du géant comme la plainte de la Solfatare.

— Vous insultez ici le représentant de la loi! s'écria-t-il d'une voix de tonnerre, et je vous arrête!

— Bien! dit Chénier froidement; voilà une noble réponse à mon accusation.

— Vous n'avez pas le droit d'accuser, Monsieur!

— Vous me demandez le secours de mes lumières; je vous les donne.

— Tu es un insolent!

— Au nom du ciel! s'écria la comtesse, donnez donc du secours à ce pauvre jeune homme!... Mon Dieu! il est froid comme un cadavre!

En ce moment, de violents coups de marteau retentirent sur la porte de la maison.

— Ce sont mes fidèles qui m'ont suivi, s'écria Claude avec un terrible geste de menace; ils veillent sur moi. Ils ont cru que j'étais tombé dans un guet-apens royaliste. Je vais leur ouvrir moi-même, et vous serez écroués tous deux dans les cachots de la municipalité.

Claude sortit avec précipitation et ouvrit la porte de l'avenue... une femme était debout sur le seuil... Claude jeta un rapide regard sur la chaussée et dans les longues lignes des arbres... Pas un être vivant ne soulevait un atome de poussière, ne courbait un brin d'herbe!

— Que venez-vous faire ici? demanda Claude d'un ton brusque à la femme.

— Je rentre chez moi, Monsieur.

C'était Angélique: la femme dévouée avait entendu la scène, et elle accourait à tout hasard pour opérer une diversion quelconque au profit de sa maîtresse.

— Votre maison, dit Claude, est visitée par les gens de justice: retirez-vous!

Il repoussa dans l'avenue Angélique, ferma la porte, et plongeant ses mains dans les larges ouvertures de son habit, il en retira une paire de pistolets, les arma, et prit le chemin du salon.

En ce moment la figure de Claude Mouriez exprimait les sentiments les plus opposés; tout ce qu'il y avait de bon et d'humain au fond de son âme s'évaporait au feu de l'amour et de la haine; un homme odieux, une femme adorée, remplissaient son univers; ils étaient là tous deux en son pouvoir, l'un pour la volupté de la haine assouvie, et l'autre...

XX

POUR UNE FEMME INSULTÉE.

Un ancien a dit : Voulez-vous savoir jusqu'à quelle limite les passions doivent aller ? Mettez-les dans le cœur d'un homme puissant [1]. Lorsque cet ancien écrivait cette pensée profonde, la puissance suffisait pour donner la juste mesure de la frénésie humaine. L'homme, investi du pouvoir dominateur, avait aussi l'énergie et la santé de ses passions dévorantes, et il les entraînait avec lui, sans fléchir sous leur poids, jusqu'à l'agonie de son âge mûr. Bien plus ! l'empereur Tibère, vieillard chauve et courbé dans sa haute taille, *proceritate curvâ*, comme dit Tacite, continuait encore à Caprée ses orgies du mont Palatin. Les hommes ensuite, aux époques modernes, n'ont fait que parodier ces effrayantes débauches de l'antiquité : les *petits soupers de la Régence* et les *petites maisons* du libertinage valétudinaire n'ont jamais pu s'élever à la hauteur du festin cyclopéen de Trimalcion, à la hauteur des palais du lac Lucrin, où la lumière seule du soleil levant éteignait les lampes et les hymnes des *hommes heureux*.

[1] *Da posse quantùm volunt* (Sénèque).

L'espèce de ces hommes ne s'est pourtant pas éteinte comme celle des animaux anté-diluviens ; quelques individus ont résisté çà et là, et attestent encore, par de rares exceptions, la puissance des passions antiques : ceux-là peuvent encore faire fléchir l'arc d'Ulysse, lancer le disque de Romulus, manger au festin de Trimalcion, et rester debout, après dix nuits de saturnales, sur des monceaux de pampres, de lierres et de thyrses flétris. Dans les temps ordinaires, ces êtres exceptionnels sont obligés de se rapetisser, pour se mettre au niveau commun ; ils sont mal à l'aise au milieu d'une société qui n'est pas à leur taille ; mais s'ils font une tentative pour sortir de l'alignement, le code pénal s'ouvre, le glaive de Thémis brille, et ils se résignent à vivre comme leurs voisins dans les liens du mariage et la parcimonie domestique du festin bourgeois, inconnu de Trimalcion. Quand la société se bouleverse, tout de suite on voit surgir en quelques zones ces géants énergiques et passionnés qui demandent une part léonine dans la société nouvelle : si le parfum de la bataille les enivre, ils marchent sous un drapeau, deviennent Kléber, prennent Alexandrie d'assaut avec une échelle et une hache d'armes, et passent à l'état mythologique de demi-dieu ; s'ils demeurent dans les villes, leur énergie les recommande à la faveur populaire ; ils deviennent alors Mirabeau ou Danton.

Lorsqu'ils ne s'élèvent pas si haut, ils restent Claude Mouriez ; c'est de l'antique subalterne.

Pouvoir dictatorial, énergie indomptable, âme de feu, corps de bronze, cratère vivant de toutes les passions, cet assemblage composait l'individualité gigantesque de cet homme ; sa haine ou son amour étaient deux fléaux déchaînés lorsqu'il brisait les lisières de sa gouvernante et de son neveu.

Dans le formidable élan qu'il avait pris sur la porte où nous l'avons quitté, rien ne pouvait lui opposer résistance, tout devait tomber devant lui, force de l'homme ou prière de la femme ; il rentra dans le salon, en proférant de sourdes menaces, et cherchant autour de lui, il ne vit rien, rien que des meubles et quatre murs.

Il appela son neveu d'une voix mêlée de colère et d'affection, car l'absence d'Adrien chassa subitement toutes ses autres pensées ; aucune voix ne répondit. L'escalier avait cet écho plein qui annonce une maison déserte avant la perquisition.

Cet homme terrible venait d'entrer, le cœur rempli de vengeance et d'amour sauvages; il oublia tout, excepté son fils d'adoption, tombé sans doute aux mains de ses ennemis : les deux armes qu'il tenait lui échappèrent comme inutiles.

Claude visita toute la maison, et fouilla ses plus obscurs, ses plus étroits recoins; ensuite il descendit au jardin, et parcourut le petit bois, en examinant tous les arbres, de la base à la cime. Les buissons, les haies vives, les tonnelles, les volières, les chenils, tout fut visité avec un soin méticuleux. Désert et néant pour lui; son Adrien n'était pas retrouvé.

Le désespoir dans l'âme, la rage au cœur, il passait devant la grille de séparation des deux jardins, lorsqu'il aperçut entre deux barreaux la tête d'un homme dont les yeux se fixaient sur lui.

— Que fais-tu là, toi? dit-il à cette apparition, qui espionnes-tu?

— Vous, Monsieur, répondit l'homme derrière la grille, avec un beau sang-froid.

— Ah! vous êtes franc, au moins, vous!

— C'est ma seule vertu, la franchise.

— Tu me connais donc?

— Qui ne vous connaît pas?

— Tu me connais et tu m'espionnes! Tu es bien courageux et bien fou.

— Voulez-vous essayer mon courage, monsieur Claude Mouriez?

— Pourquoi pas? j'aime les gens courageux, moi.

— Et moi, j'en cherche un seul, et je ne le trouve pas, monsieur Mouriez.

— Pas même en ce moment?

— Surtout en ce moment, monsieur Mouriez.

— Il me semble que tu m'insultes, citoyen?

— Monsieur, vous ne vous trompez pas.

— Et tu m'insultes derrière une grille comme un royaliste que tu es!

— Vous avez deviné ma profession : mais je connais la

vôtre, et je me sers de cette grille pour ne pas être arrêté au nom de votre loi. C'est la précaution d'un homme sage.

— Et d'un poltron.

— Non pas, certes, Monsieur, car sans cette grille, vous auriez reçu réellement le soufflet que vous recevez par contumace.

— Oh! misérable!

L'homme de la grille jeta deux épées à travers les barreaux aux pieds de Claude, et dit :

— Choisissez-en une, Monsieur, et rendez-moi l'autre.

Ce qui fut fait.

— Eh bien! sors! cria Mouriez, en brandissant l'épée. Je jure de te protéger et de me battre avec toi.

— A quoi bon sortir, Monsieur! Nous sommes fort bien ici; il ne s'agit que de nous rapprocher et de ne pas rompre. En garde, monsieur le souffleté.

Mouriez bondit comme un lion blessé, et croisa le fer à travers les barreaux de la grille.

Il n'y a pas de combat impossible, même celui-ci, puisqu'il est historique; les deux épées, resserrées étroitement dans leur jeu, heurtaient les barreaux de fer avec une violence qui devait, à la longue, les faire voler en éclats, mais le combat fut court; l'adresse et le sang-froid triomphèrent, comme toujours, du courage impétueux; Claude Mouriez, atteint au flanc droit par une pointe fulminante, poussa un cri de désespoir, et, laissant tomber son arme, il tomba sur elle en mordant le gazon.

— Tu insultes les nobles femmes, dit le vainqueur; mais je te rends justice, tu es brave et tu mérites d'être secouru.

Mouriez se releva, dans un effort suprême, et, se cramponnant à la grille comme un naufragé au mât flottant, il dit d'une voix éteinte :

— Monsieur, je vous recommande mon fils d'adoption, Adrien Mouriez, qui vient de m'être enlevé là... Prenez soin de lui, et...

Deux larmes brillèrent dans ses yeux qui se refermèrent aussitôt : il tomba baigné dans son sang.

— Je vous le jure! répondit avec attendrissement le comte de Pressy.

Valentin accourut au signe de son maître :

— Tu peux te montrer maintenant, lui dit-il, nous ne sommes plus deux contre un...
— Où est-il, l'autre? demanda Valentin.
— Il est là...
— Mort?
— Mon épée s'est brisée sur lui; cet homme est de fer... Valentin, faisons toujours notre devoir, quoi qu'il advienne... Il faut d'abord enlever cette épée de l'autre côté dans ce jardin.
— Ce sera très-facile, monsieur le comte.
Il coupa une branche assez longue pour atteindre l'épée, et, la rapprochant de la grille de fer, il fit disparaître cet indice de duel.
— Maintenant, où est Angélique? dit le comte.
— Elle est là dans la maison.
— Fais-la venir... je vais l'attendre un peu plus loin.
Angélique descendit le perron et le comte lui dit :
— Avez-vous un moyen de rentrer dans la maison ?
— Oui, monsieur le comte.
— Rentrez tout de suite, et entraînez la comtesse à Paris. Ne lui parlez pas de moi; elle ne vous pardonnerait point d'ailleurs ce que vous avez fait...
— Monsieur le comte, interrompit Angélique : comprenez bien ma position. Une femme perd la tête dans ces moments. J'ai vu M. Claude Mouriez chez Madame, où pouvais-je courir? qui pouvais-je appeler à son aide? Dieu m'a inspiré votre nom. Je savais, par Valentin, que vous étiez toujours à Versailles, et j'ai désobéi à madame la comtesse dans un moment où il s'agissait avant tout de la sauver.
— Vous avez bien fait, Angélique, dit le comte, et tout cela restera un secret entre nous... Madame la comtesse était donc seule chez elle, quand vous êtes venue m'appeler?
— Monsieur le comte, répondit Angélique, de l'air d'une femme qui n'est pas habituée à mentir, Madame était... oui, elle était seule.
— Pourquoi tremblez-vous en faisant une réponse si simple?
— Eh! Monsieur, il y a deux heures que je tremble...
— Pauvre femme!
Le comte serra la main d'Angélique, et continua :

— Tout de suite, Angélique, rentrez dans la maison; assignez à Madame un lieu sûr où vous la rejoindrez, ouvrez la porte, et dites au premier passant isolé que vous rencontrerez sur l'avenue qu'il y a dans ce jardin un homme blessé, réclamant du secours; après quoi, vous vous éloignerez avec une rapidité prudente... J'exige, Angélique, après ce que je viens de faire pour votre maîtresse, que vous m'instruisiez de tout secrètement, sans trahir toutefois votre maîtresse. Je veux savoir ce qui intéresse mon affection... rien de plus.

— Monsieur le comte, dit Angélique en s'inclinant, sera obéi comme il mérite de l'être.

— Allez à vos devoirs, et ne m'oubliez pas, Angélique.

Le déguisement que le comte de Pressy avait revêtu pour cette expédition de jour lui permettait d'observer tout ce qui allait se passer, après cette scène, aux environs de l'avenue du Tiers.

Angélique s'était acquittée de la commission avec une fidélité scrupuleuse, ainsi que l'attesta bientôt une foule de curieux, amassés sur le théâtre de l'événement.

A chaque instant cette foule grossissait, et lorsque Mouriez eut été reconnu, des cris de fureur s'élevèrent, et le mot d'assassinat circula partout.

Cette nouvelle se répandit dans toute la ville, avec la rapidité de la flamme électrique; mais en se répandant, elle subissait la destinée des nouvelles politiques, elle se dénaturait à l'infini.

On disait : Claude Mouriez a été assassiné cette nuit par deux Girondins, sur la route de Paris.

Des émeutiers payés par les royalistes ont attiré cette nuit Claude Mouriez sur la place de la Liberté, où il a reçu trois coups de poignard. Le chef des assassins a été arrêté.

A trois heures du matin, Claude Mouriez est sorti de l'hôtel de ville avec son neveu, pour comprimer une sédition royaliste, dont toute la ville a entendu les mugissements. L'intrépide républicain s'est précipité sur les factieux où il est tombé percé de coups.

Au milieu de chaque rassemblement, un orateur se faisait entendre et donnait sa version. Tout était dit, excepté la vérité, selon l'usage.

Les médecins appelés dans la maison n° 19, et dans le salon même où s'était passée la scène du matin, donnèrent leurs soins au blessé, mirent sur la plaie le premier appareil, et déclarèrent que tout espoir n'était pas perdu.

La foule demandait à grands cris, au dehors, que le cadavre de Claude Mouriez fût porté triomphalement à l'hôtel de ville et exposé aux regards des citoyens.

Le comte de Pressy et Valentin, mêlés à la foule, disaient par intervalles, avec une certaine circonspection :

— Cependant, si, comme on le dit, Claude Mouriez n'est pas mort, on ne peut pas exposer son cadavre aux regards des citoyens. On doit au contraire le respecter sur le lit de repos, où les gens de l'art l'entourent de leurs soins ; on doit faire un silence religieux autour de lui.

Les hommes sages disaient :

— Oui, ce citoyen a raison ; si Claude Mouriez n'est que blessé, il a besoin de repos et de calme. Retirons-nous et laissons faire les médecins.

Les plus exaltés ne voulaient admettre que la mort, et rejetaient tout espoir de guérison : il leur fallait un assassinat complet.

Le jour s'écoulait ainsi au milieu de ces incertitudes, lorsqu'une affiche émanée de l'hôtel de ville vint annoncer officiellement que Mouriez, dangereusement blessé par un lâche sicaire, à la suite de l'émeute de la dernière nuit, ne serait pas perdu pour la république, et que les coupables seraient découverts et punis de mort.

Cette proclamation municipale calma l'irritation des esprits.

XXI

L'INTERROGATOIRE D'UN ACCUSÉ.

— Comment avez-vous passé la nuit, Monsieur?
— Assez bien, Suzon... j'ai dormi quelques heures d'un sommeil tranquille.
— Allons! prenez patience... vous êtes hors de danger. Le médecin a dit... attendez, j'ai écrit ses propres expressions... *il n'y a aucune liaison dangereuse dans les organes vitaux du citoyen Claude Mouriez.*
— Tu veux dire *lésion* et non pas *liaison*.
— Ah! j'ai écrit *liaison*, tant pis!
— Comme tu voudras, Suzon... et toujours point de nouvelles d'Adrien?
— Eh! mon Dieu, non, Monsieur!
— Voilà, Suzon, voilà ma vraie blessure! Si je sentais passer sur mon front une caresse d'Adrien, je serais guéri... Qu'est-il devenu, ce pauvre enfant!
— Croyez bien ce que je vous dis, Monsieur, et ce que je vous dirai encore : votre neveu est parti pour le Calvados.
— Impossible!
— Mais, monsieur Mouriez, vous croyez-vous très-amu-

sant pour les personnes qui vivent auprès de vous? C'est que vous vous tromperiez beaucoup. Certainement, vous êtes un bon homme, et vous n'égratigneriez pas une mouche de sang-froid; mais quand le diable de la république vous emporte, oh! alors, il faudrait courir jusqu'à Pontoise pour ne pas voir votre visage, et entendre votre voix. Il faut bien vous aimer, bien vous connaître, pour passer la vie avec vous.

— En effet, tu dois avoir raison... même j'ai besoin de te croire, cela me fait espérer que mon Adrien est vivant...

— Et qu'il vous a quitté pour se débarrasser de vous. Oh! j'ai de la franchise, moi! Aussi, Monsieur, vous n'avez que ce que vous méritez. Quelle rage avez-vous eue de vous lancer dans les écharpes tricolores et dans tout ce tapage de révolutions! moi je crois que tous les hommes sont devenus fous. N'étiez-vous pas plus heureux, monsieur Claude, avec vos petites rentes, dans votre jardin d'Honfleur, entre la rivière et la mer?...

— Suzon, tu es une femme, et tu ne comprends rien à la politique...

— Oh! elle est belle, votre politique! vantez-vous-en!

— Je crois, Suzon, qu'Adrien me reviendra, lorsqu'il saura par les papiers publics ce qui m'est arrivé... je connais son cœur.... Je n'ai pas lu les gazettes depuis quatre jours, et...

— Et vous continuerez à ne pas les lire, le médecin m'a défendu de vous les donner.

— Laisse-moi lire seulement le numéro de Prudhomme qui a paru hier.

— Ah! bien oui! rien que cela! vous pouvez l'attendre, votre Prudhomme!

— Alors, Suzon, dis-moi s'il parle de mon accident.

— Certainement, Monsieur, il en parle.

— Et que dit-il?

— Il répète tout ce qu'ont déjà dit *le Glaive-Vengeur*, *le Patriote* et les autres.

— Et qu'ont dit tous ces journaux?

— La même chose, comme ils font toujours... Attendez, je vais vous lire ce qui vous regarde, mais à condition que vous ne me demanderez rien de plus.

— Je te le promets, Suzon.

La gouvernante prit le journal de Prudhomme, chercha l'article et lut ce qui suit :

« Dans la nuit de *quintidi* dernier, un rassemblement soudoyé par les agents de Pitt et Cobourg a troublé la tranquillité publique à Versailles. Le citoyen Claude Mouriez est parvenu seul à dissiper les perturbateurs; mais comme il reprenait le chemin de l'hôtel de ville, quatre scélérats se sont rués sur lui, l'ont désarmé, et l'ayant traîné dans un jardin de l'avenue du Tiers, ils l'ont frappé de plusieurs coups de poignard. Les blessures sont graves, mais on conserve quelque espoir. »

Claude Mouriez, malgré son extrême faiblesse, accueillit cette lecture par un léger sourire, dont la gouvernante ne comprit pas le sens.

Le fait fut ainsi acquis à l'histoire, comme disent les annotateurs.

Presque toute l'histoire est remplie de faits acquis avec ce sentiment de vérité.

— Rends-moi un service, Suzon, dit Claude Mouriez d'un ton suppliant, donne-moi la liste des visiteurs que j'ai reçus...

— Que voulez-vous en faire? N'avez-vous pas toujours le temps de la lire? Toute la ville est venue demander de vos nouvelles; il y a eu plus de mille noms écrits à votre porte, cela doit vous suffire...

— Personne n'a demandé à me parler confidentiellement lorsque je serai en état de répondre?

— Ah! vous me faites souvenir d'une visite que vous recevez deux fois par jour... C'est un jeune homme, d'une figure fort agréable et d'une tournure très-distinguée, sous un costume qui ne l'est pas... Celui-là est le plus obstiné de tous : il veut vous parler, coûte que coûte; je lui ferme votre porte, mais toujours poliment, parce qu'il est si poli, lui, qu'on est obligé de le recevoir d'une façon convenable...

— Cet homme a-t-il dit son nom?

— Oui, attendez... il m'a dit son nom, mais il n'a pas voulu l'écrire... Il se nomme, je m'en souviens à présent... il se nomme M. de La Grille...

— M. de La Grille! dit Claude en regardant le ciel de lit.

Ah! oui, oui, j'y suis!... je le connais... Tu as raison... c'est un homme très-agréable... c'est un de mes anciens amis... Quand il viendra, il faut l'introduire tout de suite...

— Si le médecin le permet...
— Que le médecin le permette ou non.
— Si je le permets.
— Tu le permettras, Suzon.
— J'en doute, Monsieur... Au reste, il ne reviendra probablement que dans une semaine, et alors vous serez tout à fait mieux...
— Et pourquoi dans une semaine?
— Vous êtes bien curieux! Savez-vous que vous parlez un peu trop pour un convalescent?
— Je me trouve beaucoup mieux, Suzon... Ainsi ne me ménage pas... Voyons! achève-moi l'histoire de ce M. de La...
— De La Grille... Quel drôle de nom!... C'est un nom qui n'a pas l'air vrai... Est-ce qu'il s'appelle comme cela?
— Puisque je l'ai reconnu!
— Ah! oui, c'est juste! Eh bien! Monsieur, cet homme paraît s'intéresser beaucoup à votre neveu Adrien... Il a juré, dit-il, de le retrouver et d'en avoir soin... Est-ce vrai?
— Très-vrai... Continue...
— Alors, c'est un de vos parents?
— Oui... Continue, te dis-je.
— Comme ce M. de La Grille s'obstinait toujours à me demander des renseignements sur Adrien... Il faut vous dire qu'il m'a offert une bague superbe!...
— Que tu as refusée?
— Presque...
— Comment, presque?
— C'est-à-dire que je ne l'ai pas refusée; mais je ne l'ai pas prise; j'ai dit que je ferais réflexion...
— Il n'y a pas de réflexion à faire, Suzon; tu la refuseras...
— Puisque c'est un de vos parents!
— Tu la refuseras...
— J'ai quarante-quatre ans, monsieur Claude. Je vous dis mon âge, parce que vous le savez, à mon âge, on ne refuse pas un cadeau.

— Eh bien! tu l'accepteras. Mais achève donc.

— Comment voulez-vous que j'achève, vous m'interrompez toujours!... Je me suis vue obligée à dire alors à M. de La Grille, votre parent, qu'Adrien était parti pour le Calvados...

— Tu lui as affirmé cela?

— Mais oui...

— Et il est parti?

— Hier soir, en chaise de poste.

— Sans passe-port?

— Vous me croyez bien étourdie, Monsieur! Je lui ai fait donner un passe-port par Legaigneur, dont je fais ce que je veux.

— C'est donc toi, Suzon, qui commandes maintenant à l'hôtel de ville?

— Eh! puisque vous êtes malade, il faut bien un chef! Soyez tranquille, je ne ferai pas plus de sottises que les autres.

— Au reste, Suzon, tu as bien fait de lui procurer un passe-port... et sous quel nom?

— Belle demande! Sous le nom de M. de La Grille!

— Ah! c'est juste!

— Monsieur Claude, on voit que vous n'êtes pas encore tout à fait bien; votre mémoire s'embrouille toujours un petit peu... je vais vous laisser dormir jusqu'à la visite du médecin.

— Suzon, dès que M. de La Grille sera de retour, tu l'introduiras tout de suite... Lui as-tu donné exactement l'adresse de ma belle-sœur, de la mère d'Adrien?

— Soyez tranquille, Monsieur; je n'ai rien oublié.

En ce moment on frappa légèrement à la porte, et Legaigneur, qui remplissait les fonctions de secrétaire, parut et fit un signe à la gouvernante, qui s'approcha en faisant un geste de dépit.

— Que voulez-vous? lui dit-elle brusquement et à voix basse.

— Une grande nouvelle, dit le secrétaire; il faut que je parle tout de suite au citoyen Claude Mouriez.

— Je ne vous donne que deux minutes, dit Suzon.

Et elle conduisit Legaigneur devant le lit du blessé.

Le secrétaire s'inclina profondément. Claude Mouriez lui tendit la main, et le fit asseoir en lui disant :

— Qu'y a-t-il de nouveau ?

— Et ne faites pas cela trop long, dit la gouvernante d'un ton impérieux.

— Soyez bref dans votre rapport, dit Claude, pour obéir à sa servante.

— Voici, dit Legaigneur qui regardait Suzon en tremblant : on a fait hier une arrestation importante...

— On fait toujours des arrestations importantes, murmura Suzon, en arrangeant des meubles qui n'étaient pas dérangés.

— Laisse parler, Suzon, dit Claude avec douceur... Voyons, qui avez-vous arrêté ?

— Votre assassin ! répondit le secrétaire.

Claude fit un mouvement et frissonna sur tout son corps.

— Vous êtes un imbécile, citoyen Legaigneur, dit Suzon, en frappant l'épaule du secrétaire, voyez dans quel état vous avez mis Monsieur en lui jetant sans ménagement à la face une pareille nouvelle !

— Ce n'est rien, Suzon, rien, dit Claude en se contenant, je viens d'avoir un frisson de fièvre, mais ce n'est pas cette nouvelle qui me l'a donné. Quel intérêt puis-je porter à mon assassin ?

— Vous avez beau dire, Monsieur, dit Suzon, cela produit un certain effet ; citoyen Legaigneur, vous êtes un sot.

Claude tempéra, par un signe de bonté, l'apostrophe de la gouvernante, et dit au secrétaire :

— Faites-moi le portrait exact de cet homme...

— Je ne l'ai pas vu, répondit le secrétaire.

— Il fallait le voir, remarqua Suzon.

— C'est juste, il fallait le voir, dit Claude ; et lui a-t-on demandé son nom ?

— Oui, on lui a demandé son nom..., répondit le secrétaire toujours ému.

— Et comment se nomme-t-il ?

— Ah ! voilà précisément ce que j'ai oublié de demander, dit Legaigneur.

— Allez vous engager pour jouer le *Voyage de Cadet Roussel !* cria Suzon au secrétaire.

— Sur-le-champ, je veux voir cet homme, dit Claude avec une émotion contenue, mais point de bruit, point d'éclat; qu'on me l'amène ici, avec les plus grandes précautions. Il suffit de deux archers... Vite, Legaigneur..., à cette heure, il n'y a que très-peu de monde encore dans les rues... évitons les curieux... Allez, ne perdez point de temps.

Le secrétaire salua profondément Suzon, et sortit pour exécuter les ordres donnés.

— Suzon, dit Claude, à quelle heure croyez-vous que M. de La Grille soit parti hier?

— Il ne m'a pas dit l'heure; mais je sais qu'il est parti hier soir ou cette nuit, et en chaise de poste. Je vais faire mettre des chevaux, m'a-t-il dit, et je pars tout seul, sans domestique, comme un envoyé de la république.

— Enfin, dit Claude avec un soupir et comme se parlant à lui-même, enfin, nous allons savoir cela.

— Savoir quoi? demanda Suzon.

— Je souffre à la tête, Suzon; aussi ce que je dis n'est peut-être jamais très-clair.

— Oui, monsieur Claude... reposez-vous en attendant.

Il y eut un quart d'heure de silence. Puis, un huissier entra et remit à Suzon une feuille de papier : c'était le premier interrogatoire de l'accusé.

Claude pria sa gouvernante de lui donner lecture des principaux passages.

Suzon lut :

« Le prévenu s'obstine à ne pas décliner son nom, mais il avoue le crime. »

— Alors c'est lui! dit Suzon.

— Continue toujours, dit Claude.

La gouvernante lit :

Demande. — Où avez-vous rencontré Claude Mouriez?

Réponse. — A l'avenue du Tiers, il était seul.

Demande. — Et vous, étiez-vous seul?

Réponse. — Oui.

Demande. — Avec quelle arme l'avez-vous frappé?

Réponse. — Avec une canne à épée, pendant qu'il lisait son journal, en se promenant. Claude Mouriez est tombé. Je l'ai cru mort, et je l'ai traîné dans un jardin tout proche dont la porte était ouverte. Après quoi j'ai refermé la porte et je me suis tenu dans le voisinage pour voir ce qui allait se passer.

Demande. — Quel motif aviez-vous pour attenter ainsi à la vie d'un citoyen investi d'un pouvoir sacré?

Réponse. — Le motif que chacun trouve au fond de son opinion politique dans toutes les époques révolutionnaires : Claude Mouriez était un ennemi.

Demande. — Et on assassine un ennemi, dans votre opinion?

Réponse. — Oui, lorsqu'on ne peut pas se battre avec lui.

Demande. — Vous lui avez donc proposé un cartel?

Réponse. — Sans doute; je suis venu un jour, à la fin du mois dernier, le provoquer en duel à l'hôtel de ville. On m'a traité de fou.

Demande. — Et alors, vous avez eu recours à l'assassinat?

Réponse. — Oui.

— En voilà un effronté! dit la gouvernante en jetant loin d'elle le papier de l'interrogatoire. Mais au moins il faut lui rendre justice, il ne cherche pas à se cacher, il est sincère. Cela ne donne point d'embarras aux juges. Un procès est vite terminé, après tous ces aveux.

— Vous êtes coupable?

— Oui.

— Vous avez assassiné?

— Oui.

— Vous méritez la mort?

— Oui.

— Cette franchise me plaît; à coup sûr cet assassin est un ex-homme de l'ex-cour.

Claude Mouriez poussa un profond soupir, et sa tête, qui s'était à moitié relevée pendant la lecture, retomba sur le chevet du lit.

On entendit un bruit de crosses de fusils dans le corridor, et Suzon courut à la porte en disant :

— Voilà notre criminel! Je suis bien aise de le voir!

Et le prévenu entra dans la chambre de Claude Mouriez.

XXII

LA FERME DE VIROFLAY.

Il faut maintenant rentrer dans le salon de la maison n° 19 de l'avenue du Tiers.

Claude Mouriez venait de courir à la porte qui résonnait sous le marteau, lorsque André fit à la comtesse un signe d'évasion très-significatif; celle-ci obéit comme une esclave dévouée; elle pressa le ressort de la console, et la lumière du salon éclaira les premières avenues du souterrain. Mais au moment où ils allaient s'élancer tous deux dans leur refuge, Adrien releva sa tête et agita ses bras comme s'il eût repris ses sens, et la brusque réflexion n'inspira au poëte d'autre idée que celle d'enlever aussitôt le jeune homme qui, revenu de son évanouissement, allait être témoin de leur fuite et découvrir le mystère de l'évasion. Ce qui fut exécuté avec la promptitude réclamée par les instants décisifs.

Aux lueurs de la lampe du souterrain, André s'aperçut que le jeune Adrien n'était pas revenu tout à fait de son évanouissement, et qu'une violente crise nerveuse agitait son corps sans ouvrir ses yeux.

— Madame, dit Chénier, il n'y a pas un instant à perdre. Cet asile n'est pas sûr. Il faut profiter des minutes qui nous restent. On va cerner la maison et le bois voisin, c'est indubitable. Nous pouvons encore gagner ma maison, ici près; ce sera un lieu de refuge jusqu'à la nuit prochaine, et alors nous aviserons.

La comtesse Marguerite inclina la tête, et réfléchit quelques moments; puis faisant un signe qui contrariait la proposition du poëte, elle déchira une page de son album portatif, et après avoir écrit au crayon ces mots : *chez Denis*, elle la plaça en vedette sous la première lampe, à l'entrée du souterrain, du côté des bois.

— Il serait odieux, dit-elle à Chénier, d'abandonner ici ce pauvre jeune homme, et pourtant...

— Madame, interrompit Chénier, sortez la première, nous n'abandonnerons personne, pas même un ennemi.

La comtesse souleva la porte horizontale du souterrain; André Chénier reprit dans ses bras Adrien toujours privé de connaissance, et ils se perdirent en grande hâte dans l'épaisseur des bois du côté de Viroflay.

La nature, qui fait toujours son devoir en dépit de nos folies, animait ce désert du charme des heures matinales. Tous les êtres que Dieu n'avait pas doués de la raison humaine étaient joyeux de vivre sur la cime des arbres, sous les fleurs du buisson, dans le clos des fermes et chantaient sur tous les tons et avec toutes les voix l'hymne de l'amour et du printemps.

C'était le dix du mois de mai; un poëte écrivait dans *le Mercure* ces vers :

> Environné de jeux, des grâces ingénues,
> Porté par les amours sur un trône de nues,
> Le mois de mai paraît; la terre lui sourit,
> Les flots plus librement circulent dans leur lit,
> Et répandant au loin sa vapeur fortunée,
> Il émaille de fleurs le cercle de l'année.

Ce même jour, la Convention traversait avec une sorte de solennité religieuse la terrasse des Feuillants, et s'installait aux Tuileries, château désert depuis le 10 août; château noir et triste, bâti pour porter malheur à tous ceux qui l'habiteront, ce qui n'empêchera personne de l'habiter !

Dans une éclaircie de bois qui conduit à Viroflay, se trouvait alors une petite maison enclavée dans un jardin, et défendue contre le passant par quatre murs. André Chénier s'arrêta un instant devant cette maison pour voir si elle était habitée ou déserte.

Les contrevents, à demi ouverts, les caisses de fleurs aux fenêtres, les cages d'oiseaux accrochées aux murs, les murmures glauques de la basse-cour, tout attestait suffisamment que cette maison avait pour locataires d'*heureux hommes des champs qui connaissaient leur bonheur*. Chénier avait eu besoin de toute sa vigueur pour lutter contre les accès de crises nerveuses du pauvre Adrien ; il lui était impossible de se dévouer plus longtemps à un acte d'humanité qui d'ailleurs mettait en péril une femme. Aussi n'éprouva-t-il aucun scrupule, en déposant le neveu de Claude Mouriez sur le seuil de la porte de cette maison, et après avoir agité violemment la sonnette, il se déroba aux regards et entraîna la comtesse Marguerite dans les arbres voisins, où ils pouvaient voir sans être vus.

La porte s'ouvrit ; un homme à demi vêtu parut sur le seuil, poussa un cri, leva les mains au ciel, et, se penchant sur Adrien, il le souleva et le porta dans le jardin.

Au même instant, deux contrevents s'ouvrirent sur la façade, et des femmes s'y montrèrent et disparurent, comme pour ne pas perdre du temps à regarder, lorsqu'il s'agissait de secourir.

— Dieu soit béni ! dit Chénier ; il y a des femmes ! ma conscience est en repos ; ce pauvre jeune homme ne manquera pas de soins !

Et après avoir donné un dernier regard à la maison hospitalière, il dit en offrant le bras à la comtesse Marguerite :

— Maintenant, Madame, songeons à vous.

— A nous ! mon noble poëte, répondit la jeune femme.

Dès ce moment il y eut dans la conduite d'André Chénier une réserve d'une exquise délicatesse, et que les âmes d'élite apprécieront : il ne prononça plus un seul mot et ne regarda que son chemin. Parler de choses oiseuses, c'était impossible ;

parler d'amour, c'était inopportun; mais le silence du poëte avait une expression bien plus éloquente au milieu de cette solitude merveilleuse; mais ses regards avaient bien plus d'amour que la parole passionnée, car ils dévoraient l'espace et veillaient de tous leurs rayons sur les embûches du chemin.

Enfin, le bois, en descendant vers les terres cultivées, s'éclaircit et laissa voir les arbres amis de l'homme. La comtesse Marguerite désigna du doigt deux peupliers comme le pilote montre les phares d'un port après la tempête.

— C'est là! dit-elle, et la tristesse et la joie se confondirent sur son charmant visage dans la même expression.

— Déjà! dit Chénier.

Il y a des moments où le plus court des mots est plus significatif que la plus longue des phrases, et peut faire rêver tout un jour la femme intelligente qui l'écoute et le recueille.

— Mon noble poëte, dit Marguerite, au nom du ciel, n'ajoutez plus rien après ce mot! Je veux le garder comme une fleur qu'un ami vous laisse avec son adieu. Je vais répondre à toutes les questions que vous pourriez me faire, car j'écoute votre pensée comme l'écho écoute un voix. Je dois entrer seule dans ce jardin de refuge, chez mon fidèle Denis; seule! comprenez-moi bien. Mais moi, qui depuis si longtemps veille sur vous, je ne renonce pas à la mission que je me suis donnée; je veux encore veiller sur vos pas et savoir toujours si votre lendemain vous a continué le bonheur de la veille. C'est à vous, grand poëte, à dire aux étoiles de cette nuit et au soleil de ce jour de garder le souvenir de ce que vous avez fait pour moi, et de me le rappeler à toutes les heures de ma vie, si l'oubli desséchait mon cœur.

Ils étaient devant la petite porte dont les deux peupliers étaient comme le verdoyant et gigantesque numéro. La comtesse mit sa belle main dans la main du poëte, en lui disant :

— Ici vos messagers et vos lettres seront toujours reçus avec joie. Adieu! adieu! soyez prudent. La prudence c'est le courage. La prudence est la plus belle des vertus; elle tient une épée à la main, mais elle en essaie la pointe avec le doigt avant de s'en servir. André Chénier, un coup de foudre nous sépare, un sourire du ciel peut nous réunir. Adieu!

La porte s'ouvrit; Marguerite s'excita de toute son énergie, et, montrant du doigt le ciel plein de soleil, elle disparut.

Les ombres de l'Érèbe tombèrent sur les paupières du jeune poëte; le ciel s'éteignit; un crêpe de deuil voila les arbres; la campagne fut un tombeau.

Il marcha longtemps au hasard comme le marinier qui a perdu son étoile dans les nuages plombés de la nuit. Le souvenir de Roucher, son ami, le ramena ensuite aux réalités et aux devoirs de l'existence vulgaire; il se résigna donc à chercher, à travers les bois, un chemin qui ne le conduisait qu'à la maison d'un ami.

La petite ferme du jardinier Denis, à Viroflay, avait un de ces aspects charmants qui réalisent tout ce que le poëte rêve de bonheur dans les oasis civilisées du Nord. C'était un coin de terre, moitié à l'ombre, moitié au soleil; humectant les fleurs, mûrissant les fruits; mêlant les arbustes aux tiges superbes; donnant le pain quotidien au travailleur, et au poëte la pensée, autre pain qui a son levain aussi.

En s'y réfugiant, Marguerite, qui avait déjà quitté le costume de la grande dame pour celui de la femme bourgeoise, dépouilla encore ce dernier déguisement, et revêtit la cotte rugueuse de la fermière : ses beaux cheveux même furent ensevelis sous une triple auréole de linon, que de fausses dentelles accompagnaient sur toutes les coutures et sur tous les bords.

Denis le jardinier, jeune homme de trente ans, attaché comme son père à la famille de Grave, n'avait témoigné aucune surprise en voyant arriver chez lui la comtesse Marguerite; ces seuls mots étaient sortis de sa bouche :

— Je vous attendais.

Un sourire de mélancolie avait répondu, et une étreinte donnée par une belle et noble main compléta cette réponse muette.

Cependant Angélique n'arrivait pas, et la comtesse ne cessait de monter au toit de la ferme, pour diriger de là ses regards vers toutes les avenues du bois. Le jour était écoulé à moitié; un si grand retard donnait de l'inquiétude.

Denis avait été prié de ne pas interrompre ses travaux du

matin ; mais à midi, il vint s'asseoir avec sa femme, sous une treille de lilas, où son enfant dormait dans un berceau, et la comtesse Marguerite, toujours plus tourmentée par l'absence d'Angélique, adressa quelques questions à Denis, plutôt pour satisfaire son impatience que sa curiosité.

— J'attendais que Madame m'interrogeât, dit le jardinier ; oui, j'ai passé quelques heures hier à Paris pour mes affaires.

— Et y avez-vous appris quelque chose de nouveau ?

— On apprend toujours quelque chose de nouveau quand on va dans ce pays ?

— Du bon ou du mauvais ?

— Dam ! je crois cette fois que c'est du bon, dit le jardinier d'un air mystérieux et à voix basse, comme s'il eût craint d'être entendu par les arbres.

— Voyons ! contez-moi ces bonnes nouvelles, Denis.

— Ces bonnes nouvelles sont mauvaises pour les autres.

— J'entends bien...

— Elles sont bonnes pour nous ; on les criait bien haut dans le Palais-Égalité. On lisait sous les arcades une lettre que Tallien a écrite de Tours à la Convention, et où il dit que tout va mal pour les bleus dans ce pays, et il se plaint beaucoup de la négligence du gouvernement.

— Et qui lisait cette lettre ?

— Des gens qui savent lire aussi bien que madame la comtesse, et qui montent sur des bancs avec une gazette à la main. Alors il faut voir tout ce que font les gens, et entendre tout ce qu'ils disent ! On est furieux contre les Girondins ; on dit qu'ils font tout le mal, eux, et que, sans les Girondins, ça marcherait comme sur des roulettes. Après, on lisait une nouvelle plus forte, et cela faisait pousser des cris à tous les hommes des clubs. Il y a quatre départements en feu, et le drapeau blanc a été arboré le 7 mai à Loudun...

— Que dites-vous là, Denis ?

— Madame la comtesse peut bien croire que je n'invente pas cette nouvelle. Tous ceux qui sortent du café Corazza la publient tout haut ; on ne se gêne pas. Les uns, ce sont des nôtres, disent que tout est fini, et que deux cent mille royalistes marchent sur la Convention ; les autres crient, en secouant leurs poings, qu'il faut en finir avec les Girondins, parce qu'ils ont fédéralisé les départements...

— Mais, mon brave Denis, avez-vous entendu donner, comme positive, la nouvelle du drapeau blanc arboré à Loudun ?

— Oh ! celle-là est positive; madame la comtesse peut me croire sur parole. C'est une nouvelle extraite, mot pour mot, du *Moniteur,* comme ils disent : on la vend un sou, devant le café de la Régence ; je l'ai achetée... la voilà...

La comtesse prit la feuille jaunâtre, et lut à travers des larmes de joie ces lignes extraites du *Moniteur :* « *Quatre départements sont en feu ; Loudun a arboré le drapeau blanc.* »

XXIII

LA FERME DE VIROFLAY.

(Suite.)

La comtesse Marguerite relut trois fois cette nouvelle, et doutait du témoignage de ses yeux.

— Le drapeau blanc à Loudun! dit-elle comme en aparté, mais c'est presque aux portes de Paris!

— Voilà juste, Madame, ce que j'ai entendu dire! observa Denis ; on ne se méfie pas de moi ; je m'arrête dans les groupes, avec mon habit de paysan et mon air imbécile, et j'écoute tout ce qu'on dit de bon et de mauvais pour en faire mon profit. Oui, il y avait devant le café militaire, rue Saint-Honoré [*], un bourgeois respectable qui est de Loudun, et qui disait qu'à Loudun il y avait assez de royalistes pour faire une armée à Louis XVII. Il faut dire aussi à madame la comtesse,

---

[*] Ce café existe encore aujourd'hui, sous la même enseigne, avec cette devise : *Ille virtus bellica gaudet.* C'est dans ce café que Lafayette reçut une ovation à son retour d'Amérique.

pour être franc, que beaucoup d'autres bourgeois et gens du peuple riaient de ce monsieur de Loudun, mais ça ne détruit pas la grande nouvelle de la gazette du gouvernement.

— Je te remercie, mon brave Denis, de tous ces détails, dit la comtesse; tu as donc couru dans tout Paris? et comment as-tu trouvé l'aspect de la ville?

— Oui, Madame, j'ai couru la ville. D'abord, j'ai assez bien vendu mes fruits et mes légumes; on dit partout qu'il n'y a pas d'argent, mais les riches en trouvent toujours pour bien manger. Messieurs les conventionnels, d'abord, ne se refusent aucune primeur, en cerises et en fraises; ils sont bien payés, et ils n'économisent pas une pièce de vingt-quatre sous par jour, comme des gens qui ne sont pas sûrs de vivre demain. Quant à l'aspect de Paris, il n'est ni gai, ni triste; Paris est agité. On marche très-vite dans les rues, comme si chacun courait à une affaire urgente; cela vient de ce que chacun a vu ou entendu dire quelque chose de curieux et qu'il est pressé d'aller le raconter à sa famille. Les marchands sont tous sur la porte de leurs boutiques, et regardent passer le monde, en attendant les acheteurs, qui n'arrivent guère, je crois. Il y a beaucoup de crieurs de gazettes et beaucoup de vendeurs de portraits de M. Marat, qui a été acquitté dernièrement par le tribunal. Le jardin des Tuileries est rempli de monde, comme si on allait tirer un feu d'artifice sur la place Louis XV. A chaque minute, des hommes sortent de la Convention, descendent de la terrasse des Feuillants, et viennent déclamer les discours des représentants du peuple. Alors on applaudit ou on siffle, selon l'opinion. Tout cela est fort amusant, mais tout cela donne la fièvre. Les mots que j'ai entendu répéter le plus souvent, à ma droite et à ma gauche, sont ceux-ci :

— Comment cela finira-t-il ?

Personne ne répond.

— C'est bien, Denis; je vous ai détourné de votre travail, et vous avez perdu votre temps, qui est précieux. Je suis fort contente de tout ce que vous m'avez appris.

Elle fit un signe bienveillant au jardinier, qui s'éloigna.

Quand la comtesse Marguerite fut seule, elle donna sa première pensée au grand poëte, que rien ne pouvait longtemps chasser de son souvenir.

— Qu'il a été noble et digne ce matin, dit-elle mentalement. Comme il avait tout oublié pour moi, même son amour ! A sa place, un amoureux vulgaire, le premier jeune homme venu, aurait saisi cette occasion de se vanter de ses services, de son courage, de son dévouement et m'eût accablée de ces déclarations banales que la bouche aime tant à dire, surtout quand le cœur ne les pense pas ! Lui dont les lèvres distillent le miel de la poésie ; lui qui met dans sa voix tout l'enchantement de la parole humaine, lui s'est tu comme le désert où nous passions ; et pourtant mon bras, en effleurant son cœur, me laissait deviner tout le trésor d'inspirations ardentes qu'il savait refouler et contenir dans sa sublime générosité !

Puis, quand elle admirait autour d'elle le ravissant paysage décoré par le mois des fleurs, une voix secrète lui disait que le bonheur était là, dans cette ombre tiède, dans cette verdoyante thébaïde, où deux amours pouvaient se suffire à eux-mêmes, et ne rien demander au monde que la faveur de son dédain.

— Vivre toujours ici et avec lui !

Il y a des mots tellement habitués à marcher ensemble, que presque toutes les femmes ont cru les avoir inventés, au moins une fois dans la vie.

Comme elle redisait pour la dixième fois cette dernière et courte phrase, la porte du jardin s'ouvrit, et Angélique parut.

Marguerite poussa un cri de joie, et courut à elle de son pas le plus léger.

La pauvre Angélique était dans un extrême désordre de visage et de toilette : il lui fallut un long repos et un long silence avant qu'il lui fût possible de répondre aux vives questions de Marguerite : enfin elle parla...

— Excusez-moi, ma bonne Marguerite, lui dit la comtesse d'un ton affectueux, ma vivacité vous importune, excusez-moi... c'est que je vous attends les pieds sur la braise.

— Eh bien ! il est tué, dit Angélique, en faisant un effort pour reprendre sa respiration.

— Qui ? demanda la comtesse d'une voix étouffée et le visage couvert d'une horrible pâleur.

— Lui.

— Au nom du ciel! Angélique, expliquez-vous, dit Marguerite en s'asseyant de faiblesse sur un banc de gazon, à côté d'Angélique.

— Pardon, madame la comtesse; je suis encore si émue de ma course à travers les bois... Si je ne l'avais pas vu, je ne vous le dirais pas; je ne crois qu'après avoir vu de mes yeux... tout le monde nous trompe à présent...

— Je vous conjure, Angélique...

Marguerite, au comble de la terreur, s'arrêta sans pouvoir achever sa nouvelle demande; sa main, vivement posée sur la main d'Angélique, remplaça l'expression de la parole.

— Oui, Madame, poursuivit celle-ci; je l'ai vu, ce terrible Claude Mouriez, étendu mort, avec beaucoup de sang autour de lui...

— Claude Mouriez a été tué? demanda la comtesse, avec une voix qui changea subitement d'expression.

— D'abord, Madame, j'ai pensé que vous le saviez, puis...

— Mais comment voulez-vous que je le sache? interrompit la comtesse; je ne pouvais rien voir dans le souterrain, et quand je suis sortie, je n'ai rencontré personne dans le bois jusqu'à la ferme de Denis.

— Mais je pouvais penser que M. Chénier avait eu le temps de vous apprendre cette mort, ou plutôt cette victoire; car M. Chénier a tué son ennemi en brave, je puis l'affirmer. Le hasard m'a fait assister de loin à ce duel. Je n'ai rien vu, mais j'ai entendu un effrayant cliquetis d'épées, puis un cri de mort... et après, j'ai vu Claude Mouriez dans votre jardin, et M. Chénier avait disparu.

Marguerite ouvrait des yeux démesurés, et ses lèvres convulsives semblaient chercher une exclamation après chaque mot d'Angélique.

— Mais quelle étrange chose me dites-vous? s'écria-t-elle; c'est M. Chénier qui a tué Claude Mouriez en duel?

— Dam! qui l'aurait tué, si ce n'est lui, dans votre jardin?

— Et à quelle heure?

— Au lever du soleil.

— C'est impossible, Angélique, impossible! M. Chénier ne m'a jamais quittée, ni dans le salon, ni dans le souterrain...

— Vous croyez? Madame.

— Comment, si je le crois!

— Ah! dit Angélique avec une stupéfaction naïve, comme une femme qui ne sait pas dissimuler.

— Angélique, vous avez pâli, et un frisson a couru sur toute votre personne... Ou vous m'avez déguisé la vérité, ou mes paroles ont porté votre réflexion sur quelque chose de mystérieux que je dois ignorer... Angélique, les larmes glissent sur vos joues; votre émotion est extraordinaire; vous me cachez une terrible confidence... Angélique, vous savez que je devine les choses secrètes... mon instinct est infaillible... N'attendez pas que je parle; parlez.

La comtesse, à ces derniers mots, était presque aux genoux d'Angélique, et sa parole avait cette furie d'entraînement qui subjugue toute maladroite hésitation.

— Madame, dit Angélique, tremblante comme une femme criminelle, je voudrais pouvoir... mais... j'ai promis... Pardonnez-moi... il y a des secrets...

— Oh! maintenant, vous en avez trop dit! s'écria la comtesse en joignant ses mains comme devant une sainte image; achevez, achevez, ma bonne Angélique; c'est votre maîtresse, c'est votre amie, c'est la comtesse, dame d'honneur de la reine, qui vous supplie de parler, et de tout dire; parlez.

— Mon Dieu! dit Angélique en levant les yeux au ciel, Dieu m'est témoin que j'aimerais mieux commettre un crime... mais c'est un crime...

— Non, non, Angélique; n'ayez pas ces scrupules. Si c'est un secret, nous le garderons en commun; nous nous exciterons mieux à le garder : deux femmes unies pour cette œuvre ont plus de force... Angélique, parlez, au nom du ciel!

— Madame, dit Angélique en faisant un effort suprême, Madame, vous serez obéie... je suis trop faible contre vous... ce sera une leçon pour moi... L'homme qui a bravement tué Claude Mouriez est... M. le comte de Pressy...

— Ah! mon Dieu! s'écria la comtesse, en se voilant le visage avec ses mains.

Et un long silence suivit cette exclamation.

Elle regarda fixement Marguerite, et lui dit :

— Vous l'avez vu?

— Je l'ai vu, Madame.

— Vous lui avez parlé?

— Je lui ai parlé.

— Et comment, à cette heure, M. de Pressy, qui a disparu d'entre les vivants, depuis le 10 août 1792, a-t-il passé devant ma maison, tout juste lorsqu'il fallait me défendre contre un ennemi?

— Cela s'explique facilement, Madame; M. le comte veillait sur vous, pendant que vous veilliez sur un autre; il veillait nuit et jour, l'épée à la main; il oubliait la proscription et ses dangers personnels pour ne songer qu'aux vôtres; et quand ce redoutable Claude Mouriez est venu vous faire sa dernière insulte chez vous, il a rencontré entre vous et lui l'épée du généreux comte de Pressy.

Marguerite était haletante d'émotion, et des larmes de feu coulaient sur son beau visage.

— Angélique, dit-elle d'une voix que des sanglots contenus affaiblissaient à chaque syllabe; Angélique, ce que vous venez de dire me comble de douleur et de joie; je n'aurais jamais cru pouvoir éprouver simultanément deux émotions aussi opposées... Ce noble comte de Pressy! toujours le même! toujours prêt aux héroïques choses, selon la devise de ses aïeux!.. et je suis bien sûre maintenant qu'il vous a défendu de me raconter sa belle action?

— Il m'a défendu de vous parler de lui, Madame; en vous disant que je l'ai vu, que je l'ai rencontré, je viole une promesse solennelle, faite ce matin à la face du ciel. Je suis coupable; mais c'est vous, Madame, qui l'avez voulu.

— Il m'aime toujours! dit la comtesse, sans écouter Angélique. Noble cœur! esprit droit et juste! il a raison, même dans ses torts!... Oh! voici un nouveau coup de foudre... qui bouleverse ma destinée... Oui, mon Dieu, donnez-moi une salutaire réflexion! Ma tête brûle, et je ne sais que résoudre... Abîmes des deux côtés!... Au milieu point de chemin... Angélique, le délire est dans mon front... Donnez-moi votre bras... j'ai besoin de repos... le calme m'inspirera mieux... Venez, ma bonne Angélique, conduisez-moi jusqu'à la porte de cette ferme; mes pieds ne me soutiennent plus... Noble comte de Pressy!

XXIV

DANS LA CHAMBRE DE CLAUDE MOURIEZ.

Claude Mouriez souleva la tête pour reconnaître son assassin qu'on introduisait.

C'était un homme d'âge avancé, mais dont les yeux rayonnaient encore d'une vigueur juvénile qui contrastait avec des touffes crépues de cheveux gris.

Suzon murmura ces paroles à voix basse :

— Comment ce grand Claude a-t-il fait pour se laisser assassiner par ce petit vieux !

— Qu'on me laisse seul avec cet homme, dit Mouriez d'un ton timidement impérieux.

— Ah bien oui ! dit Suzon ; attendez que je vous laisse seul avec un assassin ! Je ne bouge pas d'ici... Oh ! vous avez beau me regarder avec de grands yeux, je reste pour crier au secours, s'il le faut.

— Je t'affirme, Suzon, qu'il n'y a aucun danger ; laisse-moi seul.

— Monsieur Claude, dans l'état de faiblesse où vous êtes, vous ne pourriez pas vous défendre contre un enfant...

— Je n'aurai pas besoin de me défendre, crois-le bien.

— Et moi je ne sortirai pas... Sans compter que je suis curieuse, et que je veux savoir le motif qui a porté ce misérable à vous assassiner.

— Suzon, je te le dirai, le motif, ce soir.

— J'aime mieux le connaître ce matin.

Et Suzon s'assit, ou, pour mieux dire, s'incrusta dans un fauteuil en se donnant toutes ses aises, comme on fait dans une stalle de théâtre lorsqu'on se dispose à bien jouir d'une représentation.

Mouriez haussa les épaules de l'air d'un homme qui se résigne à une concession.

— Comment te nommes-tu? dit-il ensuite à l'accusé.

— Valentin.

— Pas d'autre nom?

— Pas d'autre, comme tous ceux qui naissent par hasard, à bord d'un vaisseau.

— Où es-tu né?

— A Paris, comme tous ceux qui naissent en pleine mer.

— Ta parole est bien hardie, il me semble, Valentin!

— Hardie comme celle d'un page de cour, murmura Suzon.

— Mon père m'a toujours forcé à parler haut, dit Valentin.

— Quel est ton père?

— L'Océan.

— Il est inutile de te demander si tu es royaliste?

— Parfaitement inutile.

— Quel grief as-tu contre moi?

— Vous le savez.

— Tu te trompes.

— Relisez mon premier interrogatoire.

— Ce n'est pas à toi à me dicter ce qu'il faut faire. Réponds : quel grief as-tu contre moi?

— Je suis venu vous provoquer en duel le mois dernier, ici; vos agents m'ont bien reconnu hier. Vous avez déchiré mon billet de cartel en quatre morceaux, et vous m'avez traité de fou. Eh bien! l'autre jour, vous ayant rencontré par hasard à travers une grille, dans un jardin, je vous ai forcé à mettre l'épée à la main. Vous vous êtes conduit en brave; je vous rends cette justice. Nous nous sommes battus; et vous n'avez pas été heureux.

— Ah çà! mais, dit Suzon, que vous débite-t-il là, cet effronté?

Claude Mouriez regarda fixement Valentin, et après avoir souri :

— Valentin, lui dit-il, tu es un honnête homme.

— Vous ne m'apprenez rien de nouveau.

— Mais, continua Mouriez, je ne suis pas dupe de ton généreux mensonge...

— Un mensonge! dit Valentin; est-ce que tout ce que je vous raconte n'est pas exact?

— Oui, Valentin, à peu de chose près... excepté le mensonge... Le jour était assez sombre, l'autre matin, sous les arbres, devant la grille, mais j'ai bien reconnu mon adversaire, et ce n'était pas un vieillard de soixante ans et plus. Je me suis battu avec un jeune homme vigoureux qui est ton ami, ton parent ou ton maître, qui a de certains motifs pour garder l'incognito, et tu te dévoues pour lui à son insu... Ne m'interromps pas, Valentin... Celui qui m'a blessé dans ce duel est venu souvent ces jours derniers ici, chez moi, avec un nom d'emprunt.

— M. de La Grille! dit Suzon ébahie.

— Oui, poursuivit Claude; monsieur de La Grille. Tu vois, Valentin, que je n'invente pas : je te dirai même que ce parent, cet ami ou ce maître, est en ce moment sur la route du Calvados... Mais sois bien tranquille, Valentin, le secret sera gardé. On pouvait me tuer en lâche dans ce jardin, c'était facile : on a mieux aimé courir les chances d'un duel; c'est de la générosité que je veux reconnaître par de la générosité.

— Monsieur Mouriez, dit Valentin ému, puisque vous savez tout, je ne dis plus rien. J'attendrai ce qui m'est réservé.

— Et que veux-tu que je te réserve? Serre-moi la main, ouvre cette porte, et sors; tu es libre.

Suzon se leva, et prenant affectueusement la main de Valentin, elle lui indiquait la porte.

— Pardon, monsieur Mouriez, dit Valentin en repoussant avec douceur la main de Suzon. Alors, vous ne m'avez pas bien compris... Réfléchissez mieux, et puisque vous êtes en train de faire de la générosité, ne faites pas à demi.

— J'ai beau réfléchir, dit Claude, je ne comprends pas.
— C'est pourtant bien simple, monsieur Mouriez. Plusieurs personnes ont été arrêtées, comme complices de l'assassinat après l'émeute de la place de la Liberté. Il est de mon devoir de ne pas laisser courir à ces malheureux les chances d'un jugement qui peut faire tomber leurs têtes. La justice commet souvent de ces erreurs, surtout aujourd'hui. D'un autre côté, je ne souffrirai pas que la personne qui s'est battue en duel avec vous soit compromise. Son nom doit rester un mystère. Or, puisque je me suis fait arrêter volontairement, c'est que j'avais arrangé mon plan. Je me déclarerai seul auteur du crime; la justice suivra son cours contre moi. Que puis-je craindre? La mort? Eh! mon Dieu! ma vieillesse n'est qu'un sursis de quelques jours. Ma condamnation éteindra cette malheureuse affaire, et rendra la liberté aux innocents. Au bout de quelques jours, on n'en parlera plus.
— Voilà un brave homme! dit Suzon en essuyant une larme; mais nous ne consentirons jamais à cela, jamais!
— Certainement, dit Mouriez très-ému, il est impossible d'y consentir; il est impossible de prêter la main à un dévouement qui vous honore, sans doute, mais qui me couvrirait de honte, si je le laissais s'accomplir. Vous êtes libre, Valentin; aucune puissance ne peut vous retenir prisonnier un instant de plus.
— Et que ferez-vous des autres prisonniers?
— Ils seront libres aussi, à l'instant.
— Et que dira le peuple?
— Il dira ce qu'il voudra. D'ailleurs pourra-t-on m'accuser de favoriser mes assassins?
— C'est très-juste, ce que dit M. Claude, remarqua Suzon. Oh! je le flatte rarement!
— Oui, monsieur Claude, vous avez cru tout aplanir, mais tout cela n'est rien encore pour moi. Il faudra toujours continuer les poursuites. La justice agira sans vous et malgré vous. Le premier magistrat de cette ville est tombé sous les coups d'un assassin, il faudra toujours s'acharner judiciairement à découvrir cet assassin, et voilà surtout ce que je veux éviter; voilà ce que j'évite en me livrant, en me dénonçant moi-même. La personne à laquelle je m'intéresse est pour

toujours à l'abri. Vous voyez bien que mon plan seul est bon et arrange tout.

Claude Mouriez inclina la tête, ferma les yeux, et caressa son front avec sa main, comme un homme qui cherche un expédient.

Un profond silence régnait dans la chambre.

Une voix de crieur public retentissait au dehors.

Claude étendit sa main gauche vers la fenêtre, et fit le signe qui veut dire : écoutez !

On entendit ce cri furibond :

— *Voilà les détails de l'arrestation et de l'interrogatoire de l'assassin du citoyen Claude Mouriez, à un sou, avec le portrait de l'assassin !*

— Imbécile ! dit Suzon ; il sera gagné loyalement ton sou !

— Vous le voyez, dit Valentin, il faut une victime au peuple ; on lui donne un assassin, il le prend, et il ne le lâchera pas.

— Monsieur, dit Suzon à Valentin, vous ne connaissez pas Claude Mouriez ; il se tuerait pour la république, lui ! mais il ne ferait pas tomber un cheveu de la tête d'un innocent.

Un léger coup se fit entendre à la porte ; Suzon ouvrit, échangea quelques mots avec l'extérieur, et se retournant vers l'alcôve de Mouriez, elle dit :

— Le citoyen accusateur public demande s'il peut être reçu ?

— Qu'il entre ! dit Claude.

Le magistrat s'approcha du lit, et sur l'invitation du malade, il lui dit :

— Le peuple demande que prompte justice soit faite de votre assassin. Puisque le misérable a avoué le crime, la procédure ne saurait être longue. Il faut un exemple dans cette ville, toujours remplie du vieux levain royaliste, et je viens prendre vos ordres, et vous proposer de fixer à demain l'ouverture du procès criminel.

— Qui ne sera pas long, dit Valentin.

— Taisez-vous ! dit la gouvernante en serrant le bras de l'accusé.

Claude Mouriez prit la parole sur un ton grave :

— Le peuple demande prompte justice, dit-il ; mais il demande comme toujours une justice juste. Je connais le peuple, j'en sors. Comment voulez-vous entamer un procès criminel en l'absence du principal témoin, qui est moi?

— Le greffier viendra recueillir ici vos dépositions, dit le magistrat, du ton d'un homme qui a tout prévu.

— Ce serait, poursuivit Claude, violer les formes sacrées de la justice.

— Les vieilles formes...

— Oui, et d'autant plus respectables qu'elles sont vieilles, vous avez raison, dit Mouriez, comme s'il n'eût pas bien compris le sens de la remarque du magistrat, je vais donc donner des ordres pour faire reconduire l'accusé dans sa prison. Vous direz au tribunal que j'espère être en état sous peu de jours, et que j'irai moi-même déposer devant les juges sur les faits relatifs au crime de l'avenue du Tiers. C'est à moi surtout qu'il appartient de donner l'exemple du respect à la justice et à la loi. Point d'exception. Que l'égalité ne soit pas un vain mot.

— Très-bien parlé! dit Suzon.

Le magistrat donna un étrange coup d'œil à la gouvernante, salua le malade et sortit.

— Voilà ce que j'ai pu trouver, dit Claude, pour gagner du temps.

— A quoi bon gagner du temps! dit Valentin.

— Écoutez, Valentin, poursuivit Claude; pourquoi vous refusez-vous avec votre héroïsme inopportun à seconder mes vues? Réfléchissez; que penseriez-vous de moi, quelle idée auriez-vous de mon caractère, si je vous abandonnais à votre dévouement? Faites au moins quelque chose pour mon honneur. Les révolutions politiques ont cela de bon, qu'elles mettent en relief les nobles cœurs et les touchants sacrifices dans tous les partis. Eh bien! Valentin, sacrifiez-vous un peu pour moi.

— Soit, dit Valentin avec émotion, il faut vraiment vivre pour connaître les hommes. Qui dirait que vous êtes Claude Mouriez?

— Mais moi je vous dis que c'est un enfant, dit Suzon, et je le connais.

— Suzon, remarqua Claude, toutes vos réflexions sur moi sont déplacées dans les moments sérieux.

— Ah! bien, oui! attendez que je me gêne pour parler, même dans les moments sérieux! Ils sont tous sérieux, vos moments. Vous me condamneriez à être muette.

— Suzon, faites entrer l'officier de police et les gardes, dit Claude... Et vous, Valentin, vous me promettez de me seconder?

— Oui, dit Valentin les larmes aux yeux.

L'escouade entra.

— Ramenez cet homme dans sa prison, dit Mouriez d'un ton dur, et que personne ne puisse communiquer avec l'accusé.

Lorsque Suzon fut seule, elle s'approcha bien près du lit et dit à Claude :

— Vous avez fait là une chose qui vous portera bonheur; vous verrez!

XXV

DANS LE BOIS.

En supprimant ces broussailles du récit qu'on appelle les détails intermédiaires, nous retrouverons le comte de Pressy dans une petite maison de campagne, près d'Évreux, chez madame Mouriez, la mère d'Adrien, et au moment même où ils partent tous deux en chaise de poste, pour un motif qui va être expliqué.

La mère d'Adrien avait reçu la lettre suivante :

« Ma chère mère,

« Il m'est impossible de vous dire comment je suis entré
« dans la maison d'où je vous écris : tout ce que je sais se
« borne à ceci : je me trouve très-faible, comme après une
« longue maladie, d'honnêtes gens m'entourent de soins, et
« depuis ce matin seulement la fièvre et le délire ont disparu.
« Ma convalescence sera longue, mais si vous étiez près de
« moi, je crois que je serais tout à fait bien.
« N'écrivez pas à mon oncle, ne le voyez pas en passant à

« Versailles; je suis trop faible pour tout vous écrire. Venez,
« et je vous dirai tout.

« Suivez exactement les indications qu'on me dicte, et vous
« trouverez avec facilité la maison où je suis.

« *Demandez de la part de Xavier Meignan, la maison de l'an-*
« *cien garde-forestier : on donnera un guide; rue de la Treille,*
« *n° 28, à Versailles.* Ne demandez pas autre chose; ne vous
« informez de rien.

« Votre fils bien dévoué,
                « Adrien Mouriez. »

Dans sa vive inquiétude, la mère d'Adrien accepta une place dans la chaise de poste du comte de Pressy, et le lendemain elle était auprès du lit de son fils.

Le comte de Pressy ne jugea pas convenable d'accompagner la belle-sœur de Claude Mouriez dans cette première visite; il ne franchit pas le seuil de la porte où Adrien avait été déposé après la terrible matinée du duel, et resté seul au milieu du bois, il s'occupa un peu de lui-même : après avoir payé une si large dette de dévouement au prochain, il est permis d'être égoïste pour se reposer d'un grand service rendu.

Toutes les conjectures que M. de Pressy amassa dans ses réflexions n'amenèrent, selon l'usage, aucune probabilité certaine, mais à travers le vague des suppositions, il était permis d'entrevoir que la comtesse Marguerite, qui conservait des intelligences secrètes avec Denis, le fermier de Viroflay, n'était pas étrangère à cette mystérieuse histoire d'Adrien, ainsi abandonné sur le seuil d'une porte isolée, au milieu du bois.

Rassuré par son déguisement bourgeois et son passe-port où figuraient un nom d'emprunt et une apostille protectrice de l'autorité républicaine, le comte de Pressy résolut d'éclaircir ses conjectures à travers toutes sortes d'investigations; car ce qu'il admettait surtout et avec quelque vraisemblance, c'était une intimité coupable entre la comtesse Marguerite et le jeune Adrien. Il s'établit donc dans un cabaret de bûcherons peu éloigné de la ferme de Denis, et payant largement son hôte pour obtenir toute sécurité chez lui, il se posa, non pas en espion, ce qui est toujours indigne, mais en observateur, ce qui est permis quelquefois.

André Chénier, cependant, attendait toujours un de ces messages promis, et ne voyait rien arriver; ce retard lui paraissait chaque jour plus étrange et plus inexplicable. Lassé d'attendre, il écrivit une lettre désolée, dans laquelle il sollicitait une entrevue, pour y jeter les bases d'une émigration en Angleterre. Muni de cette lettre, il prit un matin la route de la ferme de Viroflay, comptant s'inspirer du moment et des localités pour faire parvenir sa missive à la jeune femme.

Comme il rôdait, sa lettre à la main, le long des murs de la ferme, en se ménageant un abri derrière les arbres de la lisière du bois, il entendit un bruit de pas, et, tournant la tête avec précipitation, il aperçut d'abord, et reconnut ensuite le comte de Pressy.

Il y a des moments où toute supercherie serait oiseuse, et qui ne laissent aucune issue à la dissimulation.

Le comte salua Chénier avec cette politesse gracieuse qui est un coup de foudre en pareille circonstance, et lui tendit la main, comme s'il l'eût rencontré dans l'allée d'une promenade.

— Il paraît, lui dit-il, monsieur le poëte, que nous *faisons le bois* ensemble, et que nous marchons sur les mêmes *brisées*, pour me servir des justes expressions de la vénerie.

— Il m'est permis, sans doute, dit Chénier avec un sang-froid bien joué, il m'est permis comme à vous de *faire le bois*, depuis que les lois sur la chasse sont devenues tolérantes dans les domaines de la république.

— Parfait! dit le comte en riant; nous nous trouvons au rond-point, vous et moi, comme à un rendez-vous assigné. Voilà du bonheur! Avez-vous *connaissance* de quelque *ragot* ou de quelque *solitaire* dans sa *bauge?*

— Monsieur le comte, dit Chénier, il me semble que tous ces préliminaires sont oiseux et indignes de nous. Vous devriez attaquer plus hardiment la question, et je suis prêt à vous répondre.

— Parbleu! cher poëte, je vous trouve plaisant! S'il vous plaît de voir la question hardiment attaquée, eh bien! qui vous empêche de l'attaquer en brave, le premier? Quant à moi, je causerai avec vous jusqu'à ce soir de choses indifférentes; et même, si cela vous amuse, je vous raconterai une chasse superbe que nous avons faite dans ce bois avec M. Grave, le 12 juillet 1789, où nous vîmes tous *nos couples d'attaque décousus*... Donnez-vous la peine de vous asseoir au pied de cet arbre, je vais vous apprendre tous les tours ingénieux qu'un *solitaire* nous a joués dans sa *bauge*, quand nous fûmes obligés de le *forcer* à cheval !

— Comte de Pressy, dit Chénier, vous abusez de la raillerie !

— C'est fier, ce que vous dites-là, poëte, mais vous n'attaquez pas hardiment la question.

— Comte de Pressy, nous n'avons, ni vous ni moi, les seules armes qui peuvent nous dispenser de parler, en ce moment où nous ne pouvons rien nous dire, vous savez bien.

— C'est une menace nébuleuse, monsieur Chénier, n'est-ce pas ?

— J'attaque hardiment la question, monsieur le comte.

— Vous voulez donc vous expliquer avec un duel ?

— Je n'ai pas d'autre explication à vous donner, monsieur le comte.

— Vous vous trompez, mon cher poëte.

— Je suis le seul juge de mon erreur, et je ne la reconnais pas.

— Pardon, monsieur Chénier, vous allez la reconnaître, car vous êtes homme de bonne foi et de loyauté, et je vous défie de garder le silence lorsque j'adresserai des questions à votre honneur... Êtes-vous ici pour voir la comtesse Marguerite ?

— Non, monsieur le comte.

— Ah ! monsieur Chénier, excusez-moi, je me suis mépris ; j'avais compté sur votre bonne foi et votre honneur.

— Bien ! monsieur le comte ; c'est cela ; j'aime mieux une insulte directe, un outrage tiré à brûle-pourpoint ; au moins, cela supprime toute autre explication ; un homme insulté ne répond plus... Monsieur le comte, où vous trouverai-je demain ?

— Bon ! dit le comte, il tient toujours à son duel ! Mais je ne vous ai pas insulté ; mais je ne veux pas de votre duel ; mais je n'accepte pas ces adroites tournures de phrases. Vous savez bien que je ne suis pas un lâche ; vous savez comment je tiens une épée ; vous savez que j'ai eu cent duels heureux ! Quelle rage avez-vous de tenter un croisement de fer avec le comte de Pressy! parce que vous avez été sous-lieutenant dans Royal-Angoumois où l'on se battait fort mal; je le sais bien, puisque j'en étais colonel à vingt ans. Cher poëte, la plume vous a gâté la main. Si vous persistez, je vous promets bien que le duel ne sera pas long, et quoique vous ayez le bras vigoureux, mon épée, se liant à la vôtre, la fera sauter à vingt pas, et ensuite que direz-vous?

— Je dirai, monsieur le comte, que vous êtes un insolent!

— Eh bien! soit, je suis un insolent : c'est convenu. Vous voulez vous battre, vous vous battrez; mais si je vous accorde cette satisfaction, je veux, en récompense, en obtenir une de vous : me la donnerez-vous, monsieur Chénier?

— Si cette...

— Point de *si!* Comment! je fais tout ce que vous voulez, je vous obéis, je m'incline devant vos fantaisies de poëte, et vous me refusez une satisfaction innocente que je vous demande!

— Je ne la connais pas.

— Vous me la donnerez, parole d'honneur?

— Vous vous battrez ensuite, monsieur le comte?

— Oui.

— Eh bien! parlez, Monsieur, interrogez-moi. Je vous donnerai toute satisfaction.

— Vous me répondrez loyalement par un *oui* ou par un *non*.

— Je vous le jure, monsieur le comte.

— Votre serment est enregistré; le ciel en prend acte... Monsieur André Chénier, êtes-vous l'amant de la comtesse Marguerite?

— Voilà une étrange...

— Oui ou non! interrompit le comte d'un ton d'autorité suprême. Oui ou non!... Je sais bien, moi, la raison qui me force à vous faire cette étrange demande... Vous avez juré de me répondre, sur votre honneur... Êtes-vous l'amant de la comtesse Marguerite?

— Non.

— Vous le jurez à la face du ciel, la main levée vers Dieu?

— Je le jure!

— Vous le jurez sur les cendres de votre mère?

— Oui, monsieur le comte, sur les cendres de ma mère!

Le comte de Pressy tira un album portatif de la poche de son habit, et offrant un crayon au poëte, il lui dit :

— Vous répugne-t-il d'écrire et de signer ce que votre bouche a dit?

Chénier hésita quelques instants, et dit ensuite :

— J'écris et je signe.

— C'est bien! monsieur Chénier; je suis content, et j'espère que vous le serez à votre tour.

— Vous vous battrez, monsieur le comte?

— Comment donc! pouvez-vous en douter! je me mets à votre disposition... Seulement, monsieur Chénier, permettez-moi de vous faire réfléchir sur vous-même.

— Toute réflexion est faite, monsieur de Pressy.

— Attendez, monsieur Chénier... un seul mot; ne m'interrompez pas... vous n'êtes pas l'amant de la comtesse Marguerite; c'est juré sur l'honneur : c'est donc admis; mais vous aimez cette femme, et je vous ai dit que cette femme est la mienne; vous avez donc, en ce moment, un projet qui ne me paraît guère moral... Ne m'interrompez pas... Voici ce projet, peu digne d'un chaste amant des Muses : vous aimez une femme, le mari vous gêne, comme de raison, et vous voulez tuer le mari!...

— Monsieur le comte, je veux ce que Dieu voudra.

— Mais Dieu ne veut pas que les amoureux tuent les maris pour épouser leurs femmes... Ainsi, je vous préviens que vous ne me tuerez pas. Nous irons sur le terrain, nous croiserons le fer; j'aurai une superbe occasion de tuer l'amant de ma femme; je le laisserai vivre. Et après, que ferez-vous?... vous ne le savez pas?... Eh bien! moi, je vais vous dire ce que je ferai... Je quitterai la France avec madame la comtesse de Pressy, et vous ne la reverrez plus.

— Monsieur le comte, dit Chénier ému, je vous avoue que je ne comprends rien à votre langage... absolument rien... Jamais un mari n'a parlé aussi légèrement de sa femme, et n'a provoqué de pareilles explications!...

— Oui, monsieur Chénier, cela est vrai; ordinairement les maris ne se comportent pas ainsi; mais excusez, je ne suis pas un mari ordinaire. Ma position n'est pas nettement établie, c'est toujours la faute du temps où nous vivons. L'anormal est dans l'air. On ne fait rien comme aux époques tranquilles. Révolution partout. Un mari demande à un jeune homme : Êtes-vous l'amant de ma femme? Cela ne s'est peut-être jamais vu. Cela se voit. Nous avons eu quatorze siècles de royauté; nous sommes en république, m'a-t-on dit l'autre jour : vous allez vous étonner de quelque chose! Notre petit incident se perd dans ce grand tourbillon d'anomalies qui nous emporte. Ne soyez pas trop naïf, monsieur Chénier.

— Au but, comte de Pressy!

— Montrez-moi le but, monsieur Chénier.

— Demain, ici, nous nous rencontrerons, sans témoins, à la même heure, et Dieu nous jugera.

— Vous persistez toujours, monsieur Chénier?...

— J'ai tout oublié, excepté votre insulte; elle est encore rouge sur mon front.

— Eh bien! monsieur Chénier, je rétracte ce que vous appelez mon insulte.

— Et moi, monsieur le comte, je ne rétracte rien.

— Soit, monsieur Chénier, puisqu'il faut vous obliger à tout prix.

Le comte salua très-gracieusement le poëte, et disparut dans l'épaisseur du bois.

Chénier ne songea plus à la lettre qu'il apportait; il concentra toutes ses pensées sur l'avenir que lui réservait le lendemain.

XXVI

LE RENDEZ-VOUS.

A l'heure convenue, André Chénier fut exact au rendez-vous; le poëte était redevenu sous-lieutenant dans Royal-Angoumois : il apportait au combat ce courage que les nobles instincts donnent à tous les hommes de génie, à tous les illustres artistes qui ont tenu la lyre, le ciseau ou la palette; le courage que Michel-Ange déployait, en 1427, au siége de Florence, qui animait Dante, lorsqu'il arrêta les Pisans à Pento-d'Era, et Salvator Rosa, lorsque, dans les gorges des Abruzzes, il prenait les armes en quittant le pinceau.

Notre poëte dévorait tous les instants, et son œil, qui rayonnait dans tous les éclaircissements du bois, n'apercevait aucune forme humaine se mouvoir à l'ombre de ces majestueuses nefs de verdure, où les oiseaux seuls chantaient la poésie de leurs amours.

Même en ce moment de fiévreuse attente, il subissait deux influences souveraines dont sa pensée ne pouvait s'affranchir. Ses regards voyaient la femme absente, ses lèvres murmuraient des vers ioniens; l'amour lui venait de la terre, l'inspiration lui venait du ciel. Assis sur ce terrain de mort, il récita involontairement les *Adieux de la vie*, de Gilbert, comme le dévot récite les prières de l'agonie, et il se dit à lui-même:

— En voilà un aussi ! voilà un poëte, mort à l'âge que j'ai, avec un avenir superbe ! pauvre Gilbert ! Comme il souriait en mourant à cette belle nature, *à ce riant exil des bois !* et après son dernier soupir, la nature a continué d'être belle, et les bois n'ont pas pris le deuil ! Que lui importe, à la nature, qu'un poëte meure ; la nature seule est poëte, et elle prend très-peu de souci de ses impuissants rivaux.

Les heures s'écoulaient, et Chénier pressant avec rage la garde de son épée cachée sous son habit, s'indignait de ce retard incroyable, qu'il aurait mis sur le compte de la lâcheté, si le courage de M. de Pressy n'eût pas été aussi généralement admis à la cour et à la ville.

— Oh ! s'écria-t-il, comme si quelqu'un pouvait l'entendre, si ce n'est pas une lâcheté, c'est pour moi quelque chose de pire ! c'est une nouvelle et sanglante insulte ! c'est le gentilhomme qui lance au poëte l'ironie de son absence ! Sa voix railleuse me crie par tous ces arbres : Petit rimeur, tu ne vaux pas la peine que je descende avec une épée jusqu'à toi ! Ce comte fat parodie Alexandre le Grand, qui demandait un autre Alexandre pour entrer dans la lice ! Cet affront me ronge le cœur comme un bec de vautour !

Les yeux du poëte lançaient des flammes, et son épée nue sillonnait de la pointe le gazon de l'allée, et lançait des flocons d'herbe dans toutes les directions du bois.

Tout à coup une idée affreuse tomba dans sa tête et le fit tressaillir, comme si le fluide électrique l'eût touché.

Oui, ce long silence de la comtesse Marguerite avait maintenant son explication toute naturelle. Le poëte était oublié. Cette femme, abusée un instant par une étourderie d'affection, venait de s'arrêter sur le bord du gouffre de l'infidélité coupable, et rendait à son mari un amour pur et encore digne de lui. Le comte de Pressy, quelque temps éloigné de sa femme par les circonstances politiques, sans doute, était revenu à elle comme l'avare à son trésor, et, en ce moment, lorsqu'André Chénier, en rival impossible, attendait son adversaire l'épée à la main, le comte riait, à côté de sa femme, du rôle absurde joué par un poëte solitaire au fond d'un bois !

Cette poignante conjecture s'élevait, de minute en minute,

à la hauteur d'une intolérable probabilité. Le poëte ne trouva bientôt plus l'ombre d'un doute au fond de cette pensée; le désespoir, la fièvre, le délire, égarèrent sa raison; sa tête ne maîtrisa plus ses mouvements : il déchira son front, comme pour en extraire la dernière étincelle de sagesse, et, la flamme au visage et la pâleur aux lèvres, il s'élança vers la ferme de Viroflay.

Dans la matinée même de ce jour, le comte de Pressy arriva devant la porte de la ferme de Denis; il ouvrit son habit, détacha une épée de son ceinturon et la jeta dans des touffes de hautes herbes, puis il s'affermit de tout son courage, et pressant le ressort de la porte, il entra.

Les fleurs n'ont pas de parfum plus doux que la suavité sereine qui s'exhale d'un jardin aux heures matinales. Le comte, peu porté à la rêverie de son naturel, respira ce parfum de calme avec une joie que ne lui avaient pas donnée les vertes magnificences de Versailles dans les jours des royales splendeurs; il marchait d'un pas timide et réservé à travers des buissons de lilas, en donnant des regards, en apparence tranquilles, à toutes les sinuosités du jardin, lorsqu'il aperçut à sa droite une paysanne d'une tournure suspecte qui le regardait avec un étonnement convulsif.

— Madame, dit le comte, en étendant les mains devant lui, vous ne serez jamais déguisée pour moi, et j'espère que je ne le suis pas moi-même pour vous.

— Comte de Pressy! dit la jeune femme en saisissant avec une vive affection les mains offertes, je vous jure que je vous attendais.

— Cela ne m'étonne point, dit le comte en offrant son bras à la jeune femme, comme pour l'inviter à une promenade autour du jardin, cela ne m'étonne nullement; vous êtes la dernière des Gauloises du Rhône; je connais vos talents; vous êtes toujours d'intelligence avec l'avenir.

— Je connais surtout le passé, dit la comtesse avec émotion.

— Ah! cela est plus facile, Madame.

— Quelquefois, monsieur le comte.

— Parce que l'histoire trompe; c'est ce que vous voulez dire, Madame?

— Oui, Monsieur.

— Mais la science de l'avenir a bien aussi ses erreurs, même pour les Gauloises ; mais dites-moi, je vous prie, belle comtesse, ce que vous avez deviné dans le passé, malgré le témoignage menteur de l'histoire.

— Voici, monsieur le comte : j'ai deviné que le comte de Pressy s'était généreusement dévoué pour une femme, et qu'il avait tué en brave un monstre déchaîné par la Convention.

— C'est à peu près vrai, Madame, dit le comte avec un sourire grave, heureusement l'histoire n'en parle pas.

— Noble comte de Pressy ! poursuivit la jeune femme avec une émotion extraordinaire, voilà une de ces actions qu'une reine aurait récompensée autrefois de tout son amour. Il n'y a plus de reine aujourd'hui !

— Il y en a partout où il y a des femmes ; il y en aura toujours.

— Même après le 10 août 1792, monsieur le comte ?

— Ce que vous dites là est charmant, Madame, dit le comte en donnant un regard de tendresse à la jeune femme, mais est-ce un reproche ? est-ce un encouragement ?

— L'un et l'autre, Monsieur.

— Je les accepte tous deux.

— Comte de Pressy, j'attends toujours votre justification.

— Mais vous la connaissez déjà, Madame, à peu près, comme si elle était dans le passé.

— Mais je veux, Monsieur, la connaître tout à fait, comme si elle était dans l'avenir.

— Ambitieuse ! allons ! il faut vous satisfaire en peu de mots... Un soir, souvenez-vous de ce soir, Madame, on jouait *Nanine*, de M. de Voltaire, au château du prince de Poix...

— Je m'en souviens, comte de Pressy.

— Très-bien ! Madame... lorsque l'acteur débita ce vers de *Nanine* :

> L'usage est fait pour le mépris du sage.

Je me permis d'applaudir...

— Et vous fûtes le seul qui applaudites, interrompit la comtesse.

— Le seul, j'allais le dire, Madame. Une voix s'éleva et

dit : Cet original de Pressy ! Je m'inclinai et je saluai l'auteur de cette exclamation...

— Je me souviens aussi d'avoir approuvé cet auteur.

— De mieux en mieux, Madame, voilà pour vous un passé clair comme l'avenir. Vous me trouvez donc aussi fort original ? vous demandai-je...

— Très-original, vous répondis-je.

— Mémoire d'ange, Madame ! et vous souvenez-vous de ce que vous avez ajouté ?

— Non !

— Non ? cherchez bien, Madame...

— Je ne trouve pas.

— Faites comme si c'était de l'avenir.

— Obscurité partout, monsieur de Pressy.

— Me permettez-vous, Madame, d'aider votre mémoire ?

— Aidez.

— Belle comtesse, cet effort me coûte...

— Alors, Monsieur, dit la jeune femme en riant, je vais vous épargner cet effort... Voici ce que je vous répondis : Très-original, mais... charmant.

— Comtesse, je vous remercie, vous n'avez rien oublié. Ce soir-là, vous portiez sur votre robe les indices d'un deuil expirant. Votre mari, le comte de G..., était mort en Amérique depuis dix mois, et la renaissance de votre sourire, après les larmes, avait quelque chose de divin. Il fallait vous aimer ou mourir : je vous aimai. On obtient souvent ce qui n'est pas mérité ; j'obtins un peu de votre affection, et assez même pour oser élever mes yeux bien haut, puisque j'eus l'orgueil de vouloir être votre mari.

— Et vous fûtes accepté.

— Et je fus accepté, Madame. Le jour où ce bonheur m'arriva, je vous ouvris mon âme tout entière, et je vous exposai franchement la liste de mes défauts, comme un autre eût fait pour ses vertus...

— C'est très-vrai, monsieur le comte.

— Je fis valoir contre moi, Madame, mes bizarreries, mes originalités et mon mépris pour l'usage consacré par un vers de M. de Voltaire ; je vous priai de vouloir bien peser tous mes vices d'organisation dans la balance nuptiale, en regrettant de n'avoir point de vertu à y déposer pour contre-poids... Vous eûtes la bonté de sourire, et vous me dites la phrase de M. Rousseau, de Genève : *Jamais homme sans vices eut-il de grandes qualités!* Je bénis M. Rousseau, je tombai à vos pieds, et notre mariage fut fixé au 10 du mois d'août 1792.

— Quelle date, monsieur de Pressy !

— Oui, Madame, quelle horrible date ! elle provoque le divorce avant le mariage. Nous nous promenions, la veille, dans le jardin des Tuileries, comme deux véritables époux, et vous observâtes avec tristesse que les feuilles des arbres tombaient déjà flétries bien avant l'époque...

— Et Louis XVI, interrompit tristement la comtesse, fit absolument la même réflexion à M. Rœderer, en traversant le jardin pour se rendre à la Convention * !

— Ah ! j'ignorais ce détail, Madame... Quoi qu'il en soit, ce deuil précoce de la nature, au milieu de l'été, vous mit en tristesse; il se révéla sans doute encore à vos yeux quelque chose de fatal et de sombre dans l'avenir, et vous me dites, en poussant une feuille flétrie du bout de votre pied : Voilà un bien mauvais augure écrit sur cette feuille, la veille de notre mariage !...

— Et vous me répondîtes en riant, interrompit la comtesse : Heureusement, Madame, vous foulez aux pieds ces préjugés bourgeois.

— Oui, je crois m'en souvenir, mais je me souviens que mon sourire était sérieux. Le lendemain, au moment où je me rendais chez votre famille, le tocsin sonne, la générale bat dans Paris, on m'annonce que le château est menacé par le bataillon de Marseille : je cours aux Tuileries pour y défendre le roi... je croyais y trouver toute la noblesse... il y avait les Suisses, quelques vieux gentilshommes et un peu de grands noms ! nous fûmes pris d'assaut. Je sortis le désespoir dans le cœur; on ne m'avait pas donné le temps de mourir; j'étais accablé par toutes les hontes et par la mienne ; le monde s'écroulait devant moi ; un profond dégoût me saisit ; je songeais à votre augure de la veille, et ne voulant ni vous entraîner dans ma propre ruine ni survivre à cette im-

* Historique.

mense calamité royale, j'imaginai un nouveau suicide que Dieu ne défend pas : je m'ensevelis vivant.

— Après m'avoir écrit, vous oubliez cela, comte.

— Oui, Madame, après vous avoir écrit ce peu de mots :

« Je sors des Tuileries.

« Au ciel, ou à des temps meilleurs.

« 10 août 1792. »

— J'ai gardé soigneusement votre billet, comte de Pressy.

— Et moi, Madame, j'ai fait davantage...

— Dites.

— J'ai gardé mon amour.

Il y eut un moment de silence; la jeune femme, inclinant la tête, avait l'air de suivre le mouvement de ses pieds sur l'allée du jardin, et ne semblait pas occupée d'autre chose. Le comte attendait une parole qui répondît à sa dernière phrase : *J'ai gardé mon amour.*

La réponse n'arrivant pas, le comte interpréta ce silence à son avantage, et poursuivit ainsi :

— Quoique retiré du monde, je n'ai cessé de veiller sur vous, Marguerite, mais en vous dérobant avec un extrême soin tout ce qui me restait d'amour au fond du cœur, de crainte d'enchaîner votre liberté d'action. Il me fallut acquérir la preuve d'un immense péril pour m'arracher à ma retraite et me lancer de nouveau sur le terrain extérieur que je ne voulais plus revoir. Le temps amène de singulières métamorphoses; il nous habitue au mal : comme il nous dégoûte du bien. J'ai fini par trouver des charmes irritants au milieu des orages que je fuyais; en faisant des adieux irréfléchis au monde, j'avais oublié qu'un lien, un seul, mais puissant, me retenait dans ce monde, et que toutes mes haines amassées contre lui devaient tôt ou tard s'éteindre devant mon amour. C'est ce qui est arrivé. Ainsi, Marguerite, tout ce qui s'est passé depuis le 10 août n'a jamais existé pour nous deux. Nous sommes encore au lendemain de cette fatale journée, où, pour mieux dire, à la veille. Nous nous promenons aux Tuileries, à la dernière heure de nos fiançailles et il n'y a pas, cette fois, sous vos pieds divins, une seule feuille flétrie; tout est jeune et riant autour de nous, c'est le printemps avec sa grâce et sa vie, c'est l'amour avec sa douce sérénité.

Le comte de Pressy regarda la jeune femme avec une expression significative, et cette fois les yeux consultés répondirent avant la parole :

— Comte de Pressy, dit-elle, j'accepte la date de votre calendrier; nous sommes au 9 août 1792, il est si doux pour une femme de se rajeunir!

Les rayons de la joie illuminèrent le noble visage du comte de Pressy, et les mains des deux nouveaux fiancés se serrèrent avec une énergie que donne le bonheur.

— Maintenant, Marguerite, dit le comte; je devine très-bien ce que votre silence me demande. Voici mon plan. Le hasard, un hasard heureux, m'a donné un passe-port sous un nom supposé. Nous gagnons la Hollande, et de là, nous nous rendons en Angleterre; ou, si vous l'aimez mieux, nous resterons en France, dans quelque retraite bien obscure, où le regard du monde n'arrivera pas. Au reste, ma belle Marguerite, je me laisserai toujours diriger par vous dans notre commune conduite, car j'ai meilleure foi dans votre instinct que dans ma raison.

— Comte de Pressy, dit Marguerite, on n'improvise pas ces sortes de résolutions, il faut les mûrir. Vous savez que ma famille habite notre château patrimonial dans le Berri. C'est là que je me rendrai d'abord. Ce coin de province est fort calme et restera calme très-probablement; vous viendrez vous réunir à ma famille lorsque vous serez appelé... Bientôt... bientôt, cher comte.

M. de Pressy regarda l'heure à sa montre, et malgré sa tranquillité habituelle, il lui fut impossible de dissimuler un léger mouvement d'impatience qui n'échappa point à la sagacité de la comtesse Marguerite.

Le comte avait oublié son rendez-vous d'honneur; et il se le rappelait deux heures trop tard.

Il se tourna vers la porte et abandonna mollement le bras de Marguerite.

— Comte de Pressy, dit-elle avec émotion, vous avez eu ce moment une pensée qui vous inquiète et que je ne devine pas.

— Marguerite, répondit-il, en affectant une légèreté de ton peu assortie à la circonstance, oui.. vous avez raison... pardonnez-moi… il y a en effet une pensée… nous devons tout nous dire, n'est-ce pas ?… à la veille…

— Sans doute! monsieur le comte… oui, nous devons tout nous dire…. parlez.

Et Marguerite n'était pas fort rassurée, à son tour, et regrettait même d'avoir provoqué une explication.

— Eh bien! poursuivit M. de Pressy, en essayant d'adoucir par le sourire les paroles qu'il allait prononcer, il y a souvent… entre les femmes spirituelles… et les hommes… d'une certaine classe, il y a des relations… innocentes, sans doute, mais que le monde n'explique pas toujours dans un sens favorable aux maris… ainsi…

— Comte de Pressy, interrompit la comtesse par un ton et un geste d'une brusquerie peu aristocratique, ne parlez pas avec ce style d'oracle. Je vous ai compris à votre premier mot. Oui, il y a des moments solennels qui demandent toute franchise. Je serai donc sincère… Oui, dans l'isolement où m'avait laissée votre abandon, je me suis mêlée, par la lecture, au mouvement des affaires publiques; j'ai beaucoup lu, j'ai beaucoup relu; je me suis donné des haines et des prédilections, et je ne vous cacherai point le vif intérêt qu'excita en moi un jeune homme, un écrivain, un poëte, plein de talent et d'avenir; dès aujourd'hui, son nom ne doit plus sortir de mes lèvres, mais ce nom, vous le connaissez, croyez-le bien…

— Cela me suffit, Marguerite, dit le comte en serrant les mains de la jeune femme. Ce serait vous faire injure d'en demander davantage… Il y a de ces choses dont il ne faut parler qu'une fois, une seule, pour ne plus en parler ensuite.

A ces mots la voix de M. de Pressy s'arrêta, et la comtesse tressaillit et serra contre son bras le bras du comte.

Des coups violents avaient retenti sur la porte du jardin et se mêlaient au fracas de la sonnette.

Denis courait sur l'allée de la porte pour ouvrir, mais un signe impérieux de la comtesse le retint.

Le jardinier inclina la tête et rebroussa chemin du côté de la ferme.

— Voilà un visiteur qui témoigne un grand désir d'entrer ici, dit le comte en affectant de sourire.

— A coup sûr, dit la comtesse, ce n'est pas un ami.

— Peut-être, remarqua le comte avec un léger accent d'ironie.

Ce *peut-être* glaça de terreur Marguerite, et l'incarnat de ses joues disparut sous des teintes livides.

Les coups redoublaient de violence, et la porte du jardin semblait devoir s'écrouler sous le plus vigoureux des assauts.

— Cependant, dit le comte, il faut ouvrir avant la démolition de la porte...

— Non! dit la comtesse vivement, la porte résistera, et nous avons le temps de fuir, si c'est un ennemi.

Au même moment, une tête pâle et couverte de cheveux noirs dévastés parut sur la corniche du mur voisin, entre deux larges mains qui se crispaient comme des griffes de lion, pour soutenir un corps invisible; puis la tête s'éleva dans un élan énergique; les pieds rebondirent sur le mur; une épée nue tomba dans le jardin, et l'homme qui la tenait l'y suivit en s'y précipitant.

Le comte et Marguerite avaient reconnu André Chénier.

L'archange qui tomba foudroyé devait avoir sur son visage la beauté formidable de ce poëte. Il y a des émotions qui impriment soudainement à la figure tous les trésors de colère, de vengeance, d'amour, de désespoir qu'une grande âme peut contenir. Ceux qui assistent alors à cette effrayante décomposition des traits de l'homme, restent frappés de stupeur comme devant une vision de l'enfer.

Marguerite avait murmuré : *C'est lui!* mais d'une voix si faible qu'on ne l'entendit pas.

Elle se laissa tomber mourante sur un banc de gazon, et se voila le visage de ses mains.

M. de Pressy, *toujours prêt à tout*, selon sa devise, sentit, pour la première fois, que son énergie faiblissait devant un coup de foudre trop inattendu, et il regarda le poëte avec une émotion que le plus grand péril n'avait jamais donnée à son intrépide cœur.

Le délire allait parler par la bouche d'André Chénier.

— Oui! s'écria-t-il, les voilà, ces fils bâtards de la Régence! ces damerets brodeurs de tapisseries! ces rimailleurs de ruelles! ces paladins dégénérés! ces sybarites pulmonaires! les voilà! les voilà tous dans un seul, celui-ci! un homme-femme saupoudré d'amidon, constellé de mouches, badigeonné de fard, cousu de dentelles! Il était fort et brave, celui-ci, lorsqu'il fallait croiser le fer avec les eunuques de Trianon, avec les satrapes du Parc-aux-Cerfs, avec les lâches tigellins de la monarchie! Mais il a bravement lâché pied quand il s'est trouvé face à face avec un homme de cœur! Il s'est réfugié auprès d'une Amaryllis de jardin, parce qu'une grande dame l'aurait fait rougir! Il s'est laissé prendre d'assaut dans sa citadelle, parce que la rase campagne lui faisait peur! Et bien! comte de Pressy, vous voilà pris au piége comme un renard au terrier! Choisissez, maintenant, ou du pied qui écrase ou de l'épée qui tue! Reptile ou gentilhomme, vous ne m'échapperez pas!

Le comte avait écouté avec une grande froideur apparente; au dernier mot de Chénier, il s'inclina et dit :

— Il n'y a rien à répondre à cela. Venez, Monsieur.

Et le comte fit quelques pas vers la porte du jardin.

La comtesse Marguerite, qu'André Chénier n'avait pas reconnue sous son déguisement, se leva tout à coup et barra le chemin aux deux hommes.

D'un ton de reine, elle dit à Chénier :

— Monsieur, donnez-moi votre épée!

Chénier fit le mouvement d'un homme qu'on réveille en sursaut pendant un rêve fiévreux; il regarda la jeune femme de la tête aux pieds, avec des yeux démesurément grands, et la salua, comme par habitude de respect.

— Votre épée, Monsieur! dit une seconde fois Marguerite.

A cet ordre deux fois donné par la femme aimée, le poëte obéit comme l'enfant timide au plus injuste des maîtres.

La comtesse appuya la pointe de l'épée contre un arbre, et la brisa.

— Et la vôtre, Monsieur! dit-elle au comte.

— La mienne? dit de Pressy en riant, je vais la chercher; veuillez bien m'accompagner tous deux.

Chénier regarda la comtesse comme le chien regarde le chasseur, et il suivit, sur un signe donné, le comte de Pressy.

Ils sortirent tous les trois du jardin, et le comte, enfonçant sa main dans un buisson sauvage, en retira son épée et la donna gracieusement à la jeune femme, qui la prit, et, la montrant à Chénier :

— Monsieur Chénier, dit-elle, celle-là, je ne la brise pas, parce qu'elle a été héroïque ; parce qu'un jour, M. de Pressy, ce sybarite, ce dameret, ce rimailleur, ce paladin de ruelles, a pris cette vaillante épée à deux mains pour renverser un géant dans un duel terrible. Cette épée, je ne la brise pas comme la vôtre, parce qu'elle a ouvert les veines de Claude Mouriez.

Chénier croisa vivement ses mains et regarda le comte de Pressy.

— Maintenant, Messieurs, poursuivit la comtesse, rentrons chez moi.

Dans le jardin, cette scène continua. Le poëte inclinait sa tête sur son épaule comme un athlète vaincu qui demande merci : la voix d'une femme avait passé sur ce front dominateur et l'avait courbé, comme le vent courbe le roseau.

— Monsieur Chénier, dit-elle avec cet accent de mélodie céleste auquel rien ne résiste, vous avez cédé follement à une mauvaise inspiration en venant ici ; vous avez méconnu votre dignité d'homme et de poëte ; vous avez violé le saint asile des proscrits ; ce sont des fautes que vous pleurez déjà, dans l'amertume de votre cœur. Votre silence respectueux me répond mieux que votre parole ; les excuses sont écrites sur votre front, et je ne vous en demande pas d'autres ; elles me suffisent, et elles suffisent à M. le comte de Pressy.

— Madame, dit Chénier en baissant les yeux, comme le coupable devant son juge, puisque vous jugez si bien mes intentions, je me garderai bien d'ajouter un mot à tout ce que votre grâce veut me prêter d'honorable. Seulement, qu'il me soit permis de dire que jamais ma colère et mon délire ne m'auraient emporté à de telles violences, si j'eusse pensé qu'elles avaient pour témoin la comtesse Marguerite...

— Je me plais à le croire, Monsieur.

— Quant à ma conduite future, poursuivit Chénier, elle sera ce que votre bonté voudra qu'elle soit.

— Monsieur Chénier, dit la comtesse en souriant, il me semble que vous devez vous éclairer vous-même sur votre conduite ; hors de cette enceinte, vous êtes tout à fait indépendant de ma volonté.

— Madame, vous avez eu la bonté de vous intéresser à mon

destin, non pas comme une femme, mais comme un génie tutélaire; lorsque je demande un conseil pour diriger ma conduite, ce n'est pas à la femme que je m'adresse, c'est à l'ange.

— Et bien! monsieur Chénier, la comtesse Marguerite, qui porte toujours le plus vif intérêt au poète, vous prie une dernière fois...

— Une dernière fois! interrompit Chénier d'une voix faible.

— Oui, une dernière fois, de veiller sur vous-même, de ne donner aucun prétexte de vengeance à vos ennemis politiques, et d'attendre des jours meilleurs dans la retraite et le recueillement. Vous avez à cultiver votre génie; vous devez compte à Dieu du talent merveilleux qu'il vous a donné, en le refusant à un autre. Travaillez, pensez, écrivez. Vous avez un monde à découvrir dans votre front. Marchez à votre œuvre, et oubliez le passé des autres pour ne songer qu'à votre avenir.

— Ce sont là vos adieux, Madame? dit Chénier en s'inclinant.

— Il m'est impossible, monsieur Chénier, de vous en adresser qui soient plus sages et plus conformes à l'intérêt que j'ai toujours porté, que je porterai toujours à votre génie. Vous comprenez fort bien, maintenant, qu'à dater d'aujourd'hui de nouveaux devoirs commencent pour moi; je vais m'isoler aussi, je vais chercher un refuge, puisque ce désert même n'est pas inviolable. Adieu, monsieur Chénier, adieu!

La parole de Marguerite, si ferme jusqu'à ce moment, s'affaiblit et annonça une émotion intérieure qui pouvait se trahir, si cet entretien se fût prolongé.

Le comte de Pressy, qui s'était tenu un peu à l'écart, avec une délicatesse adroitement dissimulée pendant cette scène, fit quelques pas vers le poète et lui tendit la main.

Chénier obéit comme un automate aux exigences de ce moment terrible : il serra les mains du comte et de Marguerite, et refoulant au fond de son cœur un cri de détresse, il sortit de la ferme de Viroflay sans trop savoir où ses pieds le conduisaient.

Un monologue mental se déroulait en lui comme à son insu, et l'accompagna dans sa course à travers le bois.

— Oui, se disait-il, voilà les femmes! elles vous attirent à elles, ces syrènes, avec leurs lèvres de miel et leurs mains d'ivoire; on descend du vaisseau sur le rivage; on court à elles, et ces douces créatures vous tuent sans pitié!... Et maintenant, que faut-il faire? la vengeance même m'est interdite... me venger... et de quoi? et de qui? c'est moi qui fus absurde! j'ai pris l'affection chaste de la femme pour l'amour illégitime. Nous nous abusons toujours ainsi. L'orgueil nous égare; et quand l'amour-propre nous a plongés au fond de l'abîme, nous regardons si une main secourable n'est pas tendue vers nous... Je vois le fond de l'abîme, mais je ne vois pas la main... le désespoir m'étreint comme un carcan de fer rougi!... l'air manque à ma poitrine! la vie n'est plus en moi; la vie, c'était mon amour!

André se laissa tomber au pied d'un arbre, dans un état de faiblesse qui ressemblait à l'agonie; mais les hommes que soutient le feu électrique des passions ne peuvent être détruits par ces accidents vulgaires; ils ressuscitent pour souffrir et souffrent pour vivre; c'est leur étrange destin : pour les renverser, il faut le plomb de la bataille ou la hache du bourreau!... Heureux Chénier, s'il avait pu mourir d'un désespoir d'amour!

XXVII

L'OPÉRATEUR ET LE BLESSÉ.

— Oui, mon cher André, disait Roucher en serrant quelques manuscrits dans un portefeuille, vous vous êtes enfin arrêté au parti le plus sage. Maintenant, je vous regarde comme sauvé.

— Vous allez trop vite, mon ami, disait Chénier, assis devant une cheminée et brûlant des lettres; je suis sauvé comme l'homme que la tempête a jeté pauvre et nu sur un écueil désert.

— Eh bien! mon ami, c'est déjà quelque chose, un écueil désert; c'est un lendemain promis.

— Et après?

— Après, il y a la Providence.

— Elle existait pour tous ceux qui ont péri de misère.

— Ceux qui ont péri avaient douté.

— Mon ami Roucher, je ne suis pas d'humeur de poursuivre des problèmes de métaphysique; nous avons mieux à faire en ce moment, vous et moi.

— Quant à moi, je suis prêt, Chénier.

— Et moi, je vais l'être; mais si vous causez toujours, je n'aurai jamais fini de brûler ces lettres, parce que je les relis à la hâte avant de les jeter au feu.

— Pourquoi les relire? Brûlez en masse tous ces chiffons; le feu est le plus habile correcteur des sottises du passé. Ah! si l'on pouvait brûler de cette manière les sottises de l'avenir!

— Que faut-il faire de celle-ci? dit avec émotion Chénier, en montrant la première et longue lettre de la comtesse Marguerite.

— Brûlez tout, vous dis-je; brûlez tout en bloc, sans examen, comme Jules-César fit des lettres de Pompée après la victoire de Pharsale.

— Brûler cette lettre! dit Chénier en la regardant avec des yeux pleins de tendresse et de douleur.

— Il fallait commencer par celle-là, Chénier.

— Elle m'aimait quand elle l'écrivait!

— Vous dites là une phrase d'enfant, mon bon Chénier. Quand vous aurez cinquante-deux ans, comme moi, vous ne ferez pas une exclamation aussi naïve.

— Roucher, vous la faisiez quand vous aviez trente ans comme moi.

— C'est ce qui vous trompe, mon ami; je n'ai jamais eu sérieusement que trois femmes, et celles-là ne m'ont donné aucun chagrin mortel.

— Vous aviez bien choisi!

— Oh! très-bien!

— Et vous les avez oubliées?

— Je les aime encore, et j'ai toujours conseillé à mes amis de les aimer. Ce sont les seules femmes qui m'aient inspiré les meilleurs vers.

— Que vous avez publiés?

— Dans mes œuvres, oui, Chénier.

— Avec leurs trois noms?

— Et quels noms, Chénier! Hélène, Didon et Cléopâtre.

— Roucher, vos plaisanteries peuvent être agréables, mais elles manquent d'à-propos.

— Je ne crois pas; elles vous ont fait sourire...

— Comme on sourit quand on n'a plus de larmes!... Roucher, croyez-vous que l'heure soit favorable pour notre départ?

— Pas encore, dit Roucher en examinant par la fenêtre la campagne et le ciel... La nuit n'est pas encore assez faite...

— La nuit est toujours faite pour moi.

— Chénier, prenez garde! vous étiez en convalescence; n'allez pas rechuter!

— Concevez-vous cette femme? La comprenez-vous? dit André en froissant la précieuse lettre avec rage dans ses mains.

— Je la conçois très-bien, mon ami; faut-il donc toujours vous redire la même chose?

— Oui, Roucher, tant que je ne la comprendrai pas.

— Elle est pourtant bien simple...

— La femme?

— Non, la chose... Tout ce que vous m'avez conté, mon bon Chénier, m'a mis sur la bonne voie. Le mari de cette femme, le comte de Pressy, est un forcené royaliste; il commandait un bataillon suisse au 10 août, et son nom a souvent figuré dans l'*Ami du Peuple* avec un assaisonnement d'anathèmes. Or, ce comte s'est tenu caché dans quelque souterrain de son hôtel, en laissant sa femme errer à l'aventure; puis voilà que tout à coup l'horizon royaliste s'éclaircit, à ses yeux du moins, quatre départements s'insurgent contre la république; Tallien, qui n'est pas suspect, écrit à la Convention les nouvelles les plus alarmantes; *le Moniteur* du 10 mai annonce que le drapeau blanc a été arboré à Loudun. Il y en a cent fois trop pour rendre la vie à ce poltron de comte de Pressy; alors il sort de sa *cache* et va retrouver sa femme au moment où sa femme ne songeait plus à lui, et songeait beaucoup à sa liberté.

— Cela paraît assez juste, dit Chénier en réparant avec soin la dévastation commise sur la précieuse lettre; et en admettant ce que vous dites, Roucher, en admettant cette conjecture comme fort raisonnable, madame de Pressy n'avait pas d'autre conduite à tenir envers moi; elle a fait ce qu'elle devait faire. Le mari, souverain, armé de tous ses droits, était là; une femme devait s'incliner et se taire... Pauvre Marguerite!... Oui, Roucher... je me souviens à présent!... Sa voix est encore dans mon oreille lorsqu'elle m'a dit son dernier adieu!... un adieu plein de trouble désolant et de tristesse voilée!... Un mari! quel mot! que de pouvoir d'un côté! que de faiblesse de l'autre!... Oui, j'admets tout cela, Roucher; votre esprit est lucide, le mien est couvert de ténèbres. Vous avez illuminé ma raison... Pauvre Marguerite !

— Prenez garde, Chénier, vous allez peut-être trop loin... Ne soyez pas si prodigue de vos plaintes; votre guérison serait compromise si vous vous laissiez emporter trop loin par votre pitié envers madame de Pressy; cette pitié réagirait sur vous; et si votre amour-propre vous faisait croire que vous êtes, vous, le seul remède à une douleur incurable, vous iriez, demain encore, voir la cime des arbres de Viroflay. Chénier, mon ami, vous me croyez, dites-vous, en bonne position pour voir les choses avec un esprit lucide; eh bien ! suivez mes conseils jusqu'au bout. D'abord, je vous ai détourné d'un suicide; le suicide, vous ai-je dit, est la suprême expression de l'égoïsme : celui qui se tue n'aimait que lui; il n'avait point de famille. Voulez-vous être cet homme-là ? Non, m'avez-vous répondu. Mon second raisonnement vous a décidé à quitter cette demeure, à changer d'habitation, à ne plus voir autour de vous les objets qui attristent les souvenirs. Vous m'avez donné de nouveau une sage approbation. Je viens d'obtenir le même succès en vous expliquant la résurrection conjugale de M. de Pressy. Enfin, j'espère compléter ces heureux résultats en vous affirmant, par l'autorité de mon expérience, que cette jeune femme n'a pas besoin de ce luxe de compassion dont vous l'accablez, et que, sans oublier des affections étourdies produites par un désœuvrement isolé, elle s'estime la plus heureuse des épouses en retrouvant son jeune et noble mari.

— Roucher ! dit Chénier d'une voix dolente, ce que vous faites là est bien cruel !

— Le blessé dit la même chose à l'opérateur, mon bon ami, et l'opérateur sauve le blessé.

— Oui, quand la blessure n'est pas incurable... Enfin, mon cher compagnon d'exil, je veux faire quelque chose pour vous ; j'essaierai de donner raison à vos conseils.

— Je ne vous demande que cela, Chénier...

— Avant de finir cet entretien, qui ne se renouvellera plus, croyez-le, Roucher, il me reste un scrupule qui tourmente ma délicatesse ; vous venez, tout à l'heure, de traiter de poltron M. de Pressy ; je ne puis, en conscience, vous laisser une pareille opinion sur cet homme, quoiqu'il soit la seule cause vivante de mes malheurs. On ne peut appeler lâche celui qui a tué bravement en duel le terrible Claude Mouriez.

Roucher ouvrit de grands yeux et les fixa sur son ami.

— Oui, oui, continua Chénier; un pareil exploit témoigne hautement de la bravoure d'un homme.

— Quand cet homme a fait cet exploit, observa Roucher en riant.

— C'est évident, mais M. de Pressy l'a fait.

— On voit bien, mon cher André, que vous habitez les souterrains et les bois, et que les affaires de ce monde se bornent à vos amours.

— Voyons, expliquez-vous.

— Qui vous a dit que M. de Pressy a tué Claude Mouriez en duel ?

— Oh ! je le sais ; je le sais positivement.

— Chénier, on vous a trompé ou on vous a menti. Claude Mouriez n'a été tué en duel par personne ; il a été assassiné dans une émeute, sur la place de la Liberté, par un royaliste nommé Valentin.

— Que dites-vous là ?

— L'assassin devait être jugé aujourd'hui ; mais il est parvenu, la nuit dernière, à limer deux barreaux de fer de sa prison, travail dont il s'occupait probablement depuis plusieurs jours, et il s'est évadé ; on est à sa poursuite...

— Et comment savez-vous cela, Roucher ?

— Rien n'est plus certain... Notre vieille femme de service, qui achète tous les papiers que vendent les crieurs publics, m'a donné celui-ci hier soir : lisez-le...

Chénier prit la feuille de la main de Roucher, et lut cette nouvelle annoncée sous ce titre : *Détails sur l'évasion de Valentin, assassin du citoyen Claude Mouriez.*

C'était officiellement publié, avec l'autorisation municipale.

— Oui, dit Chénier, frissonnant de colère, oui, vous avez raison ; de Pressy est un lâche et un menteur ; et c'est par une odieuse et criminelle fanfaronnade qu'il a regagné le cœur de la comtesse Marguerite ! Une femme pardonne tout à l'homme héroïque qui vient de la sauver. Comprenez-vous cette infamie, Roucher? le misérable se vantait de ce duel honorable qui le posait comme un libérateur! Voilà les délicates ressources de ces gentilshommes! voilà comment ils séduisent les femmes!... Roucher, je ne partirai pas; vous partirez seul; je veux démasquer M. de Pressy, je veux qu'il me rende le duel qu'il me doit. Il croyait tout fini : tout recommence. Je veux tuer cet homme, dussé-je ne plus revoir Marguerite! J'ai un motif de vengeance maintenant, et je me vengerai.

Chénier se dégagea vivement des bras de Roucher, qui voulait le retenir, et, s'élançant de l'escalier dans le jardin, il ouvrit la porte, et se trouva face à face avec un messager bien connu, le jardinier Denis.

— Vous allez sortir, monsieur Chénier, dit Denis; pardon si je vous dérange; je n'ai rien à vous dire; je n'ai que ce billet à vous remettre, et je m'en vais...

— C'est un billet de madame la comtesse? demanda Chénier d'une voix sourde.

— Oui, Monsieur; elle est partie aujourd'hui, à quatre heures.

— Partie! s'écria André en se frappant la tête, et partie avec?...

— Avec madame Angélique.

— Et le comte?...

— Monsieur le comte n'est plus à ma ferme; il ira rejoindre madame la comtesse en Berri pour l'épouser.

— Comment! pour l'épouser! que dites-vous, Denis? Vous perdez la tête!

— Non, monsieur Chénier; je sais très-bien ce que je dis.

— Ils n'étaient donc pas mariés?

— Mais vous ne le saviez pas?

— Ce comte de Pressy, dit Chénier en frémissant de rage, est donc un imposteur d'habitude! il se vante d'un mariage comme d'un duel!... Denis, reverrez-vous bientôt madame la comtesse?...

— Oh! non, Monsieur; je ne la reverrai peut-être jamais.

— Avez-vous entendu parler de l'affaire de Claude Mouriez?

— Oui, Monsieur, on ne parle que de ça.

— Et que dit-on, Denis?

— On dit qu'il a été assassiné dans une émeute, par un nommé Valentin.

— C'est bien cela! il ne m'est plus permis de douter du caractère de cet homme; il a commis toutes les lâchetés!

— Monsieur Chénier a-t-il quelque chose encore à me demander?

— Non, Denis, non; vous pouvez partir.

Le fermier salua et gagna le chemin du bois.

Chénier fut tenté vingt fois de déchirer le billet qu'il tenait dans sa main. En ce moment, Marguerite lui apparaissait sous un jour nouveau; elle semblait la complice de M. de Pressy; elle venait au moins de s'associer à lui dans un mensonge. Oh! combien il faut d'expérience, combien d'habitude des choses étranges de la vie, pour s'arrêter devant une fausse certitude, devant une conjecture trompeuse, et apprendre le grand art du doute et de l'hésitation dans ce monde, où toutes nos premières pensées sont des erreurs, où nos dernières ne sont pas encore des vérités. Il y a pour l'homme le plus sagace trois personnes qu'il ne connaîtra jamais à fond: lui, sa femme et son meilleur ami.

Cependant, comme on adore toujours à son insu la femme qu'on déteste, Chénier rentra chez lui pour lire le billet de Marguerite, car la nuit était déjà fort sombre; ce billet était ainsi conçu:

Monsieur,

« Aujourd'hui il m'est encore permis de vous écrire quelques lignes; demain, cela me sera défendu. Je veux obtenir de vous l'assurance que vos jours sont calmes, que votre retraite est sûre, et que votre esprit est revenu à cette haute raison qui est le génie. Écrivez-moi une fois, une fois seulement, poste restante, à Vierzon, sous mon nom de famille, madame Grave, et rassurez-moi. Je me souviens toujours de ma vision d'Aix.

« Votre dévouée,

« C. MARGUERITE. »

La vue de cette écriture, toujours si chère, produisit son effet accoutumé. Le poëte se déroba quelques larmes à lui-même, et après avoir réfléchi, il secoua convulsivement la tête, comme celui qui prend une énergique résolution.

Roucher attendait toujours son ami, dans la position de l'homme qui se prépare à un départ, et qui n'attache plus aucun intérêt à la maison qu'il abandonne pour toujours.

Les deux amis se réunirent dans le jardin, et se serrèrent la main comme pour se souhaiter toutes sortes de bonheur dans le voyage qu'ils allaient faire ensemble.

— Sommes-nous prêts? dit Chénier.

— Oui, répondit Roucher; j'ai l'*omnia mecum porto* de Bias.

— A de nouveaux destins! dit Chénier.

Et les deux poëtes prirent la route de la ville de Rouen, mais en évitant toujours les grands chemins.

Après quatre jours de marche, ils arrivèrent dans la superbe ville normande, et prirent un logement d'anachorète derrière l'église de Saint-Ouen, cette merveille de l'architecture rêvée, ce bijou tombé du ciel aux jours de la foi.

XXVIII

EN VENDÉE.

M. de Pressy avait réuni quelques voisins dans son château, dont le parc s'étendait sur les limites du département de la Vendée. On était sorti de table, et la conversation, prenant une tournure sérieuse, se continuait sur la terrasse, entre plusieurs groupes de gentilshommes, et ne paraissait pas devoir s'arrêter aux heures les plus avancées de la nuit.

M. d'Elbois, le voisin le plus proche de M. de Pressy, était un de ces nobles qui avaient suivi de loin les idées de Montmorency et de Lafayette, et qui par conséquent se trouvaient encore parfois en opposition avec les royalistes purs, ennemis constants de toute transaction.

— Cela vous étonne, mon cher d'Elbois! disait de Pressy. Vous êtes bien bon vraiment de vous étonner! Est-ce que la guerre civile ne devait pas être la conséquence naturelle de la révolution ?

— Non! mille fois non! et madame de Pressy me fait un signe de tête qui m'annonce qu'elle partage mon avis.

— Mais c'est que madame de Pressy, ma femme, a été nourrie des mêmes idées; madame de Pressy a salué, comme on dit, avec transport, l'aurore de la révolution : c'est une phrase toute faite. Madame de Pressy a dévoré *le Contrat social* au couvent; elle a applaudi les tragédies de Marie-Joseph Chénier et les gazettes d'André, son frère... Ne m'interrompez pas, Marguerite, je vous prie... Je sais qu'au fond vous avez un cœur royaliste; je sais que 93 vous a éclairée sur 89 : mais il y a toujours à cette heure, au fond des meilleures âmes, un levain philosophique, qui ne peut s'évaporer tout de suite, comme une goutte de rosée au soleil. Aussi, ma chère Marguerite, et vous, mon excellent d'Elbois, vous êtes forcés, par vos antécédents, à croire qu'une révolution pouvait s'accomplir en France le plus pacifiquement du monde, et qu'une guerre civile aurait pu être conjurée par des procédés faciles et humains.

— Oui, monsieur le comte, je le crois encore, dit d'Elbois.

— Et je le croirai toujours, ajouta la comtesse Marguerite de Pressy.

— C'est donc une erreur incurable? dit le comte.

— Savez-vous ce qui manque à la France? demanda d'Elbois en croisant les bras sur sa poitrine.

— Beaucoup de choses manquent à la France, nous le savons, dit le comte.

— Avant tout, poursuivit d'Elbois, ce sont les hommes d'État qui nous manquent. Il n'y a plus de Sully, plus de Colbert, plus de Richelieu.

— Vraiment! dit le comte en joignant ses mains à la hauteur de son visage, vraiment, mon cher voisin d'Elbois, vous êtes d'une naïveté adorable! Je voudrais bien voir aujourd'hui les Colbert, les Richelieu, les Sully, et tous les grands hommes d'État de la monarchie absolue se débattre dans les broussailles d'une constitution démocratique! De bonne foi, croyez-vous que Richelieu même se tiendrait debout vingt-quatre heures sur notre sol révolutionnaire, sur ce terrain qui tremble toujours? Rassemblez tous les grands administrateurs politiques des vieux jours, rassemblez-les en conseil ministériel, autour d'une table verte aux Tuileries, et le lendemain ils auront tous disparu dans une tempête, comme Romulus! Mon cher d'Elbois, il était fort aisé d'être ministre lorsqu'il n'y avait qu'un ministre, qu'une volonté, qu'un roi, qu'un pouvoir. La besogne était facile. On était Richelieu, Colbert, ou Sully, ou Mazarin, à volonté. Voulait-on joindre la Méditerranée à l'Océan par un trait-d'union continental, on disait un mot, on faisait un signe, et l'œuvre était accomplie. Au nom du ciel! ne commettons pas de telles erreurs chronologiques! Nous avons aujourd'hui à la Convention sept cents rois au lieu d'un; il n'y a donc plus de Colbert possible; et pour sa gloire, Colbert est très-heureux d'être venu au monde il y a cent ans!

— Tout ce que vous dites, mon cher de Pressy, remarqua d'Elbois, est spécieux, mais ne me convertit point à votre foi. Je persiste dans mon opinion...

— Vous ne m'apprenez rien de nouveau, d'Elbois; on ne discute que pour persister ensuite dans ses opinions.

— Oui, de Pressy; mais vous ne m'avez pas permis de développer les miennes.

— Développez, mon cher d'Elbois, développez.

— Je vous accorde gain de cause au sujet de la position respective des hommes d'État d'autrefois et d'aujourd'hui.

— C'est bien heureux, d'Elbois.

— Mais, mon cher de Pressy, la Convention pouvait s'éviter une grande faute, par prévoyance facile, et sans le secours d'aucun homme d'État.

— Voilà précisément ce que je nie, mon cher d'Elbois. Une immense agglomération d'hommes, dans notre pays, ne peut jamais s'éviter une grande faute, lorsque l'occasion de la commettre se présente. Sept cents Colberts réunis ne vaudraient pas un seul Colbert isolé.

— Ceci est à prouver...

— C'est prouvé pour moi; continuez toujours.

— Écoutez, de Pressy, mon raisonnement est fort simple. Si la Convention eût réfléchi un instant...

— Vous demandez l'impossible à la Convention... Continuez toujours, d'Elbois...

— Mais ne m'interrompez plus... Si la Convention eût réfléchi un instant, elle aurait vu qu'en traitant la Vendée ainsi qu'on a fait, elle s'attachait au cœur un feu grégeois qui la dévorerait. La grande erreur du moment, c'est de croire que la guerre qui vient d'éclater en Vendée est une guerre politique; c'est mieux que cela : c'est une guerre religieuse. Le 21 janvier, sans doute, avait ému les paysans vendéens, mais ne les avait pas soulevés. Il fallait plus. La Convention devait savoir que, dans un coin de la France, vivait un peuple énergique, brave, sobre, religieux, qui avait l'amour de ses campagnes, de ses forêts, de ses églises, de ses prêtres, de ses traditions.

On pouvait lui ôter son roi, à ce peuple, mais on ne devait pas lui ôter son Dieu. C'est pourtant ce qu'un aveuglement déplorable a fait ! on a démoli ses églises, brisé ses croix, dévasté ses couvents, banni ses prêtres. Faute immense qui prend le caractère d'une étourderie d'écoliers politiques ! faute qui causera tous les malheurs du pays, parce que cette énergique résistance de l'intérieur va se combiner malheureusement avec les terribles agressions du dehors, et que, par inexorable nécessité, la révolution, en voulant éteindre deux incendies allumés par ses fautes, ne pourra les éteindre qu'avec des flots de sang, sur le champ de bataille et sur l'échafaud.

— Mon cher d'Elbois, vous êtes ici, je crois, dans la vérité. Je l'accorde. Seulement, vous avez nourri une illusion étrange, en croyant que les sept cents rois de la Convention pouvaient agir autrement qu'ils ne l'ont fait. Quoi ! pouvez-vous supposer un instant que la Convention ait pu se tenir ce langage à elle-même : La Vendée est un pays de forêts, de collines et de ravins ; il y a là, dans ces bocages, un peuple de héros. Ne touchons pas à la religion de ce peuple ; n'attachons pas ce brûlot incendiaire aux flancs du vaisseau républicain. Nous en avons déjà bien assez des armées étrangères qui nous attaquent vers l'Escaut, la Sambre, la Meuse et le Rhin !... Quoi ! mon cher et candide voisin, n'avez-vous pas compris qu'il y a trop de bon sens dans cette réflexion si simple, pour qu'elle puisse entrer dans une collection de sept cents cerveaux humains !

— Eh bien ! mon cher de Pressy, dit d'Elbois en s'inclinant, j'avoue ma candeur avec franchise, et je m'étonnerai toujours que la Convention n'ait pas trouvé ce que tout homme sage trouvera du premier coup, s'il prend la peine d'étudier la Vendée un seul instant sur la carte et dans son histoire.

— D'Elbois, mon ami, vous méritez d'avoir de l'expérience, et vous en avez.

— Mais en attendant, mon cher de Pressy, quel parti avons-nous à prendre, nous ?

— Quel parti ? demandez-vous. Mais je vous l'ai dit ce matin, et je vous le redis ce soir. Nous n'avons qu'un seul parti à prendre, il n'y a pas de choix.

— Comment ! cher de Pressy, vous qui êtes encore, pour ainsi dire, dans votre lune de miel ; vous le mari adoré de la plus charmante des femmes ; vous, le châtelain opulent et sybarite, vous irez vous mettre à la tête d'une compagnie de paysans et faire cette rude guerre de broussailles et de ravins ?

— Eh ! sans doute ! Que trouvez-vous là d'étonnant ! Bientôt j'aurai à choisir entre deux émigrations. Je choisis celle de la Loire. Tous mes nobles amis ont déjà tiré l'épée vendéenne et jeté le fourreau ; voulez-vous que je reste en arrière, moi ? Le nom de ma famille n'est pas destiné à la flétrissure, tant que je le porterai.

— Vous avez pourtant une très-bonne excuse...

— Oh ! je vous arrête là, d'Elbois ! Une excuse n'est jamais bonne, puisqu'elle sert toujours à diminuer une faute. Au reste, j'ai déjà communiqué mon projet à madame de Pressy, qui a le cœur trop bien placé pour me détourner d'une louable résolution.

— En cela, remarqua d'Elbois, madame de Pressy agit comme agissent les femmes de presque tous les gentilshommes.

— De tous, de tous... dit de Pressy.

— Oh ! interrompit en riant d'Elbois, il y a bien eu çà et là quelques gentilshommes qui ne se sont décidés à partir pour la Vendée qu'après avoir reçu des quenouilles à domicile.

— Eh bien ! je veux éviter un pareil cadeau, dit de Pressy. Au reste, cette campagne des royalistes à l'intérieur est tout à fait dans mes sentiments... D'ailleurs, madame de Pressy, quoique mariée depuis peu, est incapable de me conseiller une désertion, une lâcheté.

Un silence se fit... C'était la troisième fois en une heure que M. de Pressy provoquait adroitement l'opinion de sa femme sur ce départ pour la Vendée, et madame de Pressy s'obstinait à garder un silence qui pourtant ressemblait à une adhésion.

A ce troisième appel, la belle Marguerite de Pressy inclina tristement la tête, et après avoir réfléchi quelques instants, elle dit avec un ton de mélancolie déchirante :

— Dans quels temps sommes-nous obligés de vivre, et comme il est cruel d'expier les fautes des autres, lorsqu'on est innocent! Oui, parce qu'il plaît à quelques cerveaux turbulents de remuer la France comme un hochet, pour se donner quelques distractions dans leurs ennuis, nous sommes forcés, nous, d'empoisonner aussi notre existence, qui était douce, de tourmenter notre repos, de sortir de notre sérénité! Il est, certes, bien cruel de souffrir pour les erreurs des autres, pour des gens qui, à coup sûr, ne souffriraient rien pour nous!

— Cela est vrai, ma chère Marguerite, dit de Pressy; mais je ne trouve pas encore dans ces paroles une adhésion complète à mon départ...

— Mais comment donc, monsieur de Pressy, comment attendez-vous que je m'exprime? Est-il convenable que je vous dise: Oui, comte de Pressy, ne perdez pas un moment; l'honneur crie! votre devise vous conseille! Vos aïeux vous parlent! point de retard! Chaque minute perdue ôte un point d'or à l'émail de votre blason!... Vous savez cela très-bien, monsieur le comte, avant qu'une femme le dise, et reconnaissant, moi, les sentiments de votre noble cœur, je me tairai toujours lorsqu'il s'agira pour vous de prendre une honorable détermination.

L'entretien prenant ainsi une tournure confidentielle, M. d'Elbois se retira lentement à l'écart pour donner toute liberté aux époux de Pressy.

M. de Pressy regardait sa femme avec une tristesse mystérieuse dont aucun témoin n'aurait pu sonder les secrets. Ce noble gentilhomme ne redoutait rien dans les périls et les fatigues de la terrible guerre qui s'allumait aux environs. Il était d'une forte race militaire, et ses goûts traditionnels le portaient au champ de bataille bien mieux qu'aux ennuis somnolents du manoir féodal. Quelle cause donnait donc une tristesse si grande à cette noble figure, où la grâce adoucissait la fierté, à ce moment qui appelait toute l'aristocratie française sous les bannières de la religion comme au temps de Louis IX et de Godefroy?

La raison la plus naturelle à donner est celle-ci: Eh! mon Dieu! quel homme ne se laisserait accabler par la tristesse, dans une position pareille! On épouse une femme adorée; on enlève ce trésor au monde; on le cache dans un manoir voilé d'ombre et flanqué de tours. Une vie de délices commence. L'Éden est réalisé; le premier chapitre de la Genèse est mis en action; la terre n'a été créée que pour deux êtres; l'époux chante un hymne perpétuel d'extase et d'amour; il vivra toujours à l'ombre de ces beaux arbres, aimant, aimé. Le soleil ne luira que pour eux!

Tout à coup, parce qu'il plaît à la Convention de provoquer les dévots paysans de la Vendée, il faut que ce jeune époux de la veille, qui s'épanouissait dans sa joie nuptiale, abandonne subitement son bonheur, change en rêve triste la réalité divine, et parte pour la guerre civile, avec l'espoir de faire une veuve et de laisser probablement à un inconnu, comme un héritage d'amour, la céleste femme, objet de son adoration!

Oui, il est permis, même au stoïcien comte de Pressy, d'étaler une sombre mélancolie sur son visage dans des moments si douloureux.

Et pourtant, comme la tristesse a évidemment beaucoup de variété dans ses teintes et ses nuances, un très-sagace observateur n'aurait rien admis de toutes ces conjectures en examinant le visage du comte de Pressy.

— Eh bien! Marguerite, poursuivit le comte, il faut que je vous parle avec franchise dans ce moment si solennel, qu'il ressemble au suprême moment de la mort...

— Il me semble, interrompit Marguerite, que vous parlez toujours avec franchise; parlez-vous autrement quelquefois?

— Sans doute, ma belle Marguerite; les hommes quelquefois nous obligent à nous déguiser... Il faut bien se battre avec eux à armes égales... Mais avec vous, ma femme, c'est bien différent... Oui, Marguerite, si je voyais en vous, même l'ombre, même l'apparence d'un de ces mouvements qui retiennent, j'avoue, à ma honte, que je me laisserais peut-être retenir... par la plus douce des mains... Oui, Marguerite, dussé-je attendre, au fond de ce château, l'ironique présent d'une quenouille, je resterais auprès de vous, mon ange adorable, si je trouvais un signe de votre doigt entre ces beaux arbres et les drapeaux du soldat vendéen.

La comtesse Marguerite de Pressy baissa les yeux, et réfléchit de l'air d'une femme qui essaie, avant de répondre, de deviner la pensée de son mari.

— Mon cher ami, dit-elle en relevant la tête avec une certaine résolution, est-ce bien la franchise qui parle en ce moment dans votre bouche?

— Oui, Marguerite.

— Eh bien! mon cher comte, cette franchise ressemble beaucoup à la dissimulation.

— Expliquez-vous mieux, Marguerite, car je ne vous comprends pas du tout.

— Vous me supposez donc capable de vous conseiller une lâcheté, moi? Oubliez-vous que j'appartiens aussi, moi, aux plus nobles familles militaires? Oubliez-vous que je suis la nièce de Dupleix, le héros des Indes? Oubliez-vous que je suis la veuve d'un héros qui a fait sauter son navire dans la rade de Pondichéry, pour éviter la honte de livrer notre pavillon à l'Anglais?

La comtesse, en disant ces paroles, avait pris une pose héroïque; elle n'était plus femme, elle était déesse; ses grands yeux brillaient comme deux étoiles tombées du ciel sous le dôme des grands arbres du château.

— Non, Marguerite, non, dit avec mélancolie le comte; non, je n'oublie rien... rien... pesez bien ce mot... méditez bien ce mot... je n'oublie rien!

La comtesse poussa un soupir de satisfaction, comme si elle n'eût pas compris le sens vrai de la phrase du comte.

— C'était donc une feinte, dit-elle; mais je ne pouvais être un instant la dupe de M. de Pressy, qui essayait de jouer au poltron, et qui semblait vouloir attendre en riant l'envoi d'une quenouille. La comtesse Marguerite de Pressy n'a pas donné dans le piége; elle connaît trop le noble cœur de son mari.

— Oh! les femmes! les femmes! dit le comte en joignant les mains et en laissant tomber son front.

— Que signifie cette exclamation? demanda la comtesse d'un ton naïf.

— Elle ne signifie rien, dit le comte... absolument rien !... Marguerite, cette nuit même je partirai.

— Eh! voilà maintenant de l'exagération dans l'empressement, dit la comtesse avec une émotion cette fois véritable; pourquoi partir si tôt? personne ne vous en fait une loi... et d'ailleurs, croyez-vous que je vous laisse éloigner avec cette sombre tristesse qui ne doit jamais accompagner le soldat à son départ?...

— Marguerite, interrompit le comte en serrant les mains de sa femme, il est impossible qu'une femme puisse tromper un homme dans un moment pareil. Croyez-le bien : il y a de ces nuances, de ces délicatesses de sentiment qui disent tout, qui trahissent tout, qui révèlent tout dans les heures suprêmes... Marguerite, vous avez pour moi de l'estime, du dévouement, de l'amitié, mais... j'ai le courage de vous le dire : vous ne m'aimez pas.

La comtesse demeura immobile et muette.

— Vous ne m'aimez pas, poursuivit le comte, et cette pensée est la seule chose qui puisse adoucir l'amertume de mon départ.

— Je ne m'attendais point à ce dénouement étrange, dit la comtesse d'une voix qui s'efforce à prendre de la fermeté; je voudrais savoir ce qui peut m'attirer un compliment si flatteur?

— Point de raillerie, ma chère Marguerite; vous avez cherché une phrase pour répondre à ce compliment, et vous ne l'avez pas trouvée, vous si intelligente toujours!... Au reste, je ne vous reproche rien : tout est ma faute. Vous êtes venue à moi avec une loyauté de souvenir qui vous honore, car vous étiez libre à Versailles, et vous pouviez...

— Assez! assez! monsieur le comte, dit Marguerite en laissant échapper des larmes, vous méritez d'être heureux! Ce n'est pas une lâcheté que je vous conseille, c'est un ordre que je vous donne!... Vous ne partirez pas!

Le comte de Pressy devina trop bien tout ce qu'il y avait d'exquise délicatesse dans ce dernier sentiment que sa femme venait d'exprimer avec une vivacité si touchante pour lui; mais à ce brusque réveil de l'affection domestique, il manquait une chose que rien ne remplace : il manquait l'amour.

Pourtant le comte fit semblant de se contenter de cette simple affection, faute de mieux; et sans renoncer intérieurement à ses projets de royaliste vendéen, il feignit encore de se soumettre à un ordre qui le rendait prisonnier de sa femme, lorsque l'impérieux honneur appelait toute la noblesse non émigrée sous les drapeaux des paysans vendéens.

Hélas! il n'y a rien de stable, rien de certain dans les projets et les résolutions adoptés au milieu des orages politiques! Dans ces heures brûlantes l'avenir même du lendemain n'existe pas.

Sous les arbres de la grande allée du château, un cavalier tout couvert de poussière passe, comme un fantôme équestre, et avec la rapidité de l'éclair; il s'arrêta brusquement devant le perron, et toute la société du comte accourut des appartements et des profondeurs du parc, pour apprendre une de ces nouvelles toujours attendues, et qui étaient toujours un chapitre nouveau de la terrible histoire qu'à cette époque le fer écrivait avec du sang.

Cette nouvelle était celle-ci :

— On demandait des chefs, on demandait des armes; on se battait à l'horizon. L'incendie gagnait du terrain à tout moment. C'était encore comme au temps des formidables nouvelles des grands désastres antiques, où une voix criait dans la nuit :

— *La maison du voisin brûle* * ! Courez au secours.

A ces terribles révélations, les têtes s'exaltèrent, et les mains saisirent la garde des épées. Il n'était plus permis de fouler des tapis de fleurs ou des parquets de marbre dans une douce résidence, comme avant 89. Tout gentilhomme retardataire méritait de recevoir une *barre de bâtardise* sur son blason; les épées n'étaient plus des parures de ville et des compléments de toilette, elles redevenaient des armes. Une minute de plus écoulée sous les lambris d'un château commençait un déshonneur.

Les femmes elles-mêmes n'osèrent plus retenir; leurs mains ne montrèrent plus le château tranquille; elles désignèrent l'horizon incendié.

Que fallait-il pour se mettre en route? Un cheval et des armes! on n'avait besoin que de cela pour mourir.

Le comte de Pressy et M. d'Elbois donnèrent l'exemple; les premiers ils montèrent à cheval afin de profiter des bonnes

---

* *Jam proximus ardet.* (VIRGILE, *En.*, livre 2.)

heures de la nuit, et de trouver quelque tronçon de l'armée vendéenne aux premiers rayons du soleil.

Les deux gentilshommes coururent à travers plaines, collines et ravins avec tant d'ardeur que, le jour venu, ils étaient piétons; leurs chevaux restèrent en route, morts d'épuisement. Le pays qui se déroulait devant eux avait un aspect sauvage et primitif; c'était plutôt un paysage de l'île Don-Juan-Fernandez qu'un département de la république française; la virginale âpreté du sol, les masses ténébreuses des arbres, les accidents tourmentés des collines; le cours vagabond des eaux, un terrain majestueusement dédaigneux de la culture, tout annonçait une nature forte et mère d'énergiques enfants.

Le comte et d'Elbois admirèrent ce paysage, comme des voyageurs qui découvrent un archipel dans l'océan du sud. De Pressy oublia même un instant ses douleurs, et redevint l'insoucieux gentilhomme de son hôtel de Versailles.

— Vraiment! dit-il en donnant de rapides regards à tous les environs, il faut être malavisé comme un comité de salut public pour provoquer une guerre dans un pays pareil... Vous aviez raison, mon cher d'Elbois. On aurait pu très-bien éviter cette guerre civile, une guerre qui ne finira pas, et qui ne peut finir, tant qu'il y restera douze paysans catholiques privés de messes et de sacrements.

— C'est incontestable, dit d'Elbois, le premier devoir d'un homme d'État serait de connaître la France dans tous ses détails, et précisément voilà toujours ce qu'on ignore. On donne une constitution uniforme à un pays qui a des brouillards du nord, et du soleil au midi; des mélèzes à Dunkerque, et des orangers à Hyères; qui boit du cidre en Normandie, et de l'essence de feu en Languedoc; qui a lu Rousseau d'un côté et Voltaire de l'autre; qui est protestant à l'est, et catholique à l'ouest; qui est baigné par l'Océan, par des rivières et par la Méditerranée, et qui enfin, à cause de tout cela, est un immense amalgame de tous les caractères, de tous les tempéraments, de toutes les organisations. On a voulu faire *un et indivisible* ce qui est par sa nature divisible à l'infini. Voilà l'écueil où se briseront éternellement tous les pouvoirs et toutes les constitutions. Autant vaudrait-il rassembler dans une arche toutes les espèces d'animaux et les obliger à se nourrir de la même manière et à vivre avec les mêmes mœurs.

— Oui, dit de Pressy, mais à cela on répondra que l'homme est doué de raison, et que...

— Comte de Pressy, interrompit d'Elbois, ne riez pas en prononçant ces mots. Hélas! nous connaissons trop bien l'usage que l'homme fait de sa raison..

— Il la perd, dit tristement de Pressy.

— Mais, poursuivit d'Elbois, ne soyons pas trop sévères envers les autres. Ne jetons la première pierre à personne; nous avons aussi des fautes à expier, aujourd'hui... Écoutez, de Pressy... écoutez... et rentrez comme moi dans de vieux souvenirs... Il y a vingt ans, à pareil jour, nous étions, vous et moi, à Chanteloup, chez M. le duc de Choiseul; nos pères nous y avaient conduits!... Vous souvenez-vous, cher de Pressy, de ce que nous avons vu, dans notre plus jeune âge, à Chanteloup, ce jour-là?

— Parfaitement, mon cher d'Elbois : on jouait *le Mariage de Figaro* de M. Beaumarchais.

— Bien! et après, que faisions-nous?

— Ce que faisaient nos familles.

— Et que faisaient nos familles, mon cher de Pressy?

— Nos familles applaudissaient la philosophie du barbier Figaro, et se moquaient fort agréablement de la noblesse, représentée par le comte Almaviva.

— Très-bien, mon cher de Pressy; votre mémoire est bonne. J'ajouterai seulement ceci qui vous est échappé peut-être... vous rappelez-vous ce couplet qui finissait ainsi :

> De vingt rois que l'on encense
> Le trépas brise l'autel,
> Et Voltaire est immortel!

— Ce couplet me revient parfaitement, mon cher d'Elbois.

— Vous revient-il aussi qu'on l'applaudissait avec fureur?

— Oui... mais je me souviens aussi, d'Elbois, qu'il y avait là des gentilshommes qui secouaient la tête et n'applaudissaient pas...

— C'est juste, de Pressy; mais ceux-là, on les appelait des Cassandre, des Calchas, des Cazotte, et on *bissait* le couplet.

— Et nous aussi, d'Elbois, nous avions perdu la raison. C'est une grande erreur de croire que ce sont les petits qui font une révolution : les petits l'achèvent; ce sont les grands qui la commencent toujours.

— Au moins, dit d'Elbois, nous sommes plus heureux que nos pères morts. Nous pouvons réparer par de glorieux exemples et d'héroïques dévouements les erreurs d'une partie de la noblesse de France. Si la guerre vendéenne ne nous donnait que cette occasion d'effacer quelques souvenirs sur quelques armoiries, nous devrions la bénir.

De Pressy qui, tout en causant, observait en éclaireur les sombres massifs de verdure qui couvraient les terrains et les routes de chevriers, s'arrêta et fit arrêter d'Elbois en étendant son bras devant lui.

— Il faut avoir ici l'œil du chasseur, dit-il en souriant; ne voyez-vous rien dans cette éclaircie de bois, à cinq cents pas environ à votre droite?...

D'Elbois enfonça ses regards dans la direction indiquée, et fit le signe de la tête qui veut dire : Je ne vois rien du tout.

— Et moi, dit de Pressy, j'ai de meilleurs yeux que vous... A cette distance, je découvrirais en chasse un *solitaire* dans sa *bauge*; je pourrais être valet de limier...

— Alors, que voyez-vous, de Pressy?...

— D'abord, mon cher d'Elbois, mettons-nous un peu à l'écart, dans le fourré... car je ne sais trop si nous allons trouver des *blancs* ou des *bleus*... Ce qu'il y a de certain, c'est qu'il y a des hommes, et que j'ai vu luire des armes.

— Ce sont peut-être des chasseurs, dit d'Elbois.

— Oh! il n'y a plus de chasseurs en Vendée, il n'y reste plus que des soldats...

— Vous avez raison, de Pressy.

— Attendez... attendez, d'Elbois... Laissez-moi percer de l'œil tout ce bocage; il me suffira de saisir le moindre incident... une nuance... une couleur... l'ombre d'un corps, pour vous dire si nous avons devant nous des amis ou des ennemis...

De Pressy examinait avec une attention fixe cette partie suspecte du bois, et des flammes semblaient sortir de ses yeux.

— Oui, poursuivit-il; je ne demandais qu'une ombre... la voilà !... je l'ai vue... elle vient de s'allonger au soleil... le corps est invisible... l'ombre paraît et disparaît avec des mouvements irréguliers... Sur elle je vois parfaitement se mouvoir un fusil sans baïonnette... une sentinelle est là... devant un poste de paysans... Cette ombre n'est pas celle d'un soldat... La sentinelle porte un fusil de chasse. Nous sommes avec les *blancs*; il n'y a pas de *bleus*, c'est sûr... avançons!

Disant ces mots, le comte de Pressy tira de sa poche une large cocarde blanche et la fixa sur son chapeau. D'Elbois fit la même chose, et les deux gentilshommes s'avancèrent d'un pas résolu.

Ils répondirent tous deux par le cri de royalistes au *qui vive!* de la sentinelle, et selon les justes prévisions du comte de Pressy, ils ne tardèrent pas à se trouver au milieu d'un bataillon de huit cents paysans vendéens, dont la moitié au moins avait des armes à feu; les autres attendaient une victoire pour en avoir.

De Pressy connaissait les jeunes officiers qui commandaient ces paysans; aussi fut-il reçu avec enthousiasme; bien plus, le premier grade lui fut décerné sur-le-champ d'une voix unanime, et ses refus échouèrent contre la volonté de tous.

— Mes amis, leur dit de Pressy, puisque vous m'ordonnez de vous commander, je vous commanderai; mais à mon tour, maintenant, je vous ordonne de me conduire, car votre pays m'est inconnu, et je n'ai pas le temps d'en étudier la carte militaire.

Les paysans s'écrièrent qu'ils pouvaient tous servir de guides au besoin, mais que, pour le moment, les guides étaient inutiles, parce qu'il s'agissait de traverser un poste de soldats républicains pour rejoindre le gros de l'armée vendéenne, dont on était séparé par le bois de Valbouis.

— A quelle distance sommes-nous des bleus? demanda de Pressy.

— A une lieue tout au plus, répondit un paysan à cheveux gris, dont l'autorité paraissait grande.

— Et qu'attendiez-vous ici pour attaquer? poursuivit le comte.

— Nous exercions aux armes quelques jeunes recrues, et la première leçon donnée, nous allions partir, répondit le paysan.

— Que savent faire tous ces braves gens? demanda le comte.

— Ils savent mourir.

— Cela ne suffit pas.

— Ils savent vaincre.

— Cela suffit... Mes amis, ce soir vous aurez tous de bons fusils, et demain nous rejoindrons l'armée, s'il plaît à Dieu.

Le comte de Pressy se retira un instant du milieu de la troupe, écrivit un billet à sa femme et le confia sur-le-champ à un jeune paysan, de douze à treize ans, qu'il enlevait ainsi, par un honorable prétexte, aux dangers de l'expédition.

L'enfant murmura en recevant cet ordre, mais le vieux paysan lui montra le ciel en lui disant :

— Tous les ordres nous viennent de là-haut, en passant par la bouche de nos chefs. Obéis.

L'enfant s'inclina, prit la lettre et partit.

Toutes les dispositions prises, le comte passa en revue son bataillon, et tendit la main à d'Elbois qui, armé d'un pieu ferré, avait pris le dernier rang parmi les Vendéens.

— D'Elbois, lui dit le comte, on ne vous reprochera pas d'avoir abusé de ma protection et de mon amitié pour avoir de l'avancement dans l'armée vendéenne. J'espère qu'il y a de l'égalité aussi parmi nous.

Puis s'adressant à tous, le comte leur dit :

— Mes enfants, songez bien que vous n'êtes qu'un seul; que vous n'avez tous qu'une seule pensée, une seule âme, qu'un seul but. Voilà ce qui fait votre force; l'union indissoluble triomphe de tout. On ne brise pas un faisceau que Dieu a lié de ses mains.

Les paysans agitèrent leurs chapeaux dans l'air; mais aucun cri ne fut poussé, de peur que l'écho de ces solitudes ne trahît la marche du bataillon vendéen.

— En avant! dit le comte en élevant la pointe de son épée vers le ciel.

Et s'approchant de d'Elbois, il lui dit à l'oreille :

— A pareil jour, il y a vingt ans, nous applaudissions Figaro.

— Marchons à l'expiation! dit d'Elbois.

Le comte se mit à la tête du bataillon, et prenant le vieux paysan sous le bras, il lui dit :

— Montrez-nous le chemin le plus court, parce qu'il me tarde de voir des *bleus*.

— Monsieur le comte, dit le paysan, je vous promets de vous en faire voir dans une heure.

— C'est bien long! dit de Pressy.

La nature, qui ne s'associe jamais aux choses humaines et qui veut bien rester charmante lorsque l'humanité ne l'est pas, répandait à flots toutes ses grâces primitives sur le paysage que la guerre allait couvrir de sang. Il y avait des chants d'oiseaux sur les feuilles, d'exquis parfums dans l'air, des murmures d'eaux vives sous les gazons, et partout de célestes invitations aux tendresses des sens et de l'âme : il semblait que ces deux vers du poëte étaient écrits sur l'écorce de tous les arbres :

<blockquote>
Au temple du dieu tonnant,
Vénus soupire encore *.
</blockquote>

Mais les hommes sont toujours semblables aux idoles d'Égypte; ils ne se servent de leurs oreilles que pour ne pas entendre; ils écrivent, comme les Romains, le nom de CONCORDE sur le fronton d'un temple, ou, comme nous, sur l'angle d'une place, afin de mieux l'oublier partout ailleurs.

Le bataillon vendéen s'avançait en silence vers l'horizon ennemi; les arbres touffus voilaient sa marche, le velours des gazons amortissait ses pas.

Le vieux paysan vendéen, qui connaissait le terrain, dit à de Pressy :

— Monsieur le comte, nous allons sortir du bois; vous allez voir une lande étroite couverte de bruyères, et de l'autre côté un ruisseau qui devient un fleuve dans la saison des pluies, et

---

*   *Al templo tonante,*
        Veneré encor sospira.

va grossir la Loire. Dans cette saison, nous pouvons le traverser en mouillant nos jambes jusqu'aux genoux. Ce ruisseau baigne la lisière d'un petit bois où sont retranchés les républicains, dans le but de couper la ligne des communications, et d'interdire aux Vendéens qui sont de ce côté le passage le plus court et le plus facile pour arriver au centre du *Bocage*, c'est-à-dire au foyer de l'insurrection.

— Mais, voyons! dit de Pressy en se penchant vers l'oreille de son guide, voyons! continuez à m'instruire. Est-ce qu'il n'y aurait pas en *amont* ou en *aval* de ce ruisseau un autre passage libre? et sommes-nous obligés à traverser ce bois qui est gardé par les bleus?

— Avant votre arrivée, monsieur le comte, cette attaque avait été ainsi décidée; mais ce ne serait pourtant pas une raison d'être fidèles à ce plan, si nous en trouvions un meilleur, ce qui ne peut nous arriver, je crois. D'abord en *amont* et en *aval* les routes sont impraticables, et encore quand je dis routes, c'est pour me servir d'un mot qui fasse comprendre ma pensée, car il n'y a pas même de route. C'est une succession continuelle de ravins, de fondrières, de terrains accidentés couverts d'une végétation impénétrable, de flaques d'eau et de marécages profonds. Il faudrait perdre vingt jours à nous débrouiller au milieu de tout cela, et vingt jours, c'est la vie. Ensuite, voici une raison meilleure : puisque nous nous sommes révoltés pour nous battre, pourquoi ne pas nous battre tout de suite, puisque l'occasion vient à nous, aux portes de nos chaumières? C'est, d'ailleurs, la plus belle de toutes les occasions que le bon Dieu nous offre pour nous donner des armes qui manquent à la moitié d'entre nous, et au moins, lorsque nous nous présenterons à l'armée vendéenne, nous ne serons plus des recrues, mais de vieux soldats passés à l'épreuve du feu et convenablement équipés.

— Très-bien! dit le comte de Pressy; voilà certes la meilleure de toutes les raisons, et je ne veux pas en connaître d'autres. Il est inutile de vous dire, mon cher camarade, que je ne faisais toutes ces observations que dans l'intérêt de tous; car, pour moi, je n'ai aucune raison personnelle qui m'oblige à observer la moindre règle de prudence. Jamais homme ne courut au péril et à la mort plus joyeusement que moi aujourd'hui.

— Vous désespérez donc de notre cause? dit le vieux Vendéen, en regardant la figure du comte de Pressy, couverte d'un voile de tristesse : vous venez de dire cela d'un ton...

— Oh! mon cher camarade, dit le comte en souriant, mes douleurs personnelles n'ont rien de commun avec nos tristes affaires politiques; ainsi ne tirez aucun fâcheux augure pour votre cause, ni de mes paroles, ni de l'accent avec lequel je les prononce; au contraire, je crois notre cause très-bonne, très-belle et très-forte. La Vendée sera le tombeau de ses ennemis, et le piédestal de ses défenseurs.

Ces mots étaient dits lorsque le soleil vint à luire dans les éclaircies des derniers arbres, et que l'étroite campagne nue se déroula devant le bataillon vendéen.

Le comte prit le premier le pas de course, et en peu d'instants on arriva au ruisseau qui fut traversé en quelques élans. Aucune sentinelle républicaine n'avait encore donné l'alarme, ce qui pouvait faire croire que le petit bois n'était pas gardé, contrairement à tout ce qu'on avait prévu.

Il est vrai de dire que les nouveaux régiments républicains arrivés dans cette zône de la Vendée, traitaient assez dédaigneusement une guerre soutenue par de pauvres laboureurs, et que les chefs auraient cru faire trop d'honneur à de simples paysans, s'ils eussent pris contre eux ces mesures stratégiques de précaution, toujours en usage, dans une campagne, contre des ennemis sérieux.

Le comte de Pressy, ayant franchi le premier le ruisseau, s'arrêta et fit ranger ses hommes en ordre de bataille, pour mieux régulariser son mouvement après une marche si brûlante.

— Étiez-vous bien informé? demanda-t-il à son guide.

— Oh! parfaitement informé, monsieur le comte.

— Ceux qui vous ont fait le rapport étaient des hommes sur lesquels vous pouvez compter?

— Comme sur moi, monsieur le comte.

— Au reste, dit le comte en agitant son épée, en avant! toujours! et si nous ne rencontrons personne, tant mieux pour vous, mes amis!

Le comte entra dans le bois avec l'intrépidité du chasseur qui va forcer un *ragot* dans sa *bauge*, et tout le bataillon le suivit avec cette ardeur qu'un chef impétueux donne toujours à ses soldats.

La moitié du bois était déjà parcourue, lorsqu'un cri et un coup de feu retentirent à la fois.

Au même instant, plus de deux mille soldats républicains, endormis comme des Carthaginois à Capoue, sur des lits de gazon, se levèrent; ils se formèrent d'eux-mêmes, sans ordre, en pelotons serrés, et exécutèrent des feux sur toute la ligne avec une effrayante précision.

Les paysans vendéens ripostèrent, et de Pressy leur cria : Ne chargez plus, en avant! mes amis! passons!

De Pressy comptait sur la vigueur et l'agilité de ces hommes, dont le torse était de bronze et les jambes d'acier flexible. En pareille occasion, agir selon les vieilles lois de la guerre, et faire un échange perpétuel de coups de fusil, c'était s'exposer à une défaite inévitable, devant des soldats exercés aux manœuvres sur la Sambre et sur le Rhin. Il fallait donc un effort décisif et désespéré, une lutte d'hommes, corps à corps, un engagement énergique, où, selon le mot de *Quinte-Curce*, le pied du combattant s'attache au pied de l'ennemi[*]

Le comte se précipita sur le centre de la ligne pour l'enfoncer et ouvrir un passage aux Vendéens; il était suivi des plus braves et des plus vigoureux; il les avait choisis pour ce coup de main; tous soldats d'hier, vétérans aujourd'hui; hommes de foi, regardant la mort comme un martyre, et le ciel comme la dernière halte du soldat. La ligne républicaine replia ses deux ailes vers le centre pour soutenir ce choc de géants; les Vendéens se précipitaient à terre, pour éviter la fusillade, se relevaient dans les tourbillons de fumée, et, se ruant sur les bleus, ils arrachaient leurs armes et les renversaient comme des blocs de granit renversent les passants du vallon. Le comte de Pressy, entouré de soldats, écartait les baïonnettes d'une main, et de l'autre il se servait de son épée, comme dans un long duel, où un adversaire vivant remplaçait toujours l'adversaire mort. Le bataillon vendéen obtint, dans cette rencontre, la seule victoire qu'il pouvait espérer; il perça la ligne comme une meute de lions, conquit des armes et rebondit

---

[*] *Pes hæret pedi.* (Quinte-Curce, bataille d'Issus.)

avec une agilité merveilleuse sur l'autre lisière du bois. Le comte de Pressy, d'Elbois et une centaine de paysans firent une diversion héroïque en concentrant, sur un seul point, tout l'intérêt du combat; mais une lutte aussi inégale devait être mortelle pour les héros qui la soutenaient. Le malheur de cette guerre vendéenne était que la bravoure rayonnait des deux parts avec un éclat pareil. L'intrépidité rencontrait toujours face à face l'intrépidité. Après une bataille, il n'y avait que des âmes qui avaient fui, les corps restaient sur le terrain!

Le comte de Pressy, engagé dans un défilé de soldats comme dans un impasse de granit, tomba percé de plusieurs coups de baïonnettes, et donna le dernier de ses sourires au bataillon vendéen qui s'élançait de la lisière du bois vers sa terre promise.

— Tout va bien! mon plan a réussi. Il est impossible d'être plus heureux!

Et son épée glorieuse s'échappa de ses mains.

Un millier de soldats républicains se mirent à la poursuite des paysans; mais ceux-ci étaient sur un terrain connu et ne craignaient plus rien : ils ne craignaient pas même ces longues fusillades qui font tant de bruit et si peu de mal, car ils ne daignèrent pas s'arrêter pour répondre : leur ligne de conduite était d'ailleurs toute tracée pour le comte de Pressy. Des frères les attendaient; il ne s'agissait plus de se battre; il fallait rejoindre le camp vendéen.

Le comte de Pressy, étendu sur l'herbe et baigné de sang, recevait tous les secours que son état demandait. Les soldats républicains entouraient cette noble victime et lui prodiguaient des soins avec une sollicitude touchante; les officiers exaltaient son courage, son adresse, son merveilleux sang-froid, et lui tendaient la main comme pour donner un dernier adieu à un frère expirant. Tous les yeux se voilaient de larmes françaises devant cet homme jeune, dont le visage avait une douceur si fière, et dont la main aristocratique serrait si bien une épée dans une mêlée de duels. Voilà les guerres civiles! acharnement lugubre dans la bataille; fraternelle commisération après. Pourquoi ces horribles guerres ne commencent-elles pas par la fin? On devrait bien, pourtant, les connaître depuis qu'on en livre. Si Abel eût survécu à ses blessures, Caïn l'aurait embrassé le lendemain.

Le comte de Pressy fit un effort suprême pour désigner de la main un officier, et quand celui-ci se fut approché de très-près pour l'entendre, le comte lui dit d'une voix faible, qui contrastait avec l'immuable sérénité du regard :

— Dieu m'accorde une grande faveur aujourd'hui... Il me donne le temps de vivre encore assez pour penser à lui d'abord, et ensuite à ceux qui m'intéressent, et que je vais laisser sur une terre où ils ne trouveront pas le bonheur... Car tout ce que les hommes font en ce moment est fort triste... Convenez-en, Monsieur !

— Nous faisons notre devoir, dit le jeune militaire d'un ton ferme, mais très-respectueux. Nous aimerions bien mieux être sous les Alpes ou sur le Rhin... Mais...

— Oh! je sais cela, dit le comte, en pressant la main de son interlocuteur, vous ne m'apprenez rien de nouveau... Oh! jeune homme, si vous saviez de quel œil ironique on regarde les affaires de ce triste monde, quand on a un pied dans le sépulcre !... Vraiment, je crois que la vie ne nous est révélée qu'au moment où nous allons la quitter !... Écoutez-moi, Monsieur... et veuillez bien m'affirmer que la dernière prière que je fais sera exaucée...

— Je vous l'affirme, Monsieur, dit le jeune homme, en serrant la main du comte.

— Nous l'affirmons tous, dirent aussi les soldats de Sambre-et-Meuse, qui entouraient le comte expirant.

— Je vous remercie, mes amis, dit le comte en s'efforçant de soulever sa tête pour remercier du regard ceux qui lui parlaient, je vous remercie... Eh bien! voici... de l'autre côté de ce bois, le bois de Valbouis... il y a un petit village de ce nom... C'est là qu'on peut demander le chemin qui conduit au château du comte de Pressy... Je suis le comte de Pressy... ce nom d'aristocrate ne vous irrite pas trop, n'est-ce pas?

Les soldats secouèrent la tête et montrèrent au comte des visages empreints de compassion.

— Oh! je sais, poursuivit le comte, je sais que l'armée est toute remplie de nobles cœurs... même l'armée qui vient se battre ici... Celui qui se chargera du triste devoir qu'un mourant lui confie se présentera au château... qui m'appartenait... et annoncera à ma femme... que le lendemain...

Le comte se raidit dans un dernier effort pour saisir quelques minutes encore de vie; mais sa tête et sa main droite retombèrent lourdement sur le lit de gazon; ses yeux se rouvrirent et ne laissèrent voir qu'un émail livide. Le noble comte expirait au milieu d'un cercle d'amis.

Les soldats républicains, qui venaient d'être les témoins de la bravoure héroïque du comte de Pressy, jetèrent un manteau sur son corps, et décidèrent de l'ensevelir sur le lieu même où il était tombé avec tant de courage, et en lui rendant les honneurs militaires comme à un soldat de leur drapeau.

Le dernier vœu du comte de Pressy fut exaucé le lendemain même, dans le château où nous retrouverons la comtesse Marguerite en robe de deuil.

XXIX

DEUX FOIS VEUVE.

Le marquis d'Holbein avait joui d'une certaine réputation de galanterie, dans les premières années du règne de Louis XVI. En 93, c'était un homme de cinquante-cinq ans, d'une taille haute et d'un maintien majestueux, qualités physiques toujours humiliantes pour ceux qui en sont les voisins; son œil avait une douceur molle qui annonçait l'absence des idées; son teint, d'une fraîcheur enfantine, était l'emblème d'une âme qu'aucune sérieuse passion n'avait tourmentée autrefois. De très-bonne heure, le marquis d'Holbein, surnommé le beau d'Holbein par quelques douairières de province, avait contracté l'habitude de regarder le parquet ou le plafond, pour laisser toute liberté aux regards qui voulaient l'admirer dans le monde, et détailler les charmes de sa personne et l'élégance de ses habits.

A l'heure convenable des visites, M. d'Holbein, voisin du château de Pressy, ne manquait jamais de venir présenter ses hommages à la belle veuve, la comtesse Marguerite; il s'était persuadé de la meilleure foi du monde que sa présence et sa conversation étaient un soulagement apporté aux ennuis et aux douleurs de madame de Pressy, et il sacrifiait ainsi, par humanité de bon voisin, de longues heures qu'il aurait pu passer à la chasse ou à la promenade dans ses bois ou dans son parc.

Souvent madame de Pressy, qui ne soupçonnait point le dévouement de son noble voisin, et qui même commençait à trouver ses visites onéreuses, imaginait le premier prétexte venu pour se dispenser de descendre au salon. Quand le domestique, avec l'assurance de son métier, venait présenter au marquis les regrets et les excuses de madame la comtesse, le marquis regardait le plafond, demandait une plume et une feuille de papier, et écrivait une variation de ce billet délicat :

« Le marquis d'Holbein présente ses devoirs à madame la
« comtesse; il honore et respecte des douleurs légitimes qu'il
« serait si heureux d'adoucir, et viendra s'assurer demain si
« un jour de plus a fait couler une larme de moins. »

Ce billet ou son équivalent étant écrit, il le ployait en quatre avec une lenteur majestueuse, et le remettait au domestique, toujours en regardant le plafond.

Ce domestique avait reçu ordre de madame de Pressy de ne jamais rendre le billet à son adresse, et le marquis s'éloignait en formant des conjectures ingénieuses sur l'effet que ses adroites phrases devait produire dans le cœur d'une jeune veuve isolée au milieu d'un bois.

Une femme qui sait vivre a le courage aussi de braver quelques mortelles heures d'ennui, lorsqu'elle voit que sa tactique d'exclusion n'est pas comprise par certains hommes. Or, après deux jours de congé, la comtesse Marguerite se croyait obligée à recevoir encore le beau voisin, lequel cette fois voulait réparer deux jours perdus, en redoublant les accès de cette amabilité lourde qui est l'épouvantail et le fléau d'un salon.

Après une absence forcée de deux jours, le marquis d'Holbein ne manquait pas de se faire ce raisonnement, après avoir ouvert la petite grille de son parc, contiguë au parc de la comtesse : Madame de Pressy est dans le huitième mois de son veuvage; c'est beaucoup! Cette femme mène la conduite la plus régulière; elle ne reçoit personne depuis la mort de son mari, personne, excepté moi; c'est beaucoup! La chose est assez significative. Madame de Pressy lutte, cela se conçoit.

On devine même qu'elle prend quelquefois des résolutions fortes pour éviter un tête à tête avec moi; mais toutes ces belles résolutions s'évanouissent le troisième jour... C'est beaucoup! Au fait, cette aventure de campagne ne manque pas de charmes... Je suis avec madame de Pressy d'une discrétion parfaite, d'une réserve exquise dont elle me sait, sans doute, un gré infini, et quand le jour de l'épanchement viendra, j'entendrai sortir de sa belle bouche des paroles de reconnaissance qui me flatteront au plus haut point. Que d'art et d'habitude il faut à un homme dans une aventure aussi délicate! Cent autres, à ma place, auraient tout brusqué; je connais les hommes!... et moi, avec tant de chances de réussite, que fais-je? rien... absolument rien! J'attends; c'est beaucoup !

Il montait donc, ce jour-là, pompeusement les marches du perron, et s'arrêta au vestibule pour faire le semblant de regarder de vieilles cartes de géographie qui en tapissaient les murs. Personne ne paraissait.

— Point de domestique! dit-il, comme dans un monologue qui provoquait un dialogue, point de domestique pour annoncer le marquis d'Holbein?

L'écho du vestibule répondit avec des murmures sourds.

A droite, la porte du salon était toute large ouverte comme pour inviter l'indiscrétion même à entrer.

D'Holbein frappa un léger coup, agita les talons de ses souliers, respira fortement, hasarda un regard en allongeant la tête; et voyant le salon désert, il entra.

— Mais que sont devenus les domestiques de madame de Pressy? murmura-t-il à demi voix, pour dire quelque chose.

Il toucha les meubles, les livres, les tableaux, les fleurs, pour se donner une contenance devant lui-même, entre deux miroirs qui se renvoyaient à l'infini sa haute taille et son visage de vieux chérubin.

Après une heure d'attente, un bruit de pas se fit entendre dans le vestibule : le marquis d'Holbein donna un dernier regard aux derniers miroirs, et la comtesse de Pressy parut.

Certainement la jeune veuve n'avait aucune intention de coquetterie dans cette retraite d'isolement absolu, où elle ensevelissait tant de charmes, et pourtant, ô mystère du cœur féminin ! elle s'était habillée, pour sa satisfaction personnelle sans doute, avec une élégance qui, sans blesser les lois somptuaires du veuvage, aurait pu, aux yeux de la malveillance, faire soupçonner de profanes intentions.

Ses beaux cheveux noirs avaient emprunté leurs charmantes fantaisies de coiffure aux portraits de femmes de la cour de Louis XIII; l'échancrure de la robe noire de veuve montrait peut-être un peu trop de luxe dans la nudité des épaules, mais ce défaut ravissant de toilette trouvait une excuse très-acceptable dans l'ardente chaleur de la saison.

On aurait cru voir Julie de Vergennes entrant dans le salon d'Amphytrite de l'hôtel Rambouillet. Seulement, le salon de l'hôtel du château de Pressy ne possédait pas, à cette heure, le beau monde des siècles de Louis XIII, il était même beaucoup plus que désert, puisque l'ennui le remplissait dans la personne du marquis d'Holbein.

En voyant le marquis, madame de Pressy fit un de ces mouvements et de ces gestes qui sont compris par les humbles, mais que l'œil de la fatuité n'a jamais devinés.

Ce mouvement et ce geste signifiaient avec clarté :

— Ah! mon Dieu! voilà encore cet éternel marquis d'Holbein !

Le marquis s'inclina, et prenant la main de la comtesse, il l'effleura de ses lèvres respectueuses et arides.

— J'espère, Madame, dit-il avec pompe, que votre légère indisposition n'aura pas de suite...

— Je n'ai pas été indisposée, Monsieur, dit la comtesse, en désignant avec une nonchalance significative un fauteuil au visiteur, je ne suis pas descendue au salon ces jours-ci; j'avais des papiers de famille à mettre en ordre, et tout mon temps a été absorbé.

— On vous a remis, Madame, mon billet d'hier et d'avant-hier?

— Oui, Monsieur.

— Je les ai écrits à la hâte, là, sur votre... ils sont toujours l'expression de mes sentiments sincères... Vous savez, Madame, tout l'intérêt que je porte à...

— Marquis d'Holbein, interrompit la comtesse en arrachant une fleur d'un vase de Japon, comment se fait-il que, vous qui êtes encore jeune et vert, vous vous résigniez à garder votre château lorsque tous les gentilshommes sont en Vendée sous le drapeau royal?

D'Holbein ne s'attendait pas à cette brusque interpellation; il recula involontairement dans les profondeurs veloutées de son fauteuil, et murmura d'abord, entre ses lèvres rebelles, quelques syllabes qui ne purent jamais composer des mots; puis, à l'aide d'une prise de tabac dont les grains furent longtemps secoués sur un jabot de dentelles, il parvint à répondre ceci :

— Oui, Madame... oui... j'ai souvent... très-souvent pensé à cela... et je me suis dit... en effet, il y a un devoir sacré... il y a un devoir d'honneur à remplir là-bas... Mais si vous voulez, Madame, que je vous parle franchement...

— Oui, parlez franchement, dit la comtesse en respirant le parfum de la fleur, pour dérober un sourire ironique.

— Eh bien! Madame, répondit brusquement d'Holbein, sans trop savoir ce qu'il allait dire, j'ai fait là-dessus de graves réflexions... de très-graves réflexions... Entre nous, royalistes, nous pouvons nous dire tout bas qu'une malheureuse division a éclaté parmi quelques chefs vendéens; les paysans paraissent peu disposés à obéir à la noblesse; ils aiment mieux des chefs sortis de leurs rangs et de leurs campagnes... Voilà une sérieuse considération... A quoi bon, me suis-je dit, aller en Vendée pour être le témoin de toutes ces petites jalousies... qui, s'il plaît à Dieu, n'existeront bientôt plus?... car chacun finira par comprendre, chefs et soldats, que le bien de tous est dans l'union de tous... Quand cette heure de conciliation sera venue... oh! alors, Madame... je sais tout ce que j'ai à faire pour l'honneur de ma famille et de mon nom.

En prononçant ces derniers mots, d'Holbein se leva et prit une pose d'Ajax, en regardant le plafond.

— Ah! dit la comtesse avec une expression de ton et de regard dont le véritable caractère échappa au marquis, ah! monsieur d'Holbein ! voilà donc le motif qui prive la Vendée d'un brave défenseur?

D'Holbein regarda fixement la comtesse et crut trouver une idée profonde et lumineuse.

— Madame, dit-il avec émotion, je vous avais promis

de vous parler franchement, et j'ai voilé ma promesse...

— C'est bien, Monsieur, dit la comtesse en souriant, une autre fois je saurai quel nom donner à votre franchise...

— Permettez, Madame, poursuivit le marquis en s'inclinant d'un air très-humble, permettez, Madame... Au moment où j'allais parler avec la franchise dont vous êtes si digne, le courage m'a manqué au cœur...

— Rassusez-vous, rassurez-vous, monsieur d'Holbein...

— Madame, puisque votre bonté divine m'encourage, je serai tout à fait sincère... oui, Madame... oui, j'ai vu vos douleurs, vos ennuis, votre isolement... et je me suis dévoué au sacrifice même de mon honneur de royaliste, pour laisser auprès de vous une voix amie, une voix consolante, pour donner quelque animation à cette solitude que la guerre vous a faite; enfin, disons tout, pour mettre au service de votre isolement la société d'un homme qui a vu la cour et les salons, qui a été honoré de l'estime des femmes les plus distinguées, et qui, dans ce siècle où tout se perd, a conservé les traditions de bon goût et de vie élégante qui sont le charme de toutes les époques et de toutes les saisons.

Après cet aveu, M. d'Holbein déploya un madras et essuya les gouttes que distillait son front écarlate.

— Vraiment, monsieur d'Holbein, dit la comtesse en le saluant par un geste gracieusement arrondi, je ne m'attendais point à cette révélation. Voilà un sacrifice et un dévouement qui honorent votre galanterie et me touche, croyez-le bien.

— Ces paroles, dit le marquis ému, ces douces paroles sont déjà pour moi une récompense.

— Ainsi, monsieur d'Holbein, poursuivit la comtesse de Pressy, en supposant que les jalousies qui existent, dit-on, parmi les chefs vendéens, viennent à se dissiper, vous persisteriez encore dans ce dévouement que vous me témoignez si bien?

— Oui, Madame, dit d'Holbein en frappant son genou avec son poing.

— Vous n'iriez pas en Vendée?

— Non, Madame.

— Vous me continueriez ce sacrifice de votre honneur,

chaque jour, comme vous le faites depuis si longtemps?

— Jusqu'à ma mort, Madame ; faites-en l'épreuve, et vous verrez.

— Ainsi, Monsieur, je dois m'attendre à trouver en vous ma seule société de ce salon?

— La seule... Eh! Madame! où trouverais-je, moi, un salon plus charmant que celui où vous manifestez votre grâce et votre beauté?... Et vous, Madame, permettez-moi de le dire, où trouveriez-vous un cœur plus dévoué, plus aimant, surtout à cette terrible époque, où règnent partout l'égoïsme et la haine? En tous les temps un ami fut rare ; aujourd'hui, on ne le rencontre même plus.

— Au moins, dit la comtesse, me voilà maintenant fixée sur mon avenir.

— Oh! oui, fixée, Madame.

— Votre franchise m'a mise à mon aise, marquis d'Holbein.

— Depuis plus de deux mois, Madame, dit d'Holbein avec feu, oui, depuis plus de deux mois, j'ai cet aveu sur le bord de mes lèvres, et toujours un scrupule enfantin l'a retenu.

— Marquis d'Holbein, dit la comtesse en se levant, je ne comptais pas vous trouver ici ; on m'attend là-haut pour terminer le classement de quelques paperasses judiciaires, et je vous quitte en vous remerciant de votre franchise et de votre explication, dont je ferai mon profit.

Le marquis allait reprendre, en sortant, la main de la comtesse pour une nouvelle impression de lèvres, mais cette main fit une évolution rapide et salua le visiteur.

D'Holbein descendit triomphalement les marches du perron, et son pas était si léger, qu'il courbait à peine les hautes herbes dans les allées du parc.

Rentré chez lui, il ouvrit le premier volume de *la Nouvelle Héloïse*, et en empruntant la moitié d'une phrase à chaque lettre de Saint-Preux, il composa de tous ces éléments épars une longue et belle épître qu'il devait remettre le lendemain à la comtesse de Pressy.

— Ce coup sera décisif! dit d'Holbein en relisant sa lettre de Jean-Jacques Rousseau.

Avec quelle impatience il attendit l'heure fortunée qu'il avait demandée aux *puissances du ciel!* Enfin, elle sonna!

Les vertes arcades des arbres n'étaient pas assez hautes pour donner passage au marquis d'Holbein, lorsqu'il se dirigea vers le château de la comtesse, en redisant la phrase de l'*Héloïse*, qu'il avait rendue presque méconnaissable par une adroite substitution de mots : *Puissances des cieux, vous m'aviez donné une âme pour l'infortune, donnez-m'en une pour le bonheur !*

Il monta les marches du perron avec plus de solennité que de coutume, et fut légèrement surpris en trouvant la porte fermée.

— Je comprends cette précaution, dit-il après avoir réfléchi.

Il sonna une fois, puis deux fois... La cloche réveillait tous les échos du vestibule, et aucun autre bruit intérieur ne se faisait entendre.

La porte du verger s'ouvrit, et un jardinier parut.

D'Holbein regarda fièrement cet homme, et sans daigner ouvrir la bouche, il lui montra la porte et la chaîne de la sonnette, toute convulsive encore des violentes pressions de sa main.

Le jardinier fit un signe de tête que le marquis ne voulut pas comprendre.

— Madame la comtesse est-elle sortie ? demanda d'Holbein.

— Non, Monsieur, répondit le jardinier.

— Et pourquoi n'ouvre-t-on pas ?

— C'est que madame la comtesse est partie ce matin, Monsieur ?

— Partie pour ?...

— Pour Paris, en chaise de poste.

— C'est impossible !

— Eh bien ! Monsieur, dit le jardinier, si c'est impossible, attendez-la sur ce perron ; elle reviendra l'été prochain.

Et le jardinier salua et disparut.

Le marquis d'Holbein examina la façade du château ; toutes les fenêtres étaient fermées. Il descendit le perron, passa devant les écuries, devant le pressoir, devant la laiterie, devant le chenil ; tout était clos, silencieux, abandonné. Il résolut d'attendre la nuit sous les premiers arbres, devant le château. Personne ne parut... Impossible de douter du départ. Le marquis tenait toujours à la main sa lettre, et la frappant du bout de ses doigts, il dit :

— Je comprends! cette femme s'est vue perdue, et elle a fui!... mais elle reviendra!

Il serra précieusement la lettre dans un vaste portefeuille, et ouvrit la grille de son parc, toujours très-enchanté de lui-même, mais un peu contrarié pourtant de se voir si redouté par la comtesse de Pressy.

XXX

LA VEUVE ET LE VOLCAN.

On jouait au théâtre de la République *la Veuve de Malabar*, tragédie, et *le Volcan*, fantaisie de Sylvain-Maréchal. Il y avait foule au parterre et aux loges. Les uns étaient venus pour assister à l'innocente exhibition d'une femme qui se brûle en alexandrins sur le bûcher de son mari; les autres pour applaudir un volcan qui brûle toutes les couronnes royales dans une île déserte.

Entre les deux pièces, un homme de haute stature se pencha sur le bord de sa loge, et regarda quelque temps avec une singulière curiosité deux femmes qui semblaient vouloir assister incognito à la représentation.

Ce spectateur rentra ensuite dans le cadre de sa loge et s'assit, en donnant des marques d'une émotion qui n'échappa point à son jeune voisin.

Il est inutile de nommer et de dépeindre les deux personnages, qu'on va reconnaître bientôt.

— Mon cher oncle, dit le jeune homme avec un ton railleur, toutes les fois que vous regardez une femme de cette façon-là, je m'attends à être enlevé le lendemain par des esprits invisibles, et transporté dans quelque maison de garde-chasse, au milieu d'un bois.

— Je crois que je me suis trompé, dit l'autre, du ton d'un homme qui croit avoir bien vu.

— Eh bien! moi, mon oncle, je suis plus heureux que vous, je ne me suis pas trompé. C'est elle.

— Qui? demanda l'oncle, de l'air d'un faux ignorant.

— Qui?... je vais vous le dire. La femme qui vous a fait destituer par le comité de salut public, et qui vous a mis à deux doigts du tombeau, avec un coup d'épée du comte de Pressy.

— C'est une femme qui m'a fait destituer? interrompit l'oncle, d'un air faussement étonné.

— Je ne dis pas que son crédit vous ait fait perdre votre haute position à Versailles; mais les dénonciations de vos ennemis ont révélé toutes vos équipées amoureuses à Robespierre, et il vous a destitué, quoique votre ami. Au reste, il a eu raison. Au temps où nous sommes, il est impossible de cumuler les fonctions de grave magistrat et de coureur d'aventures.

— Eh bien! mon cher Adrien, dit l'oncle en souriant, si cela est ainsi, ma destitution me rend ma liberté. Je n'ai plus de compte à rendre à personne.

— Excepté à moi, mon cher oncle.

— A toi? Tu crois donc que je veux être toute ma vie sous la tutelle de mon neveu?

— Quant à moi, mon bon oncle, je suis décidé à ne pas changer de rôle.

— Tu seras donc toujours mon tuteur?

— Toujours. Je vous l'ai dit cent fois; je tiens auprès de vous la place de votre frère; ce n'est pas votre honneur que je garde, c'est l'honneur de mon père, c'est le mien.

— Mais quelle rage as-tu, Adrien, de vouloir trancher du Caton à ton âge?

— D'abord, mon oncle, je ne sais pas l'âge que Caton avait lorsqu'il commença son métier de censeur; ensuite, je crois que les jeunes hommes de notre temps doivent êtres sages, lorsque les hommes jeunes ne le sont plus.

— Adrien, je ne te conduirai plus au théâtre.

— Et moi, je vous y conduirai toujours.

— Taisons-nous, Adrien ; on va jouer la pièce de Sylvain-Maréchal.

Au même moment, dans une autre loge, deux femmes s'entretenaient aussi dans l'entr'acte, et paraissaient fort émues. La plus jeune et la plus belle des deux disait :

— Angélique, lorsque mes yeux n'avaient pas été affaiblis par tant de larmes versées, je reconnaissais au théâtre une figure dans le plus grand éloignement... Vous, Angélique, qui avez moins pleuré que moi, reconnaissez-vous cet homme qui nous regarde dans la loge vis-à-vis?

— Il me semble, madame la comtesse.

— Oh! perdez cette habitude en public, interrompit la jeune femme avec vivacité ; plus de comtesse, je vous prie.

— Il me semble, Madame, dit Angélique, en fixant le point désigné, il me semble, en effet, que je reconnais cet homme... et je crois le connaître plutôt à ses mouvements, à son allure, à sa taille, qu'à son visage, que je ne distingue pas très-bien... car le théâtre est fort obscur.

— Et quel nom donneriez-vous à cet homme, Angélique?

— C'est, je crois... oh! mon Dieu! je voudrais bien me tromper!... c'est, je crois, le citoyen Claude Mouriez.

— Angélique... au frisson que j'ai éprouvé, je n'en doute pas ; c'est lui... et je crois même reconnaître à sa tournure le jeune homme, son voisin.

— Madame, dit Angélique, on s'expose à ces rencontres lorsqu'on vient dans des lieux publics.

— Eh! mon Dieu! dit la comtesse avec un profond soupir, sais-je comment je dois vivre! Sais-je quel but je dois donner à ma triste existence? Je voulais m'ensevelir pour toujours dans mon château, et j'ai compris que cette solitude n'était pas bonne. Cet ennuyeux marquis d'Holbein, qui m'a chassée de chez moi, n'était, au reste, que le précurseur d'une foule d'autres d'Holbein qui seraient venus après lui. Les hommes ont la manie de s'acharner contre les femmes isolées, toujours sous le prétexte de leur donner leurs conseils et leur protection, et chacun d'eux aspire à être le seul conseiller et le seul protecteur. L'expérience du veuvage m'a depuis longtemps appris cela.

— C'est bien vrai, Madame, remarqua Angélique.

— Ainsi, poursuivit la comtesse, ma position à la campagne n'était pas tenable. Il fallait donc me réfugier à Paris. Cet immense Paris me semble plus désert qu'un château dans les bois. Il y a des moments surtout, comme celui-ci, où on ne peut habiter que Paris, parce qu'il est inhabitable. Au moins, on voit passer l'histoire sous ses fenêtres, et on n'est pas abusé chaque jour, comme en province, par les commérages des clubs villageois. A Paris, on mène une vie horrible, c'est vrai; mais, au moins, on sait avec exactitude comment on vit. On ne s'abuse pas, et on feuillette, jour par jour, la révolution comme on lit un livre, page par page, avec cette différence que l'histoire que nous lisons nous trompe, et que l'histoire que nous voyons ne nous trompe pas.

— Oh! Madame, dit Angélique, je suis tout à fait de votre avis.

— Maintenant, ma bonne Angélique, il y a une fatalité qui déjoue tous les plans humains, et les miens surtout... Au moment où je m'applaudis d'une détermination, cette fatalité m'envoie ici, à ce théâtre, où je viens prendre une leçon de veuvage, l'homme formidable qui me ferait fuir aux extrémités du monde... Car, ma bonne Angélique, si cet homme qui vient de se pencher sur le bord de cette loge est bien réellement Claude Mouriez, je ne serai pas à Paris demain.

— Vous m'aviez dit, Madame, que vous ne vouliez pas voir la dernière pièce...

— Dieu m'en garde, ma bonne Angélique! Je suis venue au théâtre, tu le sais, pour voir ce que pouvait dire et faire une veuve, dans une tragédie, puisqu'on dit que le théâtre donne d'utiles et morales leçons; mais je n'ai rien appris à cette école ce soir.

— Il fallait vous y attendre, Madame.

— Je m'attends toujours à être trompée, mais, ce soir, mon attente est plus que satisfaite... Quant à la pièce de M. Sylvain-Maréchal, je suis charmée de savoir que je ne la verrai pas.

— Alors, nous allons sortir, Madame.

— Oui, Angélique, mais partir avec prudence, sans aucune précipitation... Laissez même votre mantelet sur le bord de la loge...

— Il sera perdu...

— Certainement, mais en perdant cette bagatelle, nous gagnons quelque chose. Si c'est bien le citoyen Claude Mouriez qui est là, vis-à-vis, il sera trompé par le mantelet; car je le connais, il est homme à nous suivre, s'il croit que nous partons.

Claude Mouriez n'était pas aussi homme à croire à la ruse du mantelet d'Angélique : tout en causant avec son neveu Adrien, il suivait d'un œil expert tous les mouvements de madame de Pressy, et, lorsqu'il la vit se lever, il dit nonchalamment à son neveu :

— Eh bien! mon ami, tu finiras par faire un excellent neveu de ton oncle; décidément, je veux suivre tes conseils... mais comme notre conversation m'a beaucoup ému, je vais un instant respirer l'air du soir, jusqu'à la fin de l'entr'acte. Attends-moi ici.

Le neveu commit en ce moment la faute qu'un oncle commet en pareil cas : il fut dupe d'une protestation, et serra la main de Claude Mouriez.

Celui-ci ouvrit avec lenteur la porte de sa loge, de l'air d'un homme qui n'est nullement pressé de sortir, et quand il se trouva dans le corridor, il allongea le pas vers l'escalier, mais en se faisant éclipser par toutes les personnes qui allaient et venaient, montaient et descendaient.

Malgré la simplicité républicaine de son costume, la comtesse ne pouvait pas dénaturer la grâce de sa taille et le charme élégant de sa tournure; Claude Mouriez la distingua au milieu du monde qui descendait l'escalier avec elle. De temps en temps Angélique tournait la tête comme une sentinelle qui obéit à une consigne, mais Claude se dérobait tout de suite à ce regard inquisiteur, et la comtesse, toujours rassurée par Angélique, se persuada facilement qu'aucune poursuite dangereuse ne s'acharnait sur ses pas.

A cette époque, les rues de Paris étaient fort sombres, et de rares réverbères les rendaient plus noires encore : aussi des femmes sans escorte n'osaient s'y aventurer après neuf heures du soir, même dans la belle saison. Neuf heures sonnaient lorsque la comtesse et Angélique entrèrent dans la rue Sainte-Anne, où était leur modeste demeure. Quelques boutiques encore à demi ouvertes laissaient échapper de pâles rayons de lampes qui venaient en aide aux réverbères, et trahissaient les passants égarés si tard au milieu de ces ténébreuses lueurs.

Angélique, fidèle toujours à sa consigne, tournait la tête presque à chaque pas, mais ce coup d'œil rapide qu'elle lançait en arrière ne lui montrait que des formes vagues et vaporeuses qu'il était impossible de distinguer.

Parmi ces formes qui se glissaient dans la rue Sainte-Anne et côtoyaient les maisons, Claude Mouriez ne fut pas reconnu; mais lui ne perdit jamais de vue les deux femmes, dont les robes blanches auraient été délatrices, même dans la plus obscure des nuits.

Les deux femmes s'arrêtèrent devant le n° 42; on entendit un coup de marteau; la porte s'ouvrit, se referma presque au même instant.

Claude examina la maison avec un soin minutieux, pour la reconnaître le lendemain, car les ténèbres ne permettaient pas de voir le numéro.

Cela fait, il courut au théâtre, pour rejoindre son neveu Adrien.

Le Volcan de Sylvain-Maréchal était commencé; Adrien regarda sévèrement son oncle, et lui dit sèchement :

— Il me semble que vous avez un peu trop longtemps respiré la fraîcheur du soir.

— J'ai rencontré Barrère sous le péristyle, dit Mouriez en s'asseyant avec nonchalance, et nous avons causé sur la séance d'aujourd'hui de la Convention.

Adrien secoua la tête de cet air qui veut dire :

— Cette excuse m'a bien l'air d'une fable.

Le parterre cria silence! à la loge, et Claude Mouriez aurait volontiers remercié le parterre de cette brusque sommation.

L'oncle et le neveu regardèrent jouer *le Volcan* avec cet intérêt qu'on accorde à toutes les pièces célèbres qu'on ne connaît pas. Sylvain-Maréchal a composé cette œuvre, inconnue aujourd'hui, sur une donnée assez curieuse. Élève de Voltaire, il a emprunté à *Candide* l'histoire de tous ces rois exilés qui viennent passer le carnaval à Venise : seulement, Sylvain-Maréchal va plus loin; il réunit tous les rois dans une île, ornée d'un volcan, et, à la dernière scène, le volcan éclate et dévore tous les rois. L'auteur du *Volcan* avait beaucoup d'esprit, et maniait bien le vers alexandrin; mais cette œuvre incendiaire est d'une mortelle froideur et n'ajoute rien à sa réputation, malgré le succès que le cratère enflammé obtint au dénouement.

Quand le rideau tomba, Claude Mouriez frappa le bord de sa loge avec son poing, et dit en se levant :

— Voilà une pièce qui me remet au cœur tout ce que j'avais autrefois! Adrien, je rougis vraiment de mon inaction, et je veux redevenir quelque chose!

— Mon oncle, dit Adrien, vous n'êtes pas né pour la politique; vous l'avez reconnu vous-même dans vos bons moments. Vous auriez été un excellent républicain sous les fausses républiques aristocratiques de Rome et de Venise; mais dans la nôtre, croyez-moi, vous montrerez toujours le côté peu moral et trop sensuel de votre caractère. Le sage Caton, que vous citiez tout à l'heure, avait cent esclaves des deux sexes, et il les menait fort durement, disent les historiens; ce qui n'empêchait pas Caton d'être un excellent républicain.

— Vraiment, mon cher neveu, dit Mouriez en donnant le bras à Adrien, en sortant du théâtre, tu me crois donc un homme bien efféminé?

— Je vous crois ce que vous êtes, mon cher oncle...

— Tu me crois un homme sans énergie, sans courage, sans audace?...

— Non, oh! non; vous êtes, au contraire, énergique, audacieux et brave, mais on ne fait pas un républicain avec ces trois qualités; on fait un bon général de cavalerie. Un républicain doit être sobre, continent, modeste, pauvre, chaste; il doit donner l'exemple de toutes les vertus civiques; c'est au soldat ensuite à donner l'exemple de toutes les vertus militaires. Vous habitez une ville, et vous ne bivaquez pas dans un camp.

— Eh bien! mon cher Adrien, je ferai mon profit de toutes ces distinctions ingénieuses que tu as apprises en rhétorique; je serai sobre comme Curtius Dentatus, et continent comme Scipion...

— Mon oncle, vous serez toujours Claude Mouriez; avec ces deux noms de désinence si bourgeoise, vous ne serez jamais Grec ou Romain.

— Nous verrons plus tard ce que je serai, dit Claude; ceci est mon affaire.

— Mais c'est la mienne aussi! vous oubliez toujours cela, mon oncle!

— Soit, c'est la tienne, puisque tu t'obstines à t'incarner dans ton oncle. Eh bien! mon cher neveu, demain je vais rendre une visite à Robespierre, lui annoncer que j'ai dépouillé le vieil homme, et lui demander une place dans l'administration.

— En province, mon oncle?

— Oh! cette fois, non, à Paris.

— Mon oncle, dit Adrien avec un regard sévère, voilà une détermination qui m'annonce de nouvelles équipées...

— Tu es un enfant, Adrien... Allons! voyons, explique-toi.

— Non, je ne m'expliquerai pas... mais je suis sûr que vous avez découvert la retraite où se cache la comtesse Marguerite, et voilà ce qui réveille votre ambition.

— Adrien, mon ami, dit Mouriez avec un grand embarras, n'accuse pas, attends.

— A la bonne heure! mon oncle; mais je n'attendrai pas longtemps; vous verrez.

Ils étaient arrivés sur le seuil de leur maison, rue de l'Échelle : la gouvernante de Claude Mouriez parut, une lampe à la main, avec une mine refrognée et dit d'une voix sèche :

— Ce n'est pas à pareille heure que se retirent les honnêtes gens. Vous auriez bien pu passer la nuit où vous étiez.

Le terrible Claude Mouriez inclina la tête et se retira comme un enfant coupable dans son appartement.

Le lendemain, Claude Mouriez se leva de très-bonne heure, et se posa en sentinelle sur la terrasse des Feuillants, aux Tuileries, pour y attendre Robespierre à son passage, lorsqu'il se rendrait à la Convention.

C'était dans les premiers jours du mois de mai 1794. La journée avait un éclat délicieux, les lilas embaumaient l'air, les arbres s'épanouissaient avec cette verdure vigoureuse qui se fane si vite dans les ardeurs de l'été.

Robespierre, assis devant un guéridon, avec le jeune Duperray, l'ami et l'ennemi de tous les Jacobins, déjeunait, avec une frugalité spartiate, sous un hangar du jardin, décoré du nom de café [*].

---

[*] M. Duperray, qui fut l'intime ami de M. le duc de Choiseul, et qui est mort il y a quelques années, a traversé toutes les phases de la révolution en disant des vérités dures à tout le monde, et sans se faire

Claude Mouriez, du haut de la terrasse, aperçut enfin Robespierre, et descendit pour le joindre.

En ce moment Robespierre paraissait écouter attentivement son jeune interlocuteur; il leva la tête en voyant s'approcher un homme de stature colossale, et, reconnaissant Claude Mouriez, il le salua d'un geste froid, et lui fit signe de s'asseoir, puis il dit :

— Duperray, continue, le citoyen Claude est un des nôtres.

— Alors ce n'est pas un des miens, dit Duperray, avec un sourire charmant qui corrigeait toujours chez lui la brusquerie d'une épigramme. Au reste, cela m'est bien égal... Je te disais donc, Robespierre, qu'il n'y a qu'un seul sceptre pour gouverner la France; c'est le *sabre modifié par la croix* [*]. Tout autre instrument de pouvoir sera brisé dans ce pays. La France, crois-le bien, est un pays catholique et soldat; il n'aime que les revues et les processions; en ce moment tous ceux qui n'aiment pas ta liberté se battent sur quatorze champs de bataille; et c'est fort heureux pour toi, car s'ils étaient en France, au lieu d'être partout, ton comité de salut public ne tiendrait pas vingt-quatre heures, et tu ne serais plus Robespierre demain.

Robespierre tira sa montre d'argent, et regarda l'heure.

— Duperray, dit-il, tu refuses donc de déjeuner avec moi?

— Que veux-tu que je déjeune avec deux œufs frais qui ne le sont pas! Je vais déjeuner, moi, au restaurant de *la Pomme de pin*, avec des plats plus substantiels!

— Et toi, Claude ? dit Robespierre.

— J'ai déjà déjeuné deux fois, répondit Mouriez.

un ennemi. Nous l'avons particulièrement connu aux déjeuners du Louvre, où il nous racontait ses Mémoires qu'il n'a jamais écrits malheureusement.

M. Duperray, à quatre-vingts ans, était encore plein de feu, d'esprit et de verve; en 1837, 38, 39 et 40, il se rendait tous les jours à dix heures chez M. Guizot, pour lui donner des conseils. A onze heures, il venait déjeuner au Louvre, où l'excellent duc de Choiseul, le dernier des grands seigneurs, donnait des matinées charmantes.

[*] Depuis 1794 jusqu'en 1810, M. Duperray n'a jamais varié dans cette opinion, ainsi formulée; il l'a redite cent fois à Robespierre et à Danton, comme à M. Guizot et à M. Thiers. Nous en appelons au témoignage de ses contemporains, qui vivent.

— Duperray, dit Robespierre, tu n'as pas d'autre conseil à me donner aujourd'hui ?

— Non, pour le moment.

— Eh bien ! je vais t'annoncer une nouvelle qui te fera plaisir.

— J'en doute, Robespierre.

— Écoute. Le 22 prairial prochain, je donne une fête magnifique, où je fais reconnaître l'*Être suprême* et l'immortalité de l'âme.

— Là, sérieusement, Robespierre, dit Duperray, crois-tu qu'un pouvoir ait quelque avenir lorsqu'il s'amuse gravement avec de pareilles folies? Robespierre, je vais te dire ton défaut, et ton seul défaut : tu es fou. Voilà ce que la France ne sait pas.

Claude Mouriez bondit sur sa chaise et regarda Duperray avec cet air de compassion qu'on accorde à l'homme qui va être pendu.

Robespierre sourit du bout des lèvres, et se tournant vers Mouriez :

— Cela t'étonne, n'est-ce pas, Claude? Eh bien! tous les matins Duperray vient me répéter ici la même chose, et je le laisse dire ; et les aristocrates prétendent que je suis un tyran !

— Mais tous les tyrans étaient fous ! dit Duperray rouge de colère, depuis Caligula, qui nommait son cheval consul, jusqu'à toi qui fais à Dieu l'honneur de le reconnaître. Le monde s'imagine qu'il n'y a de fous que ceux qui déraisonnent aux Petites-Maisons. Montesquieu a dit : On enferme dans des cages d'hospice quelques fous, pour faire croire que tous les autres du dehors ne le sont pas. *Il y a mille espèces de folies, étalées à l'air libre*, a écrit Érasme. Eh bien! Robespierre, choisis, et classe-toi. Quant à moi, je n'ai pas le temps de te classer. J'aperçois Barrère, fou d'un autre genre, et j'ai encore deux mots à dire à celui-ci... Adieu [*] !

Et Duperray courut vers Barrère pour lui dire ce qu'il avait sur le cœur.

Claude Mouriez ferma le poing sur le guéridon, et suivant de l'œil Duperray, il dit :

— Vraiment, Robespierre, je ne comprends pas ta patience.

---

[*] Historique, quoique inédit.

Veux-tu que j'aille donner pour mon compte une bonne leçon à cet aristocrate insolent?

— C'est inutile, dit Robespierre; il est fou. Je suis habitué aux incartades de Duperray. Voyons! toi, Claude, tu as quelque chose à me dire, n'est-ce pas?

— Non, Robespierre; j'ai quelque chose à te demander.

— Je comprends... mais levons-nous, il est tard, et j'aperçois autour de nous un peu trop de curieux... Tu t'ennuies de ne rien faire, Claude, n'est-ce pas?

— Tu l'as deviné, Robespierre; je me sens jeune, vigoureux, ardent, et je suis un être inutile à la république.

— Et quelle est ton ambition, Claude?

— Mon ambition est modeste; je veux une place. J'ai rendu de grands services; j'ai exposé ma vie cent fois pour la république; j'ai réprimé des émeutes, déjoué des complots, organisé l'administration dans des villes importantes, et, pour récompense, on m'a destitué.

— Claude, dit Robespierre avec un visage pétrifié, tu as rendu des services, c'est incontestable; mais ta destitution a été juste. Veux-tu que je te rappelle toutes tes scandaleuses aventures de Versailles?

— Bah! des vétilles!

— Non, Claude, dit Robespierre d'un ton doux, ce seraient peut-être des vétilles pour un homme obscur, mais ce sont d'énormes fautes, quand elles sont commises dans les sphères élevées.

— Vraiment, Robespierre, tu parles sérieusement, toi à moi?

— Très-sérieusement, Claude.

— Et toi, voyons! qui es placé dans les sphères élevées, tu n'as pas quelque petite aventure galante à te reprocher?

— Aucune! dit Robespierre en élargissant sa main droite sur les deux battants de son vaste gilet.

— Eh bien! alors, Robespierre, c'est que tu es froid et glacé comme ce marbre de Couston.

— Je sais vaincre mes passions.

— Robespierre, dit Claude avec un commencement d'animation et en haussant les épaules, tu te moques de moi! tu me prends pour un député de la Plaine!

— Claude, dit Robespierre sans s'émouvoir, je suis trop grave pour me moquer de quelqu'un ; je respecte toujours l'homme.

— Moins la tête, remarqua durement Claude.

Cette terrible réflexion, tirée à brûle-pourpoint, ne fit pas sourciller Robespierre ; il prit Claude par le bras et lui dit :

— Mon ami Claude, j'ai de grands devoirs à remplir.

— Ils disent tous cela ! murmura Mouriez comme dans un aparté. Enfin tranchons le mot, Robespierre ; tu ne veux pas me donner la moindre place, pas même une place de juge dans le tribunal que la Convention vient d'instituer ?

— Une place de juge ! dit Robespierre, avec un sourire qui ne remontait jamais aux yeux, une place de juge, à toi ! à toi Claude !

— Eh bien ! oui, à moi Claude ! Voyons, est-ce que je ne jugerais pas comme un autre, comme le premier venu ? Puisque la loi accorde neuf jurés, et trois juges à chaque section de ce tribunal révolutionnaire, en supposant même qu'il y eût un juge médiocre, moi, par exemple, il resterait encore deux bons juges et neuf jurés infaillibles, comme tous les jurés.

— Claude Mouriez juge ! dit Robespierre, comme s'il n'eût pas entendu ces dernières paroles ; mais je te connais, Claude, et depuis longtemps ! La première femme qui viendrait te demander...

— Oh ! cette plaisanterie est trop longue ! dit Claude avec des yeux enflammés de colère ; Robespierre, ne jouons pas l'hypocrisie entre nous. Si tu me pousses à bout, je te dirai ce que tu n'attends pas.

— J'attends tout, dit froidement Robespierre, tu peux parler.

— Crois-tu donc, Robespierre, qu'on ignore dans Paris tes saturnales domestiques ?

— Ah ! j'ignorais complètement ces saturnales !

— Veux-tu entrer avec moi, là, dans la première boutique de la rue Honoré ? nous causerons avec le premier venu, et tu entendras tout ce qu'on dit de tes amours clandestines avec deux sœurs...

— Ah ! j'accepte, dit Robespierre en souriant, j'accepte la proposition ; viens...

— Réflexion faite, ce sera peine perdue ; ton nom inspire trop de terreur ; nous ne trouverions que des muets.

— Tu vois bien que tu renonces à trouver un seul écho d'une calomnie qui n'existe même pas...

— Oui, mais je donne une raison excellente qui existe. Demain, tombe du pouvoir, et tu verras si chaque coin de rue n'est pas un écho de cette vérité.

— Claude, dit Robespierre en se séparant d'un pas de son interlocuteur, tu es mon plus ancien ami, et je puis supporter quelques-uns de tes caprices... Adieu!... je vais à la Convention... mais une autre fois... modère ta parole et soigne mieux tes expressions...

— Ainsi, rien n'est fait, rien ne se fera, demanda Claude d'une voix étouffée par la rage.

— Rien ne peut se faire, mon ami.

— Il faut donc, Robespierre, que ton ancien ami, pour gagner sa vie, aille fabriquer de faux assignats ?

— Tu sais qu'il y a peine de mort ?

— Parbleu! il y a peine de mort pour tout! il vaut encore mieux battre la fausse monnaie de chiffons, que de porter un œillet blanc à la boutonnière : il y a toujours le bourreau pour ces deux délits.

— Claude, veux-tu que je te donne un bon conseil ?

— Que tu es généreux! Allons! donne.

— Passe aux armées; c'est une carrière superbe qui peut te mener loin, et...

— Et qui te débarrasse de moi, interrompit Claude; merci de tes armées! on y meurt de soif et de faim. Je veux rester à Paris.

— Soit... Reste, et prends un état.

— Eh bien! oui, dit Claude en éclatant, je prendrai un état! Je vais me faire orateur de clubs; j'ai des poumons comme des soufflets de forge, et on m'entendra; j'ai des poings métalliques, durs comme des marteaux, et on me craindra. Il n'y a pas un orateur de ma force dans toute la Convention. Robespierre, je veux te démolir, moi, et battre ton nom avec mes deux poings sur l'enclume des Jacobins. Sans adieu, mon ami!

Claude s'éloigna écumant de rage, et Robespierre, toujours le plus calme des hommes agités, monta pompeusement l'escalier de la Convention, après avoir donné à Claude un regard où ne se révélait ni colère, ni mépris, ni pitié.

L'ex-proconsul de Versailles, qui tremblait devant son neveu ou sa gouvernante, venait de livrer un assaut terrible à l'homme le plus redouté du moment, et bien loin de regretter cet acte d'audace, il se promenait avec une agitation convulsive dans le jardin des Tuileries, entassant les uns sur les autres les projets les plus extrêmes. Ceux qui passaient à côté de lui éprouvaient une sorte de terreur en voyant cet homme gigantesque, dont la figure exprimait toutes les pensées violentes, et toutes les formidables passions.

Tout à coup, il fut saisi d'une idée qu'il approuva au même instant.

— Oui, se dit-il, allons à la Convention ! Qui sait ? Robespierre prendra la parole (il la prend toujours), et je profiterai de l'occasion pour lui lancer du haut des tribunes quelque bonne insulte, comme un pavé. Ce sera comme un commencement de vengeance; et malheur à ceux qui lèveront la main sur moi : je les étends à mes pieds, comme on étend des bœufs à l'abattoir ! Oui, allons !

Il y avait foule à la Convention, selon l'usage ; mais Claude ne craignait pas la foule ; il savait, à l'aide de ses coudes d'airain, la sillonner, comme un soc de charrue coupe le terrain le plus dur. Avant l'entrée de Claude, il n'y avait pas une place pour un enfant, après il y en eut pour un homme.

Le nouvel auditeur croisa fièrement ses bras sur sa poitrine, et promena ses regards de la Montagne à la Plaine, et de la Plaine au Vallon.

En ce moment on discutait une loi qui intéressa tout à coup Claude Mouriez par des motifs qui seront trouvés fort naturels.

Cette discussion inattendue bouleversa toutes les idées que Claude avait apportées aux tribunes de la Convention. Il s'agissait d'exiler *les ex-nobles et même les roturières mariées à des nobles et devenues veuves, de Paris, des places fortes et des places maritimes.*

Quelques orateurs montèrent à la tribune, non pas pour combattre le projet de loi, mais pour le soutenir ou le modifier insensiblement dans quelques-unes de ses dispositions.

Comme on doit s'y attendre, Claude Mouriez ne vit dans la promulgation de cette loi que l'exil de madame de Pressy, et ses yeux dévoraient les orateurs qui soutenaient le projet de loi. Un bien faible espoir lui restait encore; mais il ne tarda pas à s'évanouir. La loi fut adoptée à une majorité immense.

Claude secoua la tribune sous la pression de son pied et s'écria :

— Voilà une loi révoltante d'absurdité !

Tous les spectateurs qui meublaient cette partie de la tribune poussèrent, en chœur sinistre, des murmures sourds, et crièrent : *A bas l'aristocrate !* Claude les regarda du haut de sa taille, et dit :

— Le premier qui répète ce cri, je le lui fais rentrer dans la gorge avec ce poing !

Il montrait le poing de Milon de Crotone.

Tous les yeux admirèrent la taille de Claude Mouriez, et personne n'osa répéter le cri.

Mouriez leur dit :

— Alors, citoyens, laissez-moi passer, il faut que j'aille faire une visite à une citoyenne ex-noble, qui est forcée par cette absurde loi à quitter Paris demain. Cependant comme vous avez été sages, citoyens, je suis bien aise de vous dire que Claude Mouriez n'est pas un aristocrate.

A ce nom connu, la foule s'écarta respectueusement, et Claude sortit de la salle de la Convention.

XXXI

LOI D'EXIL.

La plus grande vérité écrite est celle-ci : *L'homme s'agite et Dieu le mène ;* ce qui n'empêchera jamais l'homme de s'agiter.

Il y a dans certaines existprviences ilégiées une mystérieuse coïncidence d'événements, enchaînés l'un à l'autre avec tant de soin qu'ils semblent avoir été préparés par un arrangeur spécial, après de longues méditations. Certaines gens attribuent au hasard ces péripéties domestiques de l'humanité.

Depuis sa première ligne, cette histoire est entrée dans un sillon où se déroule ce fil conducteur et fatal qui entraîne tant d'existences fiévreuses à des destins non soupçonnés.

Le hasard est la divinité qu'on rencontre lorsqu'on baisse les yeux pour regarder la terre ; pour mieux rencontrer, on doit regarder beaucoup plus haut.

Ces réflexions faites, passons.

Adrien, à peine levé, entra dans l'appartement de son oncle et ne le trouva pas.

— Bon ! se dit-il, déjà sorti ! Voilà les incartades qui recommencent ! Quel enfant ! et il voudrait occuper un poste éminent dans la république ! Heureusement, il est connu !...

Le jeune homme appuya son front sur sa main et continua ainsi son monologue :

— Si je ne le calomnie pas en ce moment, où peut-il être à cette heure-ci ! Au Palais-National... ou au café militaire... ou... ma foi ! il court dans Paris selon son usage ; il rôde çà et là pour recueillir des nouvelles, comme font tous les fonctionnaires destitués.

Cependant l'oncle ne rentrait pas, et l'heure avançait. Adrien qui, décidément, en vertu des lois d'une révolution, avait bouleversé, lui aussi, les usages de famille et s'était constitué le tuteur de son oncle, se mit en devoir de le chercher dans Paris, chose, au premier abord, qui paraît aussi difficile que l'entreprise de Télémaque cherchant son père à travers les archipels.

Ce jour-là, la beauté du temps conseillait à tous les Parisiens une promenade aux Tuileries. Adrien sortit de l'étroite et sombre rue de l'Échelle, et à l'extrémité, il aperçut une délicieuse perspective de verdure printanière qui l'attira vers le jardin ex-royal.

Il chercha son oncle dans tous les clubs en plein air, où de bons bourgeois, la canne à la main, critiquaient, avec des arabesques sur le sable, les plans que Hoche avait suivis dans les Vosges, les opérations de Jourdan à Charleroi, les marches de Kléber sur la Sambre et les hésitations mystérieuses de Marceau. En ce moment, tout le sable des Tuileries qui avoisine les quatre grands fleuves était changé en cartes géographiques par des tacticiens, qui donnaient de loin des leçons à tous nos généraux républicains. Les curieux étaient innombrables, et les yeux suivaient sur le sable les pointes des cannes à bec de corbin, qui traçaient les sept marches de l'armée française commandée par les généraux Charbonnier et Desjardins contre le prince de Paunitz et le duc d'York. Il est inutile de dire que les tacticiens de la Petite-Provence battaient, sur l'heure même, à la pointe de leurs cannes, les généraux ennemis, et les poursuivaient jusqu'à Vienne ou à Berlin, en prenant une tasse de chocolat.

Adrien ne trouva pas son oncle dans cette foule belliqueuse de bourgeois poltrons, qui livraient tant de batailles innocentes sous les marronniers des Tuileries; il conçut alors très-naturellement l'idée que Claude Mouriez assistait à la séance de la Convention, et il se dirigea vers la salle de l'assemblée, avec la certitude de rencontrer son oncle dans une tribune; mais, chemin faisant, il l'aperçut sur la terrasse, marchant d'un pas qui soulevait le sable, et d'un air de Jupiter tonnant. Claude, en apercevant son neveu, fit de violents efforts pour faire rentrer en lui sa colère extérieure, mais Adrien ne fut pas dupe de cette dissimulation trop brusque pour être adroite.

— Mon cher oncle, lui dit-il, vous allez vous battre, je ne vous quitte plus.

— Non, Adrien, non, dit Claude en essuyant son front, et d'une voix qui s'adoucissait comme la houle après la tempête ; non, je suis très-calme... Je sors de la Convention, et la chaleur y est excessive. Figure-toi sept cents représentants qui ont la fièvre et deux mille curieux qui ont l'hydrophobie ; tout cela forme un volcan auprès duquel le Vésuve est un glaçon.

— Mon oncle, dit Adrien d'un ton sévère, je suis habitué à vous voir, et je vous connais bien. Hier au théâtre, vous m'avez trompé. Aujourd'hui vous me trompez encore. Si vous vous comportez ainsi avec moi, je vous abandonne à vos passions ; je vais rejoindre ma mère, et cette fois, toutes vos lettres n'auront pas le pouvoir de me rappeler auprès de vous à Paris.

— Eh bien ! Adrien, écoute, dit l'oncle, en prenant le bras de son jeune tuteur et l'entraînant vers une allée sombre du jardin, je veux désormais te parler avec franchise...

— Commencez donc aujourd'hui, mon oncle.

— Oui, Adrien, je commence... Tu sauras donc que je sors indigné de la Convention...

— Ah ! que s'est-il donc passé ? La Montagne se fait-elle réactionnaire ?

— Pas encore ; ça viendra. En attendant, ces gens-là font des sottises énormes. A présent même, ils viennent de fabriquer une loi qui n'a pas le sens commun... Ils exilent de Paris les veuves des ex-nobles ! Comprends-tu cette absurdité ?

— Et que vous importe cela, mon oncle, demanda le jeune Adrien d'un air trop intelligent.

— Au fait, oui, tu as raison, cela m'est bien égal, mais...

— Mais !... voyons, mon oncle, le chemin que prendra ce *mais !*

— Mais il me semble que la Convention pourrait mieux employer son temps. Quelle sottise de faire croire à l'univers que des hommes craignent des femmes !

— C'est que, mon oncle, il y a des femmes plus dangereuses que des hommes...

— Tu crois, Adrien ? demanda Mouriez avec une naïveté feinte.

— Je le crois beaucoup, mon oncle. Ainsi, vous, par exemple, dites-moi, y a-t-il un seul homme qui puisse vous inspirer la moindre crainte ?

— Aucun... à telles enseignes, que ce matin encore j'ai mené Robespierre comme un enfant.

— Et que vous a dit Robespierre?

— Rien du tout. Robespierre est un de ces hommes qui ont pris l'habitude d'être poltrons, lorsqu'ils sont seuls. Il y a beaucoup de braves dans ce genre.

— Eh bien! mon oncle, vous qui ne craignez aucun homme, pas même Robespierre, vous trembleriez devant madame de Pressy!

— Enfant!... tu es un enfant, Adrien, dit Mouriez avec un sourire d'écolier en récréation.

— Et tout enfant que je suis, poursuivit Adrien, je devine maintenant le motif de votre colère contre la loi d'exil qu'on vient de promulguer contre les veuves; cette loi aurait dû, par un sage amendement, excepter de la proscription madame de Pressy. Alors, quelle excellente loi nous aurions eue! n'est-ce pas?

La raillerie d'Adrien perçait dans son organe, assaisonnée de notes stridentes, et Claude baissait les yeux avec la modestie d'une rosière devant un bailli redouté.

— Mon cher oncle, continua le jeune homme en prenant affectueusement la main de Claude, et en donnant à sa voix cette tendresse mélodieuse qui remue le cœur, si vous êtes un républicain sincère, voici une belle occasion de vous réconcilier avec vous-même. Je suis sûr que vous connaissez la retraite de madame de Pressy : eh bien! devenez le protecteur de cette femme; vous avez des amis puissants; servez-vous-en pour faire le bien au lieu du mal. Le fond de votre caractère est excellent; essayez donc de la vertu; elle a plus de douceurs que le vice. Une loi terrible chasse madame de Pressy de cette ville où des liens secrets la retiennent peut-être; cet exil est peut-être aussi pour elle le plus grand des malheurs; eh bien! j'irai la voir en votre nom, je lui offrirai notre protection et nos services dans son isolement; et vous, mon oncle, vous resterez à l'écart, dans l'ombre; elle vous saura gré d'une absence respectueuse et d'un dévouement qui se manifeste de loin. Son estime et son affection seront pour vous une bien douce récompense, et vous tiendront lieu de son amour que vous n'aurez jamais.

Claude Mouriez écouta les paroles d'Adrien avec une attention émue, et, serrant la main offerte, il dit :

— Mon cher enfant, si je fais ce que tu me dis de faire, tu resteras toujours auprès de moi… car, vois-tu, Adrien, ce que je crains par-dessus tout, c'est de te perdre… Je suis jaloux de ma belle-sœur, ta mère… Quand je te vois sourire à mes côtés, Adrien, il n'y a pas dans ce jardin si beau, il n'y a pas un rayon du printemps qui me ravisse davantage! Tu veux que je fasse une bonne action, Adrien, je la ferai, à condition que chaque jour je pourrai te remercier de m'avoir donné un si bon conseil.

— Oui, mon oncle, à mon tour, je vous promets tout ce que vous pouvez attendre d'un fils.

— Ne perdons point de temps, Adrien… Écoute… Voilà déjà une voix enrouée qui crie : *La loi qui exile les ex-nobles de Paris et des villes maritimes, à un sou!*

— Mon oncle, l'adresse de madame de Pressy?

— Je vais t'y conduire moi-même.

— Mais vous ne monterez pas?

— C'est convenu, Adrien ; je t'indiquerai seulement la maison de loin.

Les deux interlocuteurs gardèrent dès ce moment le silence; Adrien préparait le discours qu'il devait adresser à madame de Pressy.

Au coin de la rue Sainte-Anne, Claude Mouriez désigna de loin la maison de la belle veuve. On s'assigna un rendez-vous pour le soir, et Adrien se présenta chez le portier du n° 42, et demanda la citoyenne de Pressy.

Le portier examina le jeune homme et fit le mouvement imperceptible de l'homme qui est rassuré par une figure douce, une voix charmante et un costume soigné.

— La citoyenne Pressy, dit-il, au fond de la cour, escalier à gauche, au premier, porte à droite.

Adrien fut reçu par Angélique, qui le fit asseoir dans le salon et passa dans la pièce voisine pour l'annoncer.

La comtesse parut quelques instants après, et du premier coup d'œil elle reconnut l'excellent jeune homme qui s'évanouit dans sa petite maison de Versailles, avenue du Tiers.

Adrien exposa en termes clairs le sujet de sa visite, et sa parole, honnête comme sa figure, fit une vive impression sur madame de Pressy.

— Monsieur, dit-elle, votre présence ici me rappelle un jour affreux, mais je me souviens aussi de votre admirable conduite dans ces terribles heures qui ont décidé de ma vie. Aussi, je n'éprouve aucune crainte en vous parlant en toute confiance.

Adrien s'inclina et fit le geste qui exprime le dévouement le plus absolu.

— Cette loi, continua madame de Pressy, m'exile de Paris, mais je ne vous cacherai pas que je tiens fort peu à séjourner dans cette ville; et la démarche que vous faites auprès de moi m'annonce et me prouve que je puis maintenant habiter sans crainte la seule ville de mes affections...

— Laquelle, Madame? interrompit Adrien.

— Versailles.

— Vous voulez rentrer à Versailles, Madame?

— Oui, Monsieur; du moins je veux y rentrer aujourd'hui, depuis votre visite. Figurez-vous, Monsieur, que je ne sais rien, que j'ignore tout, que je vis sans connaître les plus petits comme les plus grands événements. Ma retraite est absolue. Cependant, je ne me cache point; à quoi bon se cacher? J'aime mieux le danger qui tombe tout de suite sur ma tête, que le danger toujours suspendu. Voilà pourquoi vous n'avez trouvé aucun obstacle à ma porte. Versailles a été pour moi, depuis que je l'ai quitté, une ville aussi éloignée que Dublin. Je n'ai rien connu de tout ce qui s'y passait. Vous m'affirmez, Monsieur, maintenant, que je puis habiter Versailles sans crainte; je quitterai Paris demain, et j'espère bien, Monsieur, que j'aurai le plaisir de vous y voir.

— Madame, dit Adrien, je ferai mieux, si vous le permettez. J'ai beaucoup d'amis à Versailles; je puis aller moi-même y choisir une maison à votre convenance, et...

— Monsieur, interrompit la comtesse, puisque toute ombre de danger a disparu pour moi dans ce beau Versailles, il me serait bien doux de rentrer dans la même maison... la maison que vous connaissez.

— Me chargez-vous de cette petite commission, Madame?

— Mais, puisque vous avez la bonté de m'offrir ce service... j'accepte avec reconnaissance.

On s'entretint encore très-longtemps, et Adrien, dans la suite de la conversation, révéla toute la noblesse de son caractère, et fit pardonner à Claude Mouriez les fautes du passé.

En quittant la comtesse, Adrien lui dit :

— Madame, je vais monter à cheval dans un quart d'heure, et je serai de retour avant le coucher du soleil.

Madame de Pressy, restée seule, s'abandonna vivement à une joie qui lui était depuis longtemps inconnue; elle allait rentrer dans une ville qui lui rappelait tant de doux et tant de cruels souvenirs : ces derniers sont souvent les plus chers au cœur de la femme!

Deux heures après, notre jeune Adrien descendait de cheval à Versailles, et s'acheminait ensuite vers une maison bien connue, dans l'avenue du Tiers.

La physionomie extérieure de la maison annonçait qu'elle était habitée, ce qui contraria beaucoup Adrien. Cependant, pensa-t-il, toute maison, en général, est à louer ou à vendre; avec un sacrifice d'argent, on aplanit toutes les dificultés, surtout quand on est riche comme madame de Pressy.

La porte s'ouvrit au second coup de sonnette, et une vieille femme se montra.

A cette époque, un coup de sonnette ou de marteau semblait toujours annoncer une mauvaise visite, et quand une porte s'ouvrait, l'œil du portier ou du locataire détaillait tout de suite les traits du visage et le costume du visiteur inattendu.

Cette fois, l'examen fut à l'avantage du jeune homme, et la vénérable gardienne de la maison se trouva complétement rassurée devant une de ces charmantes et fraîches figures qui expriment toutes les bontés de l'âme, et ne laissent soupçonner aucun mauvais levain.

— Citoyenne, dit Adrien en souriant, il y a beaucoup de maisons à louer, en ce moment, à Versailles; la vôtre serait-elle du nombre, par hasard?

— Ce serait bien possible, citoyen, dit la gardienne de l'air d'une femme qui a de rares occasions de parler, et qui saisit avidement celle qui se présente; entre nous, je vous dirai que les deux locataires ne font pas beaucoup de poussière dans cette maison, et ils ne demanderaient pas mieux sans doute que de la quitter, si on leur donnait un dédommagement de loyer... Mais, citoyen, donnez-vous la peine d'entrer.

— Oh! je connais la maison, dit Adrien en franchissant le seuil de la porte, et j'ai peu de temps à perdre... Pardon, citoyenne, pourriez-vous me faire parler aux deux locataires?

— Ah! citoyen, ils sont absents... Cela paraît vous contrarier beaucoup?

— Oui, citoyenne.

— Mais ils seront ici ce soir très-probablement.

— Il m'est impossible d'attendre ce soir. J'ai une réponse à rapporter à Paris.

— Si vous deviez revenir demain, citoyen, je vous rendrais une réponse.

— Demain... c'est impossible!

— Comment, citoyen, vous ne pouvez pas attendre un jour?

— Pas un jour!

— Tiens! c'est drôle!...

— Écoutez, citoyenne, pourriez-vous m'indiquer à peu près l'endroit où sont les locataires en ce moment? Ils sont peut-être à la promenade, dans les jardins du château. Désignez-les-moi, et je les découvrirai bien, ou du moins j'essaierai de les découvrir, car il m'est impossible de rentrer à Paris sans donner une réponse satisfaisante. Il faut au moins que je prouve que j'ai fait même l'impossible pour bien remplir ma commission.

— Citoyen, dit la femme après avoir réfléchi, il me sera bien difficile de vous donner des renseignements là-dessus... Cependant... il y a une chose que je ne puis pas dire peut-être, mais que je vous dirai, parce que vous avez l'air d'un excellent jeune homme... Mais n'en parlez pas.

— Dites, dites, citoyenne.

— Je crois que les deux locataires sont à Passy...

— Ils demeurent à Passy? interrompit Adrien dont la patience était à bout, j'irai à Passy.

— Oh! non, citoyen, n'allez pas à Passy, vous ne les trouveriez pas, c'est sûr. Seulement... vous savez... on ne se gêne point devant une femme de ménage. Je leur entends dire souvent: allons à Passy!... Ils l'ont dit encore ce matin.

— Et vous ne connaissez pas, citoyenne, la maison où ils descendent à Passy?

— Non.

— Passent-ils quelquefois la journée à Versailles, vos locataires?

— Oh! bien rarement... presque jamais... Ils viennent assez régulièrement, le soir, coucher ici... et, à la pointe du jour, ils s'en vont; quelquefois même, je ne les vois pas. Le plus jeune des deux passe souvent la moitié de la nuit dans ce pavillon... où il écrit... Entre nous, je crois que c'est un écrivain.

— La porte de ce pavillon est ouverte, dit Adrien en s'avançant, il paraît que votre écrivain ne craint pas les indiscrets?

— D'abord, citoyen, je ne sais pas lire, moi; et puis, l'écrivain ne laisse jamais rien dans ce pavillon... Et il n'y a pas d'indiscrétion, vous pouvez voir.

Adrien profita de la permission donnée pour arracher au hasard quelque indice qui l'éclairât mieux que n'avait fait la gardienne de la maison.

Une table boiteuse, trois fauteuils vermoulus, une tapisserie en lambeaux meublaient ce pavillon de l'écrivain. Quelques feuilles de papier s'éparpillaient çà et là, mais elles étaient blanches, c'est-à-dire jaunâtres, nuance qui à cette époque était celle du papier blanc.

Le jeune homme ne voulut pas exercer, aux yeux de la gardienne, le métier d'inquisiteur; à peine osa-t-il retourner négligemment quelques feuilles pour s'assurer de leur virginité. Adrien aurait voulu rencontrer au moins un livre, parce qu'un livre est souvent la révélation du caractère et des mœurs d'un homme; mais il fallut renoncer à cet espoir. Le papier manuscrit ou imprimé avait fui ce cabinet de travail.

Au moment où il allait sortir. Adrien crut remarquer, à travers les noires souillures de la table, quelques caractères symétriquement alignés: il se pencha de ce côté avec une nonchalance trompeuse, et lut ces vers écrits sur le bois, comme essai de plume :

> Quand du noir aquilon la dévorante haleine
> Bouleverse les flots où brille Mitylène,
> Et qu'un nuage épais couvre l'astre du jour,
> Le pilote, perdu dans la nuit et sur l'onde,
> Sourit de loin encore à la blanche rotonde
> Où l'Amour adore l'Amour!

— C'est singulier! dit Adrien en lui-même, voilà des vers qui n'ont pas l'air d'appartenir à l'*Almanach des Muses* et au *Mercure de France!* Ces vers ont un caractère particulier.

Et se retournant vers la vieille femme d'un air plein d'insouciance :

— Citoyenne, dit-il, est-ce l'écriture de l'un des locataires que je vois là?

— Citoyen, dit la femme en regardant les vers, je ne connais l'écriture de personne, moi, et je vous en ai déjà dit la raison ; mais comme tous les jours je frotte cette table, qui est souvent couverte de poussière, je puis vous assurer qu'avant-hier cette écriture n'y était pas. Ainsi, comme ce n'est pas moi qui l'ai faite, ce doit être l'un de ces deux citoyens !

— Mes demandes, peut-être, vous déplaisent, citoyenne? Parlez-moi franchement; il me semble que je suis indiscret.

— Oh! mon Dieu! non, citoyen; je n'ai rien à faire et je passe quelquefois trois jours sans dire un mot, faute d'occasion. La conversation, c'est comme le mariage, il faut être deux au moins. Vous pouvez donc m'interroger, je ne demande pas mieux que de vous répondre... Citoyen, voilà un fauteuil, si vous voulez vous asseoir...

— Oh! ne faites pas attention, citoyenne, dit Adrien, toujours les yeux fixés sur les vers, je puis rester debout, je vais remonter à cheval... Quel âge ont-ils, vos deux locataires?

— Le plus âgé paraît avoir quarante-cinq ans et l'autre trente...

— Alors, c'est le plus jeune à coup sûr qui a écrit ces vers.

— Oh! oui, c'est le citoyen qui a écrit cela, parce que l'autre n'entre jamais ici.

— Il se nomme André?

— Oui, citoyen.

— C'est son prénom?

— Je crois, citoyen, que c'est son nom, parce que je ne lui en connais pas d'autre.

Adrien, dans un aparté, murmura ces mots à voix basse : C'est André Chénier!

Et croyant avoir abusé de l'indiscrétion, même devant une vieille femme très-disposée à parler de ses maîtres ou de toute autre chose, il marcha vers la porte et dit :

— Puisque je suis à Versailles, j'y resterai jusqu'à demain... Écoutez-moi bien, citoyenne; je vais vous laisser quelques mots écrits au crayon, et vous les remettrez au plus jeune de vos locataires, lorsqu'il arrivera de Passy.

Adrien écrivit sur-le-champ ce billet :

« Votre bien affectionné Adrien Mouriez vous attend à la

petite auberge de la *Lyre d'Apollon*. Si vous avez quelques motifs pour refuser ce rendez-vous, j'accepterai celui que vous voudrez bien me désigner.

« Adrien. »

La vieille femme prit le billet, et regardant Adrien, elle lui dit :

— Vous connaissez donc le citoyen André, puisque vous lui écrivez?

Adrien ne répondit que par un geste équivoque, et, saluant la femme, il courut s'enfermer dans une modeste chambre, à l'auberge de la *Lyre d'Apollon*.

Là, il écrivit, par un exprès, deux lignes à madame de Pressy, en la priant de vouloir bien excuser son retard. Il promettait de lui rapporter une réponse favorable le lendemain.

Vers neuf heures du soir, Adrien entendit un bruit de pas sur l'escalier, et bientôt après trois légers coups frappés sur sa porte; il se leva, ouvrit, et reconnut André Chénier.

— Je viens à vous avec pleine confiance, dit le poëte en tendant sa main vers le jeune homme, avec toute confiance, comme vous voyez.

— Et je crois mériter cette confiance, dit Adrien en serrant la main offerte.

— Monsieur, poursuivit Chénier, dans les premières années du péril, on s'amuse à prendre les précautions pour éviter ce qu'on appelle des piéges, des embûches, des guet-apens; mais lorsqu'on voit que ces années se prolongent, on trouve qu'une prudence perpétuelle est une chose onéreuse, et on reconnaît que la vie ne vaut pas la peine d'être défendue par une lutte de tous les instants.

— Citoyen, dit le jeune Mouriez, ce que vous dites-là diminue beaucoup le plaisir que vous m'aviez donné en me parlant de votre confiance, et...

— Oh! croyez bien, Monsieur, interrompit vivement André, que je ne rétracte rien de mes premières paroles : le reste est une pure réflexion philosophique; elle regarde tout le monde, si vous voulez, excepté vous. Serrez-moi la main, Monsieur; nous nous sommes connus dans un bien terrible moment, là, dans cette même maison où vous êtes venu me chercher aujourd'hui... Vraiment, Monsieur, j'admire votre sagacité; elle est merveilleuse... Quoi! vous avez deviné que des souvenirs... me rappelleraient tôt ou tard dans cette maison?

— Mais... dit Adrien embarrassé, mais... citoyen... il y a beaucoup de hasard... et...

— Du hasard! dites-vous, Monsieur! Oh! ce n'est pas le mot propre; c'est de la sagacité : à votre âge, vous connaissez déjà le cœur humain.

— Je venais donc, dit Adrien, en changeant brusquement de ton et de sujet de conversation, je venais pour vous demander un service... Je viens louer votre maison...

— Oui, on m'a bien dit cela, interrompit Chénier, en m'annonçant votre visite, et en me remettant votre billet au crayon; mais j'ai pris cela pour un prétexte. Au temps où nous sommes, on fait mille détours avant d'exposer le véritable motif d'une visite. C'est une perpétuelle partie d'échecs que tout le monde joue. On appelle cela être fin...

— Excusez-moi, citoyen, dit le jeune homme en souriant, je ne joue jamais aux échecs, quoique le café de la Régence soit fort à la mode. Lorsque je me suis présenté chez vous, mon intention réelle était bien de louer votre maison, si elle se trouvait disponible.

— Monsieur, dit Chénier, vous me voyez alors dans un vrai désespoir, car vous venez me demander le seul service qu'il m'est impossible de vous rendre. Cette maison est mon univers. Si je vous la cède, il ne me reste plus une pierre pour reposer ma tête. J'ai passé un an et plus d'absolue retraite à Rouen, et j'y serais mort, si je n'eusse entretenu en moi l'espoir d'habiter quelque jour, en temps opportun, la maison où je suis. Le destin m'a favorisé; j'ai vu se rouvrir devant moi cette bienheureuse porte de l'avenue du Tiers; puis-je me la refermer moi-même derrière moi? Cet effort me serait impossible... Mais, pardonnez-moi mon indiscrétion, Monsieur, vous êtes donc irrévocablement fixé sur le choix d'une maison, sur celle-là?

— Oui, citoyen, répondit tristement le jeune homme.

— Je comprends, poursuivit Chénier, vous avez aussi, vous, laissé là un souvenir... Monsieur, excusez-moi, si je vous quitte, un ami m'attend avec inquiétude, et vous comprenez...

André fit un mouvement vers la porte. Adrien le retint.

— Encore un mot, citoyen Chénier, dit-il en lui barrant le chemin, vous persistez donc dans votre refus?

— Eh! mon cher Monsieur, il le faut bien... nous causerions de cela jusqu'au jour, et demain je serais encore plus obstiné qu'aujourd'hui. Ainsi épargnons-nous des propos inutiles... monsieur Mouriez, je serai toujours charmé de vous voir, et...

Il fit encore quelques pas vers la porte. Adrien l'interrompit et l'arrêta.

— Citoyen Chénier.... écoutez... dit Adrien du ton du jeune homme novice qui comprend qu'il va faire une chose presque coupable, mais contraint et forcé par la situation; écoutez, je ne vous demande pas votre maison pour moi...

— Raison de plus pour la refuser, dit Chénier.

— Mais je vous la demande au nom d'une femme.

L'émotion fit expirer les derniers mots sur les lèvres d'Adrien.

— Au nom de...? demanda Chénier qui n'avait pas très-bien entendu.

— D'une femme, répondit Adrien avec une voix claire et distincte.

André Chénier regarda fixement son interlocuteur, et comme il n'y avait qu'une seule femme dans le souvenir et la pensée du poëte, il crut tout de suite que sa maison était demandée par madame de Pressy, surtout en remarquant chez Adrien une émotion qui n'aurait eu sans cela aucune cause raisonnable en pareil entretien.

— Pour une femme? dit André en croisant les bras sur sa poitrine, et, sans doute, le nom de cette femme est un mystère?

— Citoyen Chénier, répondit Adrien en baissant les yeux, je ne suis pas autorisé à dire ce nom. Vous savez qu'aujourd'hui il y a une foule de noms qui n'appartiennent pas à ceux qui les portent. Vous-même, citoyen Chénier, votre femme de ménage vous appelle André: ainsi, que trouvez-vous d'étonnant à ce qu'une femme me recommande de taire son nom?

Adrien s'estima heureux d'avoir trouvé cet expédient qui mettait sa conscience d'envoyé en repos.

— C'est probablement une femme proscrite, dit Chénier sur un ton qui était plutôt celui de la réflexion que de la demande.

Adrien profita de ce ton pour ne pas répondre.

Chénier laissa tomber ses bras, baissa la tête et réfléchit, en laissant percer sur sa figure toutes les pensées de joie et de douleur qui bouleversaient en ce moment son âme.

— Eh bien ! citoyen Chénier, dit Adrien, songez à l'inquiétude de votre ami qui vous attend... et prenons une décision...

— Monsieur, répondit le poëte, aujourd'hui la Convention a promulgué une loi contre les ex-nobles ; hier j'ai vu annoncer cette loi dans le Moniteur. Maintenant, quoi que vous disiez, votre démarche si pressante se rattache à l'événement de ce jour. Vous demandez ma maison pour une femme noble exilée de Paris. Cela suffit... si ce n'est pas elle, c'est une autre femme dans la même position, c'est une sœur d'exil. Ma maison sera demain à vous.

— Mille actions de grâces ! dit Adrien en serrant les mains du poëte, comptez sur ma reconnaissance et sur mon dévouement, deux sentiments qui sont chez moi éternels.

— Vous me remerciez pour bien peu de chose, monsieur Mouriez, dit Chénier, et quelque chose me dit que le plus obligé de nous deux dans cette affaire ne sera pas vous.

— L'avenir est à Dieu, cher poëte, dit Adrien : j'ai fait mon devoir, vous avez fait le vôtre ; maintenant marchons, vous et moi, à notre destin.

— Adieu ! jeune homme, dit Chénier, dont l'émotion croissait à chaque minute, votre silence a déjà trop parlé. Tout ce que vous ne vouliez pas dire a été dit ; mais ce n'est pas votre faute, je comprends. Adieu ! nous nous reverrons. Vous me trouverez tous les jours à cinq heures du soir à Passy, rue Basse, nº 15. J'y serai déjà demain.

— Cher poëte, adieu ! dit Adrien ; que le secret de cet entretien ne sorte jamais du fond de nos cœurs !

— Jamais ! je vous le jure ! dit Chénier... Ah ! mon Dieu ! nous oublions... j'oubliais la chose essentielle... demain à midi les clés de la maison seront déposées ici, entre les mains du maître de l'auberge... et on ne les remettra qu'à la citoyenne...

— A la citoyenne... dit Adrien avant de fermer la porte, elle n'a pas changé de nom.

Chénier entendit cette dernière phrase en descendant les premières marches de l'escalier.

XXXII

UN JOUR DE FÊTE.

En ce moment, Paris, cette ville qui a tout vu, et qui peut tout revoir, avait changé de physionomie; le fond sans doute était le même, la surface offrait de grandes variations. La gaieté régnait extérieurement, et les motifs de cette métamorphose nous paraîtraient aujourd'hui absurdes, si notre expérience révolutionnaire ne nous démontrait point que Paris a l'habitude de se consterner ou de s'égorger pour des raisons qui seront des mystères historiques dans les jours calmes d'un avenir très-éloigné.

Il n'y avait plus de clubs, excepté celui des Jacobins, qui n'était qu'une succursale de la Convention. Les rues avaient un air de fête. On venait de proclamer le fameux décret ainsi conçu : *Le peuple français reconnaît l'existence de l'Être suprême.* On avait créé une série de fêtes pour tous les décadis; les fêtes :

Du genre humain; — du peuple français; — des bienfaiteurs de l'humanité; — des martyrs de la révolution; — de la liberté et de l'égalité; — de la liberté du monde; — de l'amour de la patrie; — de la haine des tyrans et des traîtres; — de la vérité; — de la justice; — de la pudeur; — de la gloire; — de l'amitié; — de la frugalité; — du courage; — de la bonne foi; — de l'héroïsme; — du désintéressement; — du stoïcisme; — de l'amour; — de la foi conjugale; — de l'amour paternel; — de la tendresse paternelle; — de la pitié filiale; — de l'enfance; — de la jeunesse; — de l'âge viril ; — de la vieillesse ; — du malheur ; — du bonheur ; — de l'agriculture ; — de l'industrie ; — des aïeux ; — de la postérité.

Le peintre David avait été chargé de formuler les programmes de ces fêtes, avec les traditions des Grecs et des Romains.

La Commune et les Jacobins avaient félicité la Convention sur ce décret sublime. On chantait partout l'*Hymne de la vertu*; le mot de réconciliation était dans toutes les bouches, et personne ne songeait plus à redouter un avenir chargé de tant de fêtes.

La translation des cendres de Rousseau dans les caveaux du Panthéon achevait de tranquilliser les esprits.

Une ère nouvelle commençait. La république était désormais fondée sur des bases inébranlables, comme tout ce qui est fondé en France.

Danton et Camille Desmoulins, seuls obstacles au progrès, ayant disparu dans une tempête récente, rien ne pouvait plus troubler la sérénité de l'horizon politique. Enfin, comme disaient les poëtes du temps, *l'âge de Saturne et de Rhée* allait revenir ; Danton et Camille Desmoulins ne pouvaient plus s'opposer par malveillance systématique au retour de l'âge d'or.

On respirait enfin ! il était temps !

Sur le frontispice de tous les temples, on avait effacé ces mots : *A la Raison*, remplacés par ceux-ci : *A l'Être suprême*, et on lisait sur les murs de beaucoup d'édifices publics cette phrase prononcée par Robespierre, dans la séance du 17 pluviôse an II : *Le principe du gouvernement démocratique, c'est la vertu.*

C'est dans cette phase nouvelle que nous retrouvons la comtesse Marguerite à Versailles, sous les arbres du jardin de l'avenue du Tiers : elle y est rentrée avec joie et tristesse, deux sentiments qui marchent souvent d'accord.

C'était le *décadi* de la *Fête du Bonheur*; tout Versailles célébrait le Bonheur, ce jour-là, mais avec une certaine modération dans l'enthousiasme. Des affiches municipales, naïvement rédigées en style d'églogue, invitaient les citoyens à être heureux jusqu'au coucher du soleil, et les figures des passants essayaient de se conformer aux exigences du programme. Cela rappelait les vers du poëte italien, qui disent que tout le bonheur de certaines gens consiste à nous paraître heureux *.

Hélas! en France, il est plus facile de décréter la victoire que le bonheur! Pourtant, au milieu des tempêtes politiques, si un éclair de calme vient à luire, on le saisit au vol avec transport, comme le naufragé englouti sous les vagues profite avidement de la minute qui le voit surnager pour ouvrir ses lèvres à la fraîcheur de la respiration.

Madame de Pressy, malgré son peu de foi dans les programmes révolutionnaires, retirait pourtant, elle aussi, quelque soulagement intérieur de cette fête publique.

— Et puis, se disait-elle en essayant de se tromper, qui sait si même ces fausses apparences de tranquillité ne sont pas de vrais symptômes d'amélioration sociale? On a déjà fait beaucoup de mal; mais ceux qui l'ont fait ne demandent pas mieux que de s'arrêter et de faire oublier leur passé par leur avenir. Il est impossible de croire que des hommes aient conçu le dessein d'établir les échafauds en permanence, d'inonder de sang les places publiques, et de remplir de victimes toutes les prisons. Le mal a fait son temps, le bien arrive.

Et la jeune femme, après s'être livrée à ces réflexions, s'épanouit dans sa joie, un seul instant, mais c'était beaucoup : elle avait entrevu la vie.

Elle quitta le jardin avec l'intention de venir se placer derrière les persiennes du salon du rez-de-chaussée, pour voir passer le monde des heureux officiels dans l'avenue du Tiers; car la fête se célébrait spécialement sur la pelouse de Satory, à l'endroit même où se font aujourd'hui les courses de chevaux.

Comme elle entrait dans ce salon qui lui rappelait la terrible scène de Claude Mouriez, son pied, déjà levé pour atteindre le mur de la fenêtre, s'arrêta, comme si un reptile se fût montré tout à coup.

C'était tout simplement une lettre qui paraissait avoir été lancée à travers les lames de la persienne, et qu'éclairait par hasard un rayon de soleil.

*   El si reduce
    A parere a noi felici
    Ogni lor felicità.   (*Metastase.*)

Une lettre tombée sur le parquet d'un salon ne semble pas, au premier abord, une chose effrayante, et pourtant la comtesse de Pressy tressaillit convulsivement et regarda ce morceau de papier avec une sorte d'effroi : les circonstances peuvent donner aux choses les plus insignifiantes une haute valeur.

Madame de Pressy regarda quelque temps cette lettre mystérieuse sans oser l'effleurer de la main ; elle essayait de lire, à distance, l'adresse, qui était écrite en lettres menues et avec une encre blanchâtre comme celle qu'on trouve dans les auberges. Enfin la jeune femme, se voyant seule, crut faire un acte viril de courage en prenant la lettre pour la regarder de plus près.

Ce papier lui brûla la main, et elle le laissa tomber comme un tison.

Elle avait reconnu l'écriture d'André Chénier.

— C'est lui ! c'est bien lui ! se dit-elle ; et comment a-t-il découvert ma demeure ? Il avait quitté la France, m'a-t-on dit, et comment a-t-il pu supposer en pays étranger que je pouvais rentrer dans cette maison, sous les yeux de Claude Mouriez ! A-t-il appris la destitution de Claude ?... Mais aucun journal n'en a parlé... probablement, il a laissé à quelque ami le soin de surveiller ma vie... Et s'il a fait cela... oh ! c'est qu'il m'aime toujours ; c'est qu'il m'a toujours aimée, dans sa muette délicatesse d'homme d'élite ! On ne fait surveiller de loin que les femmes qu'on aime bien !

Madame de Pressy reprit la lettre, et avant de l'ouvrir elle regarda ce qui se passait au dehors, mais avec la précaution de la femme qui veut voir sans être vue.

Les allées latérales et la chaussée de l'avenue étaient remplies de promeneurs ; mais la comtesse n'y découvrit aucune figure connue. Cette foule paraissait calme et jouissait de son décadi avec assez de bonheur, comme d'un dimanche retardé de trois jours.

La comtesse Marguerite rompit la cire de la lettre avec des doigts tremblants, et elle lut ce qui suit :

« Madame,

« J'ignore complétement, au fond de ma solitude, si je puis
« vous rendre une visite sans blesser les convenances ; mais

« je sais bien que si votre nouvelle position vous permet
« d'exaucer un désir qui est une prière, ce jour ne sera pas
« pour moi indigne du nom de fête qu'on lui a donné par un
« décret de la Convention.

« ANDRÉ.

« Passy, rue Basse, 15. »

Ce billet avait une obscurité transparente et il autorisait une réponse, parce qu'il avait l'air de ne rien demander.

Ne comparons jamais ce qui se fait aux époques calmes avec ce qui se fait aux époques orageuses, nous nous exposerions à commettre trop d'erreurs. La comtesse n'hésita pas un instant : elle monta tout de suite à sa chambre, et prenant une plume, elle écrivit une réponse, sans prendre les précautions usitées en pareil cas, c'est-à-dire sans combiner et réunir quelques-unes de ces phrases nébuleuses qui toujours mécontentent, par leur politesse préméditée, celui qui les reçoit.

Voici le billet de la comtesse :

« Demain à midi deux femmes attendent M. André devant
« le bassin de Latone; l'une d'elles serrera la main du poëte
« avec le plus grand plaisir. »

Ce billet fût porté le jour même au domicile désigné, par Denis, le fermier toujours fidèle.

Ensuite la comtesse, qui avait le cœur trop plein de joie pour la garder toute pour elle, courut rejoindre dans le jardin la bonne Angélique, devenue son amie depuis longtemps, car dans les malheurs de ces époques, c'était la vieille fidélité qui supprimait les distances et les titres entre maîtres et serviteurs, et non point l'article d'une loi.

Angélique apprit donc tout ce qui venait de se passer, et dit en souriant :

— Me permettez-vous, Madame, de vous dire franchement ce que je pense?

— Eh! sans doute! dit la comtesse d'un ton assez gai, si je vous confie, Angélique, ce qui vient de m'arriver et ce que je viens de faire, c'est pour savoir si vos réflexions s'accorderont avec les miennes : ainsi ne craignez rien, dites tout ce que vous pensez; vous ne m'offenserez pas.

— Bien! Madame; puisque vous m'autorisez à tout dire, je vais abuser de votre permission...

— Abusez, Angélique.

— Vous allez voir, Madame... Eh bien! je vois d'ici marcher les événements... Lorsque votre deuil de veuve sera légalement expiré, vous prendrez un troisième nom de mariage, et...

— Angélique, dit la comtesse en interrompant, voilà précisément la seule chose qui n'aurait pas dû sortir de votre bouche...

— Mais, Madame, je vous avais prévenue...

— Oui, c'est vrai... et, au fond, votre remarque, ma bonne Angélique, ne m'étonne point; tout le monde, après y avoir été autorisé, l'aurait faite à votre place... excepté vous, pourtant.

— Ah! permettez, Madame, je ne comprends pas bien votre idée; veuillez bien me donner une explication.

— Réfléchissez un moment, dit Marguerite avec tristesse.

— Oui, Madame, j'ai réfléchi... et longtemps... Ce n'est pas aujourd'hui seulement que cette idée m'est venue... Voyons! qu'y a-t-il là d'extraordinaire?... Ce jeune homme vous aime... et de quel amour! ceux-là n'aiment pas comme les autres!... Il vous a aimée veuve d'abord, puis il s'est retiré devant M. de Pressy; il a même complétement disparu. Voilà du réel amour, parce qu'il est uni au respect. Après, Dieu veut que vous soyez encore dans votre liberté du veuvage. Eh bien! ce jeune homme vous prouve qu'il ne vous a jamais oubliée; et, à coup sûr, il arrive avec les plus honnêtes intentions devant la veuve du comte de Pressy.

La comtesse Marguerite secoua tristement la tête, croisa les bras sur le sein, et d'une voix pleine d'émotion et de larmes, elle dit :

— Angélique, mon amour est fatal; je suis deux fois veuve, mais par deux coups de foudre. Ceux qui m'aiment semblent être destinés à périr de mort violente. Je veux voir encore une fois André Chénier, mais ensuite... oh! je ne le reverrai plus! Mon amour est fatal, croyez-le bien, Angélique!

— Comment pouvez-vous parler ainsi, Madame, dit Angelique en croisant les mains, vous offensez Dieu!

— Angélique, dit la comtesse, je ne m'offense que de moi-même et je redoute demain, si on m'y oblige, je redoute d'offenser André Chénier!

XXXIII

AUX JARDINS DE VERSAILLES.

Dans l'été de 1794, les jardins de Versailles et la façade qui les regarde avaient, eux aussi, une physionomie révolutionnaire que n'aurait jamais prévue leur royal fondateur. Les fenêtres du château, malgré la beauté de la saison, étaient hermétiquement closes sur toute la ligne et annonçaient un propriétaire absent ; le sable ne s'aplanissait plus sur les allées ; des fleurs sauvages se hérissaient partout, comme des protestations végétales qui accusaient la symétrie de Le Nôtre ; les tritons, les naïades, les néréides ouvraient des lèvres arides sur des bassins sans eaux ; les dieux et les déesses portaient au front des couronnes d'immortelles, mais rien n'avait enlevé à ces jardins les magnificences de verdure et l'éclat somptueux que leur donnent le soleil et l'été.

Chénier devança l'heure indiquée par le billet de la comtesse, et pour dévorer les minutes séculaires de l'attente, il murmura des vers au milieu de cet Olympe de marbre qui le regardait du haut de ses piédestaux.

Il n'y avait donc en ce moment autour du poëte qu'un peuple de marbre, immobile témoin de tant de scènes formidables, et qui semblait sourire enfin à une scène d'amour depuis quatre ans attendue sous les arbres de ces beaux jardins.

Le poëte entendit sonner midi, et ses regards ne quittèrent plus la haute terrasse, et, pour mieux dire, l'horizon où l'autre soleil de ce jour allait se lever, dans une immense ligne de fleurs.

Un peu après le coup de midi, deux femmes parurent devant l'Andromède de Puget; celle qui marchait la première s'arrêta devant le chef-d'œuvre et secoua tristement la tête. Quoique placé à une assez grande distance, Chénier devina la pensée de la comtesse, qui saluait avec mélancolie une femme enchaînée au roc, victime que venait délivrer un poëte aventureux monté sur l'hippogriffe. C'était le mythologique symbole de ce moment.

Avec cette aisance que les femmes ont toujours dans les moments difficiles, madame de Pressy aborda Chénier, qui était, lui, pâle et muet comme le dieu Vertumne, son plus proche voisin.

Angélique salua de loin le poëte et n'avança plus.

La comtesse serra les mains du poëte et lui dit :

— Est-il nécessaire d'ajouter que je vous revois avec un plaisir qui ressemble au bonheur?

— Non, Madame, dit Chénier; n'ajoutez rien, vous êtes venue.

— Avez-vous douté, Monsieur?

— Si un malheur m'eût attendu, je n'aurais pas douté, Madame.

— Je n'ai pourtant rien d'heureux à vous annoncer, monsieur Chénier.

— Vous êtes venue, Madame, cela me suffit. On ne doit pas être exigeant dans ses souhaits, à l'époque où nous vivons.

— Monsieur Chénier, dit la comtesse en invitant le poëte à s'asseoir à côté d'elle, sur un banc de pierre, comment avez-vous découvert ma retraite?

Cette demande fut faite avec ce brusque changement d'organe qui veut mettre la conversation sur un ton familier.

André ne répondit pas tout de suite, sa vive émotion lui ôtait sa présence d'esprit.

— Madame, dit-il, c'est par le plus grand des hasards... je quitte souvent Passy où je demeure... pour venir faire quelques visites à Versailles... et je descends à l'auberge de la *Lyre d'Apollon*...

— Un poëte ne peut pas choisir une autre auberge, interrompit la comtesse en souriant.

— Et c'est là, continua Chénier, que j'ai entendu dire que la citoyenne Pressy était rentrée à Versailles... alors j'ai écrit au hasard...

— Vous êtes bien ému, dit Marguerite, en vous expliquant sur un fait aussi simple...

— C'est que, Madame... ce fait si simple m'a rappelé une maison où j'ai passé le dernier de mes plus beaux jours... j'aurais pu vous écrire plus tôt, mais avant de hasarder une lettre, je voulais être certain que vous habitiez seule cette maison, seule avec Angélique.

La comtesse regarda fixement Chénier, et après quelques instants de silence, elle dit :

— Vous ignorez donc, monsieur Chénier, le malheur qui a frappé la comtesse de Pressy?

— Quel malheur? demanda le poëte en pâlissant.

— Ah! vous l'ignorez! poursuivit la comtesse. Eh bien! la Vendée, qui a déjà dévoré tant de nobles existences...

La jeune femme s'arrêta, et deux larmes brillèrent sur ses joues.

— Le comte de Pressy! s'écria Chénier en se levant à demi et avec un accent où toutes les émotions venaient se confondre.

— Ne prononcez pas ici ce nom, imprudent! dit la jeune femme en le retenant par la main. Ces statues ont des oreilles de chair peut-être!

— Mort! dit André, comme s'il eût parlé à lui-même.

— Et il y a déjà bien longtemps! continua la comtesse; si mon mari vivait, je ne serais pas ici, monsieur Chénier.

Un long silence se fit après ces paroles; les deux interlocuteurs devinrent muets, et leurs yeux restèrent fixés sur le gazon de l'allée; on eût dit qu'il y avait deux statues de plus dans les jardins de Versailles.

Chénier rompit le premier le silence.

— Après avoir entendu cette triste nouvelle, dit-il, je n'ai plus que deux choses à faire : vous remercier de l'entretien que vous m'avez accordé ce matin, et m'éloigner ensuite pour respecter votre douleur.

— Monsieur Chénier, dit la comtesse d'une voix amicale, vous agirez selon votre volonté... Vous êtes libre de partir; mais je crois n'avoir rien dit qui puisse vous faire croire que cet entretien était déjà trop long pour moi.

— Madame, dit Chénier, ce que je viens d'apprendre bouleverse toutes mes idées... et vraiment, tout ce que je pourrais dire maintenant ne serait plus qu'un mensonge de lèvres et une contradiction de l'immuable vérité de mon cœur... Aussi j'aime mieux m'éloigner...

Chénier se leva dans une agitation convulsive.

— Monsieur Chénier, dit la comtesse en se levant aussi, et en rajustant les plis de sa robe comme pour se donner une contenance pendant la remarque téméraire qu'elle allait hasarder ; monsieur Chénier, je ne finirai jamais un entretien sur une énigme. Vos dernières paroles sont très-nébuleuses, et je vous invite à les éclaircir.

— Vous l'exigez, Madame ?

— Je ne l'exige pas ; j'invite.

— Eh bien ! Madame, mes paroles si obscures veulent dire ceci en langage clair : Du vivant de votre mari, j'aurais été toujours heureux de vous voir un seul instant, d'entendre un seul mot sortir de vos lèvres, mais jamais je n'aurais rien dit des choses secrètes qui sont en moi. Je suis encore de ceux qui ont le respect du mariage ; mais à présent, ces scrupules ne peuvent plus me retenir. Vous êtes veuve, vous êtes libre, et je regarderais comme perdus et menteurs tous les moments que je ne consacrerais pas à vous dire ces trois mots inventés par le cœur... Je vous aime.

La comtesse ouvrit son ombrelle et la laissa tomber du côté d'André Chénier.

Dieu seul vit l'expression de sa céleste figure en ce moment.

La brise qui se lève à midi, dans l'été, courut dans les beaux arbres de Versailles, et leur donna des murmures charmants ; on eût dit que la voix du poëte ressuscitait toutes les extases de la tendresse sous ces voûtes de verdure sombre, où les hommes d'un autre siècle avaient si bien vécu et tant aimé !

— Monsieur Chénier, dit la comtesse avec une émotion mal déguisée, l'aveu que vous me faites... je ne l'attendais point... mais j'ose ici parler sans dissimulation... les circonstances excusent tout... Ah ! mon Dieu ! vivrons-nous demain ?... Chénier, votre amour m'honore, et j'en suis fière, s'il m'est défendu d'en être heureuse.

Chénier rayonna de joie et joignit ses mains comme dans une prière devant une sainte image.

— Madame, dit-il, permettez-moi, à mon tour, de vous demander le sens clair de cette dernière parole... Il vous est défendu d'être heureuse de mon amour?

— Poëte, dit la jeune femme avec tristesse, cela n'a pas de sens... je n'ai rien dit.

— Au nom du ciel, Madame, je vous conjure de parler...

— Chénier, continua la comtesse, vous souvenez-vous de notre première entrevue à l'hôtel de la Tour d'Aigues, à Aix?

— Chaque jour je m'en souviens.

— C'est la première fois, Chénier, que je vous parlai de mes pressentiments et de mes visions... toutes choses que le vulgaire traite de folies! eh bien! toujours l'avenir a donné raison à mes pressentiments... Chénier! ne me demandez pas mon amour! au nom du ciel! cet amour vous serait fatal!

— Voilà un mot, Madame, que je ne comprends plus, dit Chénier avec feu. Ce mot n'appartient plus à cette époque où nous vivons. La fatalité, c'est le bien de tous; c'est un patrimoine commun; nos pères l'ont légué à la génération présente... tout à l'heure vous l'avez dit vous-même : *Vivrons-nous demain?* Oui, cela est juste, et ce doute nous fait un devoir de vivre aujourd'hui.

— Non, Chénier, non... assez de deuil sur moi, assez de deuil! laissez-moi être fière de votre amour, et redoutez le mien! c'est la mort.

— Madame, écoutez... écoutez... il y eut, au siècle dernier, un grand peintre, Antoine Van Dyck, qui a dit un mot sublime... Il aimait la comtesse Brignole, et il l'aimait sans doute comme je vous aime. Le comte Brignole, son mari, la conduisait par la main dans la grande nef de San-Lorenzo, où le mariage venait d'être célébré... Van Dick, appuyé sur un pilier, regardait le comte, et serrant le bras de son ami, il lui dit avec une expression ineffable : « *Ma vie pour un quart d'heure de cet homme!* » Van Dyck avait raison.

La comtesse préparait une réponse en regardant les fleurs sauvages de l'allée lorsqu'Angélique parut tout à coup et dit :

— Madame, il y a là des hommes à mine suspecte, et je voudrais bien me tromper; mais, voilée par un taillis, j'ai entendu distinctement prononcer le nom de Chénier et de la *Lyre d'Apollon*... je suis toute tremblante... J'ai voulu voir ceux qui avaient parlé... Je les ai vus... ils ont passé devant moi... Quelles figures!... Ce sont des hommes de la police secrète... Ne vous montrez pas... ils sont quatre!...

Chénier tira un poignard et regarda du côté qu'avait désigné Angélique.

— Cachez votre poignard, Chénier, dit Marguerite; que feriez-vous contre quatre hommes armés?

— Laissez-moi seul, dit André; laissez-moi seul... Si je suis arrêté par ordre de Fouquier-Tinville, au nom du ciel! que ces sbires ne vous trouvent pas avec moi! vous seriez perdue aussi!

— Chénier, je ne vous quitte pas! dit la comtesse d'un ton résolu, je suis fière de votre amour, et si je meurs avec vous, je serai fière de ma mort.

— Mais, dit Angélique, vous pourriez encore vous dérober à leurs regards... Ces gens-là ont fait un petit détour dans cette allée... Gagnez la rotonde des Fontaines, là, vis-à-vis, et vous vous sauvez par l'autre côté des jardins.

— Venez, Chénier, dit la comtesse en lui présentant son bras. Eh bien! est-il fatal, mon amour?

Dans cette terrible situation, André Chénier n'avait entendu et ne se rappelait que les derniers mots de la comtesse : *Mon amour vous est fatal!* ou, pour mieux dire, il ne se souvenait que des deux premiers.

Le poëte bénissait ce périlleux hasard qui venait d'arracher un aveu au cœur de la jeune femme, et fort de cet amour, révélé dans une confidence suprême, il ne redoutait plus rien des sanglantes menaces de l'avenir.

Ce côté des jardins de Versailles, qui aboutit à l'escalier des Géants, était complétement désert; les deux fugitifs traversèrent la rotonde des Fontaines, muette alors comme l'urne d'une naïade épuisée, et se dirigèrent vers l'aile gauche du château.

Angélique avait reçu, par un geste significatif, l'ordre de rester en arrière et d'observer les mouvements des inquisiteurs.

André Chénier ne regardait que la comtesse Marguerite, et se laissait entraîner par elle dans une course brûlante; s'il eût été maître de deux volontés, il n'aurait pas songé à fuir ces délicieux ombrages, où les entretiens de l'amour ont des paroles d'une ineffable douceur; mais il fallait obéir à la violente impulsion de cette femme, qui ne voyait que le salut de Chénier avant tout.

Ce fut avec un vif serrement de cœur que le poëte sortit des voûtes sombres des allées, et découvrit le grand escalier, tout rayonnant de la lumière du soleil.

— Maintenant, dit Marguerite, ne nous trahissons pas; marchons d'un pas ordinaire, afin de n'éveiller aucune attention.

En disant cela, elle laissa tomber son voile vert, non pas pour cacher sa figure, mais pour cacher sa beauté; car la terrasse du château n'était pas déserte comme l'allée du parc.

Ils traversèrent la voûte du château, et descendirent du côté de la ville, à droite, dans le quartier de l'église Saint-Louis. De là ils se dirigèrent vers l'avenue du Tiers, et traversant la chaussée, ils gagnèrent le massif d'arbres, qui protégeait l'entrée du souterrain.

Ils avaient donc atteint cet abri sauveur et déjoué toutes les poursuites. Le souterrain traversé, la comtesse prêta l'oreille, en collant sa tête contre le panneau de séparation, pour s'assurer que sa maison était déserte, avant d'y entrer; et aucun bruit n'arrivait jusqu'à elle, le panneau secret fut ouvert, et ils pénétrèrent dans le premier salon.

— Il ne faut pas nous abuser, dit Marguerite, cet asile ne vous offre que la sécurité d'un moment. Songeons à trouver mieux.

André Chénier regardait la jeune femme avec une émotion qui n'empruntait rien aux périls de l'heure présente; son visage exprimait l'angélique sérénité des élus du Thabor.

— Ce lieu est bon, semblait-il dire; fixons ici notre tente. Pourquoi changer quand on est bien?

La comtesse devina la stoïque pensée du poëte, et lui serrant vivement la main, elle lui dit:

— Vous comprenez bien que vous ne pouvez rester ici. Les limiers ont l'intelligence de leur profession. L'aubergiste de *la Lyre d'Apollon* sera interrogé. En pareil cas, on est trahi par les moindres indices. Allons au-devant de toutes les trahisons, comme de toutes les imprudences, et s'il nous reste une heure de calme, ne l'employons pas à la perdre, comme des enfants.

— Une heure, dit Chénier avec une voix qui murmurait toutes les mélodies de la tendresse, une heure! quel beau siècle avant de mourir!

— Chénier, dit la comtesse vivement, je ne veux pas vous

perdre, moi; mon devoir est de vous sauver, de vous sauver malgré vous... et même malgré moi !

L'émotion couvrit ces dernières paroles, dont le véritable sens ne fut pas tout de suite compris par le poëte.

— Mais écoutez-moi, Marguerite, dit Chénier; je crains de ne plus vous revoir si je vous quitte aujourd'hui. Et si je ne vous revois plus, que ferai-je de cette vie que vous m'aurez sauvée !

— Chénier, je vous jure, dans cette heure si solennelle pour nous deux, je vous jure que nous nous reverrons; je vous jure... que je serai à vous... mais obéissez à mon amour... Quand je vous dis cela, c'est que je sais trop bien ce que je dis... ici, vous serez découvert... c'est dans cette maudite auberge que j'ai trouvé les clés de ma maison... chacun de nos pas aujourd'hui est une imprudence; pourquoi ai-je pris ces clés dans cette auberge ?... Au reste, si on eût évité cette faute, on en eût commis une autre. Toute chose est une faute de conduite au temps où nous vivons... on ne sait comment vivre pour vivre !... Ma tête brûle... je suis folle... Chénier... vous le savez... j'ai des pressentiments infaillibles... il y a du sang autour de nous ! ne soyez pas sourd !... Aimez-moi comme je veux être aimée... en esclave, dans vos moments d'infortune, en maître, quand vous serez heureux !

La jeune femme était dans une exaltation séraphique; sa figure rayonnait, ses yeux avaient des reflets sibyllins, son geste superbe aurait mis des rois à ses pieds.

Chénier, ivre de joie, se prosterna devant elle, et baisant la poussière qu'elle venait de sillonner, il lui dit :

— Parlez, je suis tout à votre volonté sainte. J'obéis !...

— Sur-le-champ il faut partir pour Viroflay, dit Marguerite; vous connaissez la ferme de Denis; là, vous prendrez un déguisement, et personne ne pourra vous découvrir dans cette retraite. De là, vous pourrez écrire à votre frère...

— Oh ! Marguerite, il ne m'est pas permis de compter sur mon frère; son crédit est perdu, depuis la chute du club des Cordeliers, depuis la mort de Camille Desmoulins. Qui sait même si, à cette heure, ce pauvre Marie-Joseph lui-même n'est pas mis hors la loi. Toutes les voix généreuses des meilleurs patriotes sont éteintes. Avez-vous lu, l'autre jour, dans les papiers publics, la fière apostrophe de Robespierre jeune contre Hébert ?

« C'est toi, lui a-t-il crié, c'est toi qui as fait soulever les populations, en attentant à la liberté des cultes ! » Hébert a regardé Robespierre jeune de cet air qui promet la mort, et Robespierre a cru devoir s'élancer à la tribune pour prononcer un discours fort adroit afin de réconcilier son frère avec le terrible Hébert, et il n'a réussi qu'à moitié, lui, le dictateur suprême ! et vous voulez que mon frère Marie-Joseph puisse me sauver si on demande ma tête ! Oui, je sais bien que mon frère viendra se jeter entre mes juges et le bourreau, quand j'aurai les mains liées, mais jamais je n'implorerai son secours, d'abord parce qu'il serait inutile, ensuite parce qu'il s'exposerait lui-même à une vengeance de mort. Ce n'est pas moi, Marguerite, qui dois pousser mon frère à une démarche vaine pour moi et peut-être mortelle pour lui.

— Eh bien ! André, si cela est ainsi, n'appelez personne à votre secours, et restez dans une retraite sûre. Le mal est arrivé à son comble. Le bien est à l'horizon du levant comme le soleil avant l'aube ; avec un peu de prudence encore, vous pouvez attendre l'aurore promise ; partez tout de suite. Croyez-moi... Oui, je lis votre pensée dans vos yeux, et je vais répondre à une question muette. Vous comptez sur le souterrain de cette maison, n'est-ce pas ?... Eh bien ! oui, c'était un asile autrefois, il y a un an ; aujourd'hui il n'y a plus de secrets dans les murs, dans les plafonds, sous les planchers. Les visiteurs domiciliaires se sont éclairés dans leur profession. Ils sondent tout ; ils découvrent tout ; personne n'ose plus se confier ces asiles que la terreur a fait inventer et que l'expérience a fait découvrir. Ainsi, mon poëte, ne cherchez pas le salut où il n'est pas ; il est à la ferme de Viroflay ; partez sur-le-champ. Nous nous reverrons, je vous le jure...

— Marguerite, dit Chénier, j'irai partout, je suivrai avec docilité l'indication de votre main, si vous me promettez de venir visiter la retraite de votre proscrit.

— Je fais plus que promettre ; je le jure, Chénier... demain, nous nous reverrons à la ferme de Denis.

— Je pars ! s'écria le poëte avec l'accent de l'exaltation.

— Maintenant, dit la comtesse, le souterrain nous sera encore utile, pour cacher votre fuite jusqu'à l'entrée du bois. Venez, ne perdons pas de temps.

La comtesse fit jouer le ressort, le panneau du souterrain

se rouvrit, et ils descendirent, la main liée étroitement à la main, et sans ajouter une parole, jusqu'à l'autre issue ouverte à l'extrémité. Là, le poëte posant un pied sur la première marche de l'escalier souterrain, et l'autre pied sur l'herbe du bois, embrassa Marguerite, et obéissant à un geste amicalement impérieux, il s'élança sous l'épaisse voûte des grands arbres, ces protecteurs éternels de tous les proscrits.

André suivait un chemin bien connu, et qui lui rappelait d'autres heures plus douces, mais qui étaient sans avenir; cette fois, du moins, au bout de l'épreuve, il voyait rayonner le bonheur.

On était dans les plus longs jours de l'année ; quoique bien du temps eût été perdu, Chénier arriva devant la porte de la ferme bien avant le coucher du soleil; il sonna, et un inconnu vint lui ouvrir.

— Que demandez-vous? dit-il d'un ton qui n'excitait pas la confiance.

— Le fermier Denis, répondit Chénier en jetant un regard circulaire dans l'intérieur du jardin. Me serais-je trompé par hasard ?

— Oui, citoyen, dit l'inconnu. Denis a vendu sa ferme il y neuf mois au citoyen Barras.

— Et où demeure-t-il aujourd'hui, Denis? demanda Chénier.

— Ah! voilà ce que je ne sais pas. Je n'ai jamais été son garçon de ferme.

Et la porte se referma assez brusquement sur le visage d'André Chénier.

Le jeune proscrit demeura quelque temps dans l'attitude de cet homme touché par la foudre, dont parle Ovide, et comme il fallait prendre une résolution avant le coucher du soleil, la première pensée qui lui vint à l'esprit parut la meilleure : Chénier reprit le chemin de Versailles, mais en se promettant d'être bien prudent, pour obéir aux intentions de madame de Pressy.

Il était encore grand jour lorsque le poëte arriva dans le massif des arbres du souterrain, mais il se serait bien gardé de tenter une entrée par là, de peur de déplaire à la comtesse. Il attendit la nuit, et quand les ténèbres vinrent protéger les tentatives les plus hasardeuses, il descendit la chaussée de l'avenue du Tiers, et, lançant un regard à la maison de madame de Pressy, il ne vit briller aucune lumière dans l'intérieur, ce qui ne l'étonna que peu, parce que, se disait-il, elle est probableme ' avec Angélique du côté du jardin.

Il continuait sa marche vers la ville, lorsqu'il aperçut, à un des angles de l'avenue, quelques groupes de curieux stationnaires et causeurs, comme on en voit toujours encore la nuit sur la place où un événement s'est passé pendant le jour en temps de révolution : les curieux se perpétuent à l'infini après que le sujet de la curiosité a disparu. Presque toujours même les curieux sont la semence des émeutes.

Chénier prit une démarche nonchalante, et dissimulant sa taille et son maintien habituel, il se mêla au premier groupe de ces curieux. On disait entre plusieurs interlocuteurs :

— On n'a rien trouvé du tout, citoyen, rien du tout; je le sais bien, moi, j'ai suivi la visite domiciliaire.

— Eh bien! moi, je te dis qu'on a trouvé deux femmes ex-nobles.

— Oui, mais ce n'est pas ce qu'ils cherchaient...

— Ah! que cherchait-on?

— Un aristocrate.

— Ce n'est pas vrai; on ne cherchait pas un aristocrate... on cherchait un journaliste, celui qui a fait le fameux supplément du numéro 13.

— André Chénier?

— Tout juste!

— Eh bien! ce n'est pas un aristocrate, André Chénier?

— Non, c'est un auteur, et l'ami de Roucher.

— Mais un auteur aristocrate. Il faisait *l'Ami des lois*, et des tragédies.

— Et on n'a rien dit aux deux femmes ex-nobles?

— Ce ne sont pas des ex-nobles; on ne pouvait leur rien dire : ce sont des citoyennes comme tout le monde, qui n'ont fait de mal à personne.

— Alors pourquoi a-t-on visité la maison de ces citoyennes? on a violé la constitution.

— Tu crois toujours qu'on viole la constitution, toi! On a su que le journaliste André Chénier avait habité cette maison : c'est l'aubergiste de la *Lyre d'Apollon* qui l'a dit, et on a fait une visite domiciliaire. Tu vois bien que tu ne sais pas ce que tu dis quand tu dis qu'on a violé la constitution.

Cet entretien en plein air se prolongeait ; mais André Chénier avait appris tout ce qu'il pouvait connaître. Un nom venait d'être prononcé à ses oreilles, et ce nom le rappela soudainement à d'autres devoirs, à des devoirs qui font même oublier l'amour dans un noble cœur...

— Pauvre Roucher! se dit-il en prenant une résolution énergique, et moi qui l'oubliais! Courons à lui; un pareil malheur le menace, sans doute : il a été mon complice... ô mon Dieu! donnez-moi le temps de le sauver!

XXXIV

L'INNOCENT DÉLATEUR.

En arrivant, l'ami ne retrouva plus l'ami; Roucher avait disparu. Le doute même était impossible; André Chénier comprit que le poëte des *Mois*, que le rédacteur du *Journal de Paris*, que son complice d'innocence était déjà plongé au fond d'un de ces cachots d'où l'on ne sortait que pour mourir.

Aussi, ce ne fut point pour éclairer un doute, mais pour pleurer avec un autre ami sur une réalité désolante, qu'il courut à Passy, chez M. de Pastoret, et jamais inspiration ne seconda mieux la fatale destinée d'un homme! La maison de M. de Pastoret subissait en ce moment une visite domiciliaire, dirigée par le citoyen Guénot. Cet intelligent perquisiteur avait ordre d'arrêter, chemin faisant, toutes les personnes suspectes.

Ainsi le voulaient Fouquier-Tinville et Collot-d'Herbois, ces ennemis de tout le monde et d'eux-mêmes, ces deux dictateurs assis sur le trône du bourreau et dominant Robespierre lui-même. Collot-d'Herbois s'était constitué le pourvoyeur de la guillotine, et il n'accordait à personne le droit de s'associer à lui dans ce travail; cela se comprend : cet homme avait d'anciennes vengeances à exercer et de nombreux attentats contre sa personne à punir : n'ayant jamais trouvé ses ennemis, il trouva le secret de les exterminer tous en exterminant tout le monde. Collot-d'Herbois avait été longtemps sifflé au théâtre, d'abord comme mauvais auteur, ensuite comme mauvais comédien, dit-on.

Cette longue et double série d'affronts publics était fixée

dans sa mémoire, et les serpents des furies dramatiques déchiraient sans cesse de leurs sifflements les oreilles de cet Oreste de la terreur; pour lui, les hommes étaient suspects et surtout soupçonnés de l'avoir sifflé dans quelque parterre, avant 89... L'histoire ne s'est jamais suffisamment appesantie sur les causes secrètes qui amènent certains hommes politiques à d'insatiables vengeances. En passant, nous avons expliqué Collot-d'Herbois, ce tyran de Robespierre et de la Convention *.

Le citoyen Guénot, l'émissaire de Collot-d'Herbois, vit tout à coup arriver chez M. de Pastoret un jeune homme au teint nerveux, au maintien résolu, à l'œil de flamme, et il reconnut tout de suite un incontestable ennemi du comédien Collot-d'Herbois :

— Ton nom? lui dit-il.

— Que voulez-vous en faire? demanda Chénier, au lieu de répondre.

— Réponds, ou je t'arrête.

— Eh bien! dit Chénier, c'est par respect pour moi que je te dirai mon nom, car je n'ai pas l'habitude de le cacher, parce qu'il est honorable. Je suis André Chénier.

— Le journaliste?

— Oui.

— L'écrivain?

— Oui.

— L'ennemi de la liberté?

— Non; tu mens.

— N'as-tu pas écrit le supplément du n° 13?

— Oui; je ne le rétracte pas.

— N'as-tu pas écrit contre Collot-d'Herbois et Fouquier-Tinville?

— Pas assez.

— Je t'arrête au nom du tribunal révolutionnaire. Tu es suspect.

— Je ne crains rien, je suis innocent.

* Couthon, Collot-d'Herbois et deux ou trois autres de cette espèce avaient commis clandestinement de petites œuvres de théâtre, fort maltraitées par le public, ou s'étaient montrés *incognito* sur les planches. — *Indè iræ.*

— Le tribunal révolutionnaire et le citoyen Collot-d'Herbois ne reconnaissent aucun innocent dans tous ceux qui sont suspects.

Guénot écrivit un ordre, le remit à un agent; deux hommes armés qui n'étaient pas des soldats, pour l'honneur de l'uniforme républicain, s'emparèrent violemment de l'illustre poëte; on le fit monter dans une petite voiture, et il fut conduit à la prison du Luxembourg.

Le geôlier de cette prison reçut l'ordre en murmurant, comme un hôtelier qui est accablé de locataires, et rendit le papier en disant qu'il n'était pas en règle. L'agent insista, en faisant sonner trois fois le nom du citoyen Guénot; mais le geôlier, qui avait sa fierté aussi, et la conviction de son importance civique, ferma la porte de sa geôle et la verrouilla bruyamment, sans avoir l'air de se soucier des ordres d'écrou du citoyen Guénot.

Pendant cette scène, André Chénier garda la plus parfaite impassibilité.

Du Luxembourg, la voiture se dirigea vers la prison de Saint-Lazare. Ici, la chose n'éprouva aucun obstacle. Le geôlier ne savait pas lire, mais au nom de Guénot et de Collot-d'Herbois, qui le faisaient vivre largement, il s'inclina de respect, et ouvrit au poëte la route affreuse d'un cachot.

André trouva alors au fond de son âme ces grandes ressources qui viennent aux hommes d'élite dans les malheurs consommés. Il avait laissé l'espoir sur le seuil du cachot, mais son courage le suivait à travers les grilles funèbres, et le courage seul remplace l'espoir perdu.

A cette époque, il était fort difficile de connaître l'arrestation judiciaire d'un citoyen par la voie des journaux; le *Moniteur* gardait un silence obstiné sur les opérations des écrous, et aucun papier public ne remplissait l'énorme lacune de la feuille officielle. Il était donc impossible, dans les premiers moments, d'être fixé sur le sort réel d'un parent ou d'un ami disparu. Ainsi, la comtesse Marguerite, qui avait trouvé, à la porte de la ferme de Viroflay la même déception de la veille, perdit soudainement la trace d'André Chénier, surtout lorsqu'elle ne trouva, pour comble de désespoir, qu'une maison déserte à la rue Basse de Passy. Sans doute, quelques personnes interrogées par elle dans cette localité, faubourg de

Paris, auraient pu lui donner des renseignements; mais la prudence et la circonspection étaient alors deux vertus assez vulgaires. Ne pas répondre paraissait un bon principe de sécurité. Le silence ne compromet pas, et la parole est dangereuse aux époques de révolutions.

Madame de Pressy employa toutes les ressources de son esprit pour découvrir la retraite ou le sort d'André Chénier; mais étant asservie elle-même aux exigences de la plus sévère circonspection, elle se trouvait resserrée, pour ses recherches, dans des limites trop étroites. Les tentatives furent donc vaines: il fallut attendre les révélations de l'avenir, cette voix qui parle tard, mais toujours, et attendre, en subissant ces angoisses fiévreuses où la résignation alterne avec le désespoir.

Un temps fort long s'écoula; madame de Pressy, ayant changé de nom, s'était logée, avec Angélique, dans une petite maison à Chaillot. Là, elle lisait tout ce que Paris envoyait à l'ardente curiosité de l'heure, en gazettes et en pamphlets. En ce moment trois échafauds permanents fonctionnaient à la place de la Révolution, au centre de Paris et à la barrière du Trône (nommée barrière Renversée), mais à peine quelques noms de victimes arrivaient à la publicité. Le lendemain de ces hécatombes, un bien faible espoir soutenait madame de Pressy.

— Un homme célèbre, comme André Chénier, se disait-elle souvent, ne peut pas disparaître obscurément sur un échafaud, sans exciter autour de son cadavre un bruit de haine ou de pitié.

Il faut entrer bien profondément, non pas en historien, mais en observateur, dans les ténèbres sanglantes de cette époque, pour y découvrir le pâle rayon qui révèle le caractère des hommes et des événements. Ainsi, on demeure d'abord confondu de stupéfaction aujourd'hui, lorsqu'on lit partout qu'André Chénier avait été complétement oublié dans sa prison. Personne ne songeait à lui, même parmi ses plus rudes ennemis. Collot-d'Herbois et Fouquier-Tinville, après avoir fait écrouer le poëte illustre, n'y pensaient plus, ils étaient emportés vers d'autres haines, et dans les imaginations déréglées, chaque jour prenant les proportions d'un siècle, la veille était déjà un passé antique dont une mémoire de proconsul ne pouvait garder le souvenir. Hélas! les cerveaux litmains sont trop faibles pour subir, sans altération, les orages qu'ils inventent! Voilà ce que tant d'historiens et tant d'hommes d'État ignorent. La plus formidable de toutes les folies, la folie du sang incruste un nuage sur les fronts, c'est Bicêtre qui gouverne alors, et les criminels, comme Collot et Fouquier-Tinville, ne sont pour l'observateur calme que des fous furieux.

Le hasard attendu arriva. Madame de Pressy lisait un journal, *le Moniteur*, et tressaillit en voyant le nom de Chénier au bas d'une lettre. Après ce nom, il y avait une adresse, rue Cléry, 97.

Aussitôt la prudence ne fut plus choisie comme conseillère; la jeune femme prit le plus modeste des costumes et la plus bourgeoise des coiffures, imposa la même toilette à son amie Angélique, et descendit de Chaillot pour rentrer dans cette redoutable ville qui lui était enterdite par une loi de mort.

Les deux femmes suivirent le Cours-la-Reine dans presque toute sa longueur, et se détournèrent, à gauche, dans les Champs-Élysées, qu'elles traversèrent pour éviter la mare de sang qui baignait la place de la Révolution.

C'était vers le milieu de juillet 1794. Paris était triste et consterné sur quelques points, et, sur d'autres, inquiet et orageux. Les boutiques paraissaient ouvertes pour la forme, ou pour donner de l'air et non des acheteurs aux marchandises. Aux marchés publics la disette était trop évidente. On devinait que toute une grande capitale ne se nourrissait que d'émotions, pain quotidien du moment.

Madame de Pressy n'accorda que des regards distraits à ce tableau d'une ville qui joue aux funérailles, rien ne la pouvait détourner de son but. Elle traversa lentement, et la fièvre au cœur, les trop nombreuses rues qui la séparaient de la maison qui était le terme de sa course, et fut assez heureuse pour être introduite sur-le-champ dans le salon de M. Chénier.

Là, elle trouva un vieillard plus que septuagénaire : c'était le père du grand poëte.

Après une demi-heure d'entretien, tout fut dit de part et d'autre, tout fut révélé, tout fut connu. Le vieillard serrait les mains de la jeune femme, et pleurait comme un enfant; et en vérité depuis que la triste humanité pleure, jamais larmes n'avaient eu de plus affreuses raisons pour pleurer.

Ce malheureux père venait lui-même de dénoncer son enfant.

On avait oublié Chénier dans le fond de son cachot, et son père, honnête et fier républicain, s'était soumis à une épreuve bien dure : il avait écrit la plus touchante des lettres à Collot-d'Herbois et à Fouquier-Tinville, pour demander la grâce de son fils !

Ces deux proconsuls, qui étaient plus puissants que le dictateur, ainsi qu'ils l'ont prouvé au 9 thermidor, reçurent la lettre du père de Chénier, et frappant leurs fronts privés de mémoire, ils s'écrièrent : Comment! André Chénier existe encore! Qu'il soit tout de suite déféré au tribunal révolutionnaire! Telle fut la réponse qu'obtint le père; et maintenant, appréciez un pareil désespoir.

— Savez-vous les noms des trois juges? dit la comtesse en fondant en larmes.

— Oui, Madame, dit M. Chénier, mais ces trois juges sont trois créatures de Collot-d'Herbois : est-il possible de les attendrir? et ensuite vous avez encore neuf jurés !...

— Oh! ce ne sont pas les jurés que je crains; ce sont presque toujours des hommes; ils ont une âme et un cœur... ils sortent du peuple, ceux-là, mais les juges sortent de Collot-d'Herbois! Ce sont ceux-là qu'il faut voir, et avec l'aide de Dieu, qui sait? on peut faire un miracle; on peut donner, pour quelques moments, un cœur et une âme à des séides de Collot-d'Herbois!

M. Chénier nomma les trois juges, et le dernier nommé fut Claude Mouriez.

— Claude Mouriez! s'écria madame de Pressy en joignant ses mains avec exaltation, Claude Mouriez! je le connais! je vais le voir, sans perdre une minute; c'est un homme énergique et qui peut dominer ses collègues avec sa parole, avec son regard... M. Chénier, ne me donnez pas le temps de réfléchir, parce que des considérations vulgaires peuvent m'arrêter, et je ne veux pas mesurer la largeur de l'abîme avant de le franchir....Où demeure Claude Mouriez?... Bien! je cours à la rue de l'Échelle! et que Dieu veille sur moi!

La jeune femme reprit, dans la rue, une démarche lente pour n'éveiller aucun soupçon, et comme elle traversait une galerie du palais Égalité, elle entendit très-distinctement, dans les groupes, prononcer le nom d'André Chénier, ce qui lui fit ralentir encore sa marche, car elle était bien aise de savoir ce que le peuple pensait de ce malheureux jeune homme.

Ce qu'elle entendit lui donna quelque joie et une lueur d'espoir. Les parleurs publics ne témoignaient aucune irritation contre André Chénier; beaucoup même le défendaient, surtout les lettrés de la place publique. On citait aussi des vers de *Tibère*, qu'on attribuait faussement à l'auteur du n° 13; mais personne ne relevait les erreurs de cette citation. La sympathie générale paraissait acquise au malheureux prisonnier attendu par l'implacable tribunal. Il est vrai de dire que les esprits commençaient à se lasser des haines; que le tribunal révolutionnaire perdait la faveur de la populace, et que l'échafaud, acteur autrefois si couru, se voyait chaque jour abandonné par ses plus fervents admirateurs. Lorsque trop de sang coule, la haine s'use vite dans les pays de générosité.

Madame de Pressy arriva au milieu de la petite rue de l'Échelle dans un tel état de faiblesse, qu'elle crut devoir se réconforter par des réflexions sur la sainteté de son dévouement avant de monter l'escalier de l'ancien proconsul de Versailles. Une femme, celle que nous connaissons déjà, la gouvernante de Claude, introduisit madame de Pressy dans le salon du maître, et la reconnaissant à travers le voile, elle s'écria:

— Vous ici, Madame!

— Vous me connaissez donc? dit Marguerite.

— Si je vous connais, cit... Madame! dit la gouvernante en souriant; vous avez demeuré à côté de chez nous, rue du Réservoir, à Versailles. Je vous voyais tous les jours à votre balcon, quand vous arrosiez vos fleurs.

— Eh bien! Madame, dit Marguerite avec une grâce charmante, vous savez alors que je suis une ex-noble, et qu'à Paris, ma seule présence est un crime puni de mort.

— Madame, dit la gouvernante, je ne me suis jamais mêlée de ces affaires, moi; il y en a bien assez, dans la maison, de gens qui s'en mêlent, et tant bien que mal; moi, je passe mon temps à m'occuper des miennes, d'affaires; j'ai deux hommes à nourrir, et en temps de disette, c'est trop.

— Madame, je voudrais parler au citoyen Claude Mouriez, dit en tremblant madame de Pressy. Croyez-vous qu'il rentrera bientôt? car je vois bien qu'il n'est pas chez lui en ce moment.

— Oui, Madame, il est sorti... et... vous savez pourquoi... Le citoyen Mouriez est juge au tribunal révolutionnaire... il s'ennuyait... c'est un homme très-actif... il a écrit vingt lettres à Robespierre, tantôt des lettres insolentes, tantôt des lettres amicales; et puis, il l'attendait à la porte de la Convention pour lui faire des scènes, oh! des scènes!

Enfin, que vous dirai-je, ma belle voisine? Pour se débarrasser de lui, Robespierre lui a donné une place de juge... mais il ne vaut rien pour cet état... Donnez-vous la peine de vous asseoir, Madame. Si vous voulez l'attendre, prenez un livre, une gazette, tout ce que vous voudrez... moi, je vais à mes affaires... excusez-moi.

— Et son neveu, M. Adrien Mouriez, demeure-t-il ici, chez son oncle?

— Oui, Madame... et heureusement. Si M. Mouriez n'avait pas sa gouvernante et son neveu, il ne ferait que des sottises. A présent M. Adrien est au tribunal avec la foule, et il est là, comme il dit, pour y juger son oncle. Ils vont arriver tous les deux.

— Je les attends, dit madame de Pressy.

Et elle fit semblant d'ouvrir un livre, pour rendre la gouvernante à sa liberté.

Madame de Pressy attendit plus d'une heure, et dans des angoisses mortelles, le retour de Claude Mouriez, et elle luttait avec elle-même, pour conquérir ce calme et cette présence d'esprit si nécessaires dans ces entrevues difficiles dont rien ne peut faire prévoir le dénouement.

Enfin, la porte s'ouvrit, et Claude Mouriez entra brusquement, du pas d'un maître de maison, qui n'a pas besoin de se faire annoncer : il fit un mouvement de surprise en voyant une femme voilée, et salua en élevant son chapeau un peu au-dessus des cheveux, avec une gaucherie d'écolier provincial.

La comtesse Marguerite ferma le livre, le déposa sur une table et se leva.

L'œil de Mouriez perça le voile, ses deux mains se croisèrent; on entendit cette exclamation étouffée qui sortait de sa poitrine :

— C'est vous, Madame!

Claude se découvrit et murmura quelques paroles inintelligibles, mais le geste qui les accompagnait invitait poliment la belle visiteuse à s'asseoir.

En ce moment, madame de Pressy ferma les yeux pour recueillir ses pensées, et vit, comme dans un songe, le sanglant échafaud qui se dressait pour décapiter le génie. Cette horrible vision lui rendit tout son courage; elle trouva sur ses lèvres des accents énergiques, et dans sa tête un calme et une lucidité qui lui semblèrent un secours imprévu du ciel.

Avec cette voix pénétrante qu'une mère recouvre pour arracher son enfant à la gueule des bêtes fauves, elle dit:

— Citoyen Mouriez, toute ma vie a disparu dans mon souvenir; je suis née ce matin; je ne vous connais pas, je vous vois pour la première fois aujourd'hui. On m'a dit que votre âme s'ouvrait volontiers aux sentiments généreux, et je viens à vous chargée d'une noble mission qu'un père et un vieillard m'ont donnée. Ce soir, demain peut-être, un jeune homme de génie et d'avenir comparaîtra devant votre tribunal; son crime est celui de tous les innocents politiques : il est vaincu; et si votre justice est juste, sa tête ne tombera pas.

Cette voix mélodieuse, ce visage divin, ces yeux qui ressemblaient à des diamants humides, cette grâce suprême qui entourait comme une auréole la jeune femme, rallumèrent toutes les ardeurs de la passion dans les veines de Mouriez; il oublia ses résolutions généreuses; il redevint le proconsul de Versailles, et dans cette âme de feu, où le mal et le bien étaient en lutte perpétuelle, les sauvages instincts éclatèrent avec une frénésie qui voulait tout dévorer.

Le sang gonfla les muscles de son cou, paralysa un moment sa langue; ce ne fut donc qu'avec un bégaiement sourd qu'il parvint à rassembler les syllabes d'une réponse.

— Madame, dit-il, quel est ce jeune homme qui a le bonheur de vous intéresser de cette manière?

— C'est le fils d'un républicain, le frère d'un républicain : c'est André Chénier.

Un éclair de pâleur couvrit la figure écarlate de Mouriez.

— Madame, dit-il en reprenant graduellement l'énergie de sa parole, André Chénier a de funestes antécédents. Sa plume a déchiré, comme une griffe, tous les vrais patriotes; il a des ennemis parmi les puissants du jour, et dans les rigoureuses extrémités de répression où nous sommes, il est impossible que ce jeune homme trouve sa grâce devant notre tribunal.

— Quoi! Monsieur, André Chénier ne trouverait pas un seul défenseur parmi ses juges! s'écria madame de Pressy, et vous, qui êtes rigoureux mais intègre, vous qui êtes juge mais juste, vous réunirez votre voix aux voix qui le condamneront!

— Madame, dit Mouriez avec un sourire plein de menaces, vous faites à votre insu, en ce moment, une démarche bien imprudente, bien dangereuse... une démarche que nos lois révolutionnaires punissent avec une légitime sévérité. Vous venez influencer le jugement d'un magistrat...

— Eh bien! Monsieur, dit la comtesse avec des lèvres pâles, dénoncez-moi... dénoncez une femme qui vient généreusement à vous pour vous conseiller un acte de justice et d'humanité!

— Eh bien! Madame, dit Mouriez d'une voix qui semblait radoucie, je voudrais bien savoir quelle serait ma récompense, si je suivais ce conseil.

— La récompense d'une bonne action, Monsieur, on la trouve dans son cœur; notre conscience nous applaudit quand nous faisons une chose juste qui nous rapproche de Dieu. Nous y gagnons la sérénité de la vie, et nous y perdons les tortures du remords. Comment voudriez-vous être mieux récompensé!

— Alors, Madame, dit Mouriez sèchement, alors, vous ne m'avez pas compris.

Madame de Pressy garda le silence.

— Ou bien, poursuivit Claude, vous avez feint de ne pas me comprendre.

La jeune femme se leva et fit un pas vers la porte; Claude lui barra le chemin, et croisant les bras sur sa poitrine et secouant la tête, où les cheveux ondulaient comme une crinière de lion:

— Madame, dit-il, un jour aussi, moi, je vous ai demandé ma grâce; un jour aussi ma vie était entre vos mains, et de quel air de superbe insolence vous avez regardé le délire de mon esprit, le désespoir de mon amour! J'étais à vos pieds, et vous m'avez écrasé comme un insecte; j'étais grand et vous m'avez humilié; j'étais généreux et fort, vous avez voulu me tuer deux fois, par le dédain foudroyant de vos yeux et par l'épée de votre mari! Quel droit avez-vous donc à ma pitié aujourd'hui? Quelle prétention étrange vous amène ici, où nulle reconnaissance ne peut vous attendre, où vous ne devez rencontrer que des mains violentes et l'implacable haine de l'amour?

— Je me suis trompée, Monsieur, dit la comtesse en relevant fièrement la tête; mon erreur vous honorait... permettez-moi de sortir.

— Non, Madame, vous ne sortirez pas ainsi avec ces airs de triomphe; vous en sortirez criminelle ou humiliée. Je vais appeler des témoins, et vous ne les récuserez pas, et vous ne les démentirez pas. L'ex-comtesse de Pressy, chassée de Paris, est rentrée, malgré la loi, pour venir corrompre un magistrat et lui demander, au prix de l'honneur, la grâce d'un aristocrate, son amant! Est-ce clair, cela? votre présence chez moi n'est-elle pas le témoignage le plus évident de votre crime? ai-je même besoin d'introduire des étrangers pour constater ce qui est incontestable? L'infamie et l'échafaud vous attendent à ma porte, si votre orgueil ne s'humilie pas devant mon amour.

Claude saisit les bras de la comtesse, qui poussa un de ces cris comme les femmes seules en trouvent dans les villes prises d'assaut.

A ce cri de détresse, la porte s'écroula au lieu de s'ouvrir, et un jeune homme parut.

C'était Adrien.

Marguerite, subitement délivrée des étreintes de Claude, tomba sur ses genoux en donnant deux regards d'une expression sublime, l'un au jeune homme, l'autre au ciel.

Adrien ne proféra pas une parole et ne fit pas un mouvement, mais aucun pinceau de maître ne pourrait donner à la toile l'indignation superbe qui jaillissait dans la flamme de ses yeux.

Les condamnés de Josaphat qui diront aux montagnes de tomber sur eux auront le maintien et la figure que Claude Mouriez avait en ce moment.

Le long silence qui suivit l'explosion de cette scène ne pouvait être rompu que par Adrien :

— Madame, dit-il, relevez-vous, et sortez; s'il vous reste au fond du cœur un peu d'estime pour le nom de Mouriez, gardez secrètement en vous les choses infâmes que vous venez de voir dans cette maison.

Claude Mouriez se laissa tomber dans un fauteuil et appuya sa tête sur ses deux mains, comme un homme égaré qui va s'exciter par la réflexion au repentir.

— Monsieur, dit au jeune Adrien madame de Pressy, la visite que je faisais à votre oncle a un but qu'il m'est impossible d'abandonner.

— Parlez, Madame, dit Adrien d'un ton de maître de maison.

La comtesse développa alors le motif de sa visite, mais avec une convenance parfaite et sans rappeler aucun des incidents si défavorables à Claude Mouriez.

— Et bien! dit Adrien, l'expiation est trouvée, Madame... Oui, vous avez mis votre confiance dans cette maison, et vous avez bien fait... le nom de Claude Mouriez restera pur. André Chénier aura un défenseur de plus parmi les magistrats du tribunal révolutionnaire, et mon oncle sera son plus ardent avocat, croyez-le bien, Madame... Vous paraissez douter?... Je comprends ce doute... mais je vais laisser parler mon oncle lui-même, et vous ne douterez plus...

Et marchant vers Claude Mouriez, Adrien prit l'une de ses mains, la serra familièrement et dit d'une voix pleine de charmes :

— N'est-ce pas, mon cher oncle... mon excellent père?... Vous m'avez entendu?... Ai-je trop présumé de votre cœur, presque toujours si généreux?

Claude Mouriez releva la tête, et fit voir des yeux mouillés de larmes et une figure qui, par sa douceur, formait un contraste extraordinaire avec sa figure de l'autre moment. Il serra la main d'Adrien et lui dit :

— Madame de Pressy a eu raison de songer à cette grave affaire... Seulement elle a eu tort de venir elle-même... Pourquoi ne s'est-elle pas adressée à toi, Adrien... sans me voir?... Moi, en la voyant, je suis tombé dans toutes les horreurs du délire... Ma passion commande toujours ma volonté... Je sens que ma raison s'est égarée, et je voudrais baigner de mon sang mes excuses... Au nom de Dieu, Madame, ne m'approchez pas... ne me regardez pas; tant que je suis loin de vous, je suis sûr de moi... Permettez que je vous serve avec dévouement, mais sans entendre votre voix, sans regarder votre visage... Et toi, Adrien, je te jure que tu seras content... ce soir.

— C'est ce soir? s'écria involontairemen madame de Pressy.

— Oui, Madame, dit Claude sans la regarder, c'est ce soir qu'André Chénier comparait devant le tribunal révolutionnaire, c'est-à-dire devant l'échafaud.

— Maintenant, Madame, dit Adrien, je réponds de mon oncle, et si, comme je n'en doute pas, vous avez le courage des femmes de cette époque, vous assisterez vous-même au procès, à côté de moi. Notre présence donnera plus d'énergie encore aux bonnes résolutions de Claude Mouriez.

— J'y serai, dit madame de Pressy d'une voix éteinte.

— Eh bien! Madame, dit Adrien, j'aurai l'honneur de vous accompagner au tribunal; je puis entrer aux places réservées.

— Je suis prête, dit madame de Pressy en marchant vers la porte.

— Oui, Madame, dit Claude le visage collé sur la vitre d'une fenêtre de la rue, vous serez contente de moi.

Adrien offrit son bras à madame de Pressy, en lui disant :

— Il faut nous hâter cependant; car les places réservées sont enlevées quelquefois par des protégés arrivés les premiers.

Angélique, qui attendait dans la rue en souffrant d'horribles angoisses, revit là comtesse avec une expansion de joie.

— Angélique, lui dit la jeune femme, n'ayez aucune crainte, je suis avec de bons amis; allez m'attendre à Chaillot, et ne vous inquiétez de rien si je suis trop en retard.

Les habitués du tribunal révolutionnaire n'avaient pas quitté la salle, même après les deux séances du matin; il ne restait que fort peu de places sur les banquettes privilégiées; mais Adrien, très-connu des huissiers, parvint à faire asseoir madame de Pressy à très-peu de distance du tribunal, et il se plaça debout à côté d'elle, dans l'embrasure d'une fenêtre. On entendait retentir au dehors le chant de *Ça ira!* car la *Marseillaise* avait émigré aux armées; les voix des chanteurs étaient pourtant très-affaiblies; on devinait que l'ivresse du sang se changeait en torpeur, et que l'échafaud voyait s'éclaircir la foule de ses courtisans.

Madame de Pressy compta une à une les minutes séculaires des deux heures qui devaient s'écouler avant la reprise des séances du tribunal.

Enfin, on entendit un mouvement extraordinaire dans la

salle voisine, et les accusés, au nombre de vingt-huit, vinrent s'asseoir à la barre. On voyait là des hommes et des femmes de tout âge et de toute condition. Le greffier mêlait aux noms obscurs des noms éclatants comme ceux de Montmorency, Montalembert, Roucher, baron de Trenck. Au nom de Chénier, madame de Pressy leva les yeux et vit l'illustre poëte, debout et calme comme le plus héroïque de ses aïeux grecs les stoïciens.

André tenait à la main une feuille de papier et lisait pour la dernière fois les derniers vers que la voix du geôlier avait interrompus dans le préau de la Conciergerie : ces vers doivent trouver leur place ici :

> Comme un dernier rayon, comme un dernier zéphyre
>   Anime la fin d'un beau jour,
> Au pied de l'échafaud j'essaie encore ma lyre,
>   Peut-être est-ce bientôt mon tour!
> Peut-être avant que l'heure, en cercle promenée,
>   Ait posé sur l'émail brillant,
> Dans les soixante pas où sa route est bornée,
>   Son pied sonore et vigilant,
> Le sommeil du tombeau pressera mes paupières;
>   Avant que de ces deux moitiés
> Ce vers que je commence ait atteint la dernière,
>   Peut-être en ces murs effrayés
> Le messager de mort, noir recruteur des ombres,
>   Escorté d'infâmes soldats,
> Remplira de mon nom ces longs corridors sombres.....

. . . .

Le dernier vers n'a jamais été fait !

André Chénier plia soigneusement la feuille, et se retourna vers l'auditoire comme pour y chercher un dépositaire digne de ces derniers vers.

En ce moment, le soleil du 24 juillet descendait sur l'horizon, et une gerbe lumineuse, qui allait s'éteindre, entra comme un incendie dans la salle du tribunal, et éclaira le plus beau visage que la douleur ait assombri depuis la divine Mère qui pleurait au Golgotha.

Le poëte vit cette noble et pâle figure, dont les yeux fixes se liaient aux siens; il reconnut sur-le-champ madame de Pressy, et tout ce que la reconnaissance peut faire éclater d'expression sublime dans un mouvement, un geste, un regard, fut révélé à la jeune femme. Cette merveilleuse pantomime du poëte semblait être la traduction fidèle du touchant cantique de Siméon [*].

Le tribunal était entré; Claude Mouriez se plaça contre l'angle de la table, du côté de son neveu et de madame de Pressy, mais ses regards ne cherchèrent rien dans la salle; son attitude était imposante sans affectation, et formait un singulier contraste avec le maintien vulgaire des collègues ses voisins. Adrien, qui connaissait son oncle et qui devinait toujours ce qu'il allait faire de bien ou de mal, parut très-satisfait de ses conjectures, et les communiqua en deux mots glissés à l'oreille de madame de Pressy.

La jeune femme se tenait dans les limites d'une réserve pleine de prudence; si elle eût été seule dans cette salle, elle n'aurait regardé qu'André Chénier; mais trop de regards scrutateurs tourbillonnaient sous la voûte de ce prétoire : il fallait se méfier des moindres soupçons et faire violence à sa volonté; madame de Pressy observait donc indistinctement les juges, les accusés, les spectateurs, de l'air d'une femme qui ne porte intérêt à personne et qu'une curiosité vulgaire amène au tribunal.

La séance fut ouverte, et le greffier lut l'acte d'accusation des vingt-huit.

Les avocats étaient absents, comme jugés inutiles; il s'agissait seulement de constater l'identité, forme expéditive inventée par Fouquier et Collot-d'Herbois.

La lecture de l'acte d'accusation d'André Chénier fut écoutée avec un silence religieux par un public ordinairement très-orageux, et qu'une chaleur accablante étouffait ce jour-là, dans un prétoire pestilentiel.

Cet acte mérite une mention spéciale, surtout à cause de l'incident qu'il souleva, et qui n'a point d'exemple dans les fastes judiciaires d'un pays.

« Antoine-Quentin Fouquier, dit Tinville, accusateur public du tribunal révolutionnaire, expose qu'en vertu d'arrêté du

---

[*] *Nunc dimittis servum tuum, Domine...*

comité du salut public de la Convention nationale, André Chénier, âgé de trente et un ans, né à Constantinople, homme de lettre, ex-adjudant général et chef de brigade sous Dumouriez, demeurant rue de Cléry, 97, a été traduit au tribunal révolutionnaire comme prévenu de s'être déclaré ennemi du peuple...

« André Chénier, ayant comme bien d'autres cherché à se soustraire à la surveillance des autorités publiques, s'est confondu parmi ses défenseurs (les défenseurs de la surveillance), où il a eu le grade d'adjudant général, chef de brigade de l'armée du Nord. Il paraît qu'il a secondé le plus adroitement qu'il a pu les trahisons de l'infâme Dumouriez, avec lequel il a eu les liaisons les plus intimes; mais après la défection du traître Dumouriez, il s'est occupé de laisser ignorer la part qu'il y avait prise.

« Cependant les soupçons que sa conduite avait élevés déterminèrent le ministre à le suspendre, et à lui ordonner de se retirer dans la commune de Breteuil; là, il intrigue, il cherche à diviser les citoyens, à y jeter le ferment de la guerre civile; il calomnie les autorités constituées, dans un mémoire calomnieux, qu'il fait signer par des citoyens qu'il trompe et qu'il égare...

« D'après l'exposé ci-dessus, l'accusateur public a dressé la présente accusation... »

André Chénier se leva et demanda la parole.

— Parle, et sois bref, dit un juge.

— Je serai bref, dit Chénier avec calme. L'acte d'accusation ne renferme que des erreurs matérielles très-évidentes: Je n'ai jamais été adjudant général, ni chef de brigade. Je n'ai jamais servi dans l'armée du Nord; ma carrière militaire n'a duré que six mois; elle est antérieure à 89. J'ai passé comme sous-lieutenant, ces six mois, en garnison à Strasbourg; je n'ai jamais connu, ni même vu le général Dumouriez. Je n'ai jamais habité la commune de Breteuil; je n'ai jamais rédigé aucun mémoire; enfin, je n'ai rien de commun, le nom excepté, avec le personnage désigné par l'acte d'accusation.

— Tout cela est très-vrai, dit Claude Mouriez, qui annonçait déjà par des murmures sourds une explosion prochaine.

Le volcan préparait ses laves.

Antoine-Quentin Fouquier, dit Tinville, regarda Claude

d'un œil d'orfraie, et se levant avec une solennité magistrale :

— Je m'étonne, dit-il, de trouver un contradicteur parmi les membres du tribunal.

— Parbleu, dit Claude en frappant la table avec son poing de fer, tu t'étonnes bien facilement, toi! mais tout le monde ici dément cet acte d'accusation. C'est une fable d'un bout à l'autre. Le citoyen accusé André Chénier est connu comme moi. C'est un écrivain; il n'a jamais servi; il n'a jamais été officier supérieur. Demande au premier venu. Où diable as-tu pris des renseignements?

Un murmure favorable d'assentiment courut dans l'auditoire. L'huissier même sourit en signe d'approbation.

Antoine-Quentin Fouquier prit son acte d'accusation à deux mains, et le relut, ou du moins, il fit semblant de le relire, pour imaginer quelque expédient.

— Oh! lui dit Claude, tu as beau lire ton acte! quand tu relirais jusqu'à demain, cela ne le rendrait pas véridique.

Un juré prit la parole et dit :

— Je vois d'ici plusieurs citoyens qui demandent à prendre la parole pour soutenir le dire du citoyen juge Claude Mouriez.

Fouquier lança un regard foudroyant sur l'auditoire et dit :

— Le tribunal révolutionnaire n'écoute ni les avocats, ni les témoins; il ne s'éclaire que par sa conscience, et il est infaillible. Au moindre tumulte, je fais évacuer la salle. Ainsi que personne ne trouble le tribunal dans son recueillement!

— Mais c'est toi qui nous troubles! dit Claude Mouriez en allongeant un bras cyclopéen vers l'accusateur public. S'il est reconnu par tout le monde que ton acte d'accusation repose sur des faits complètement faux, eh bien! reconnais ton erreur ou ta distraction, et ordonne la mise en liberté d'André Chénier.

Fouquier, pâle sur son estrade, relisait toujours l'acte, et le frappant du revers de sa main droite, il s'écria :

— Tout cela pourtant est écrit sur des renseignements authentiques! je ne puis pas avoir inventé tout cela.

— C'est justement ce que tu as fait, dit Claude, mais sans mauvaise intention probablement... Allons! passons outre, et ordonnons la mise en liberté de ce pauvre nourrisson des Muses. Il n'est pas dangereux, cet enfant.

L'auditoire continuait son approbation par un murmure bienveillant et doux qui déchirait l'oreille de l'accusateur public.

Un des juges se leva et vint dire quelques mots à voix basse à Fouquier.

Ce juge était le représentant de Collot-d'Herbois.

Fouquier écouta très-attentivement ce que lui disait cet homme, et parut très-satisfait. Le juge reprit sa place.

— Citoyens, dit Fouquier en étendant ses deux mains vers l'auditoire, citoyens, l'incident puéril qui vient d'être soulevé a déjà fait perdre un temps précieux au tribunal.

— Il est puéril, cet incident! s'écria Claude en frappant sur la table. Ah! il est puéril!

Plusieurs jurés et les deux autres juges se levèrent furieux pour imposer silence à leur collègue, et Fouquier se voyant ainsi soutenu par une bonne fraction du tribunal, s'écria :

— Rien ne doit interrompre le cours de la justice. Nous allons prononcer la mise en accusation des interrupteurs quels qu'ils soient.

Ici les murmures ne furent pas favorables; mais Fouquier feignit de n'en pas comprendre le sens exact, et continua :

— Nous allons donc passer outre et répéter l'incident...

— Puéril! dit en aparté Claude.

Adrien regarda son oncle avec cet air qui veut dire : Modérez-vous, ne compromettez pas en défendant.

Mouriez devina le signe; il allongea ses bras sur la table et appuya sa tête sur eux, en fermant ses yeux à demi, comme fait le lion devant le geste du belluaire mécontent.

— L'acte d'accusation, poursuivit Fouquier, serait incomplet, s'il n'ajoutait ceci : André Chénier est l'auteur du *Supplément* du n° 13 du *Journal de Paris*, et ce grief est le plus grand de tous; il résume toute la vie criminelle d'un contre-révolutionnaire. Niera-t-on aussi qu'André Chénier soit l'auteur de cette œuvre impie?

Claude Mouriez regarda obliquement son neveu et haussa les épaules.

— Les citoyens jurés, continua Fouquier, apprécieront, au reste, la valeur de ces dénégations et de mes assertions; mais de tout ceci il résulte un fait patent, lumineux, un fait irrécusable: André Chénier fut le rédacteur en chef du *Journal de Paris*...

— Et la liberté de la presse! interrompit Claude.

— La liberté de la presse, s'écria l'accusateur, n'autorise pas les écrits contre-révolutionnaires!

— Ah! votre liberté défend tout! dit Mouriez avec un rire nerveux.

— Les jurés apprécieront, dit Fouquier avec une dignité fausse, vous voyez que l'accusateur public a fait preuve, pendant ces débats, d'une grande modération...

— Parbleu! envoyez-nous tous à l'échafaud! s'écria Mouriez.

— Personne ici n'a d'injonction à me faire, dit Fouquier, et moi-même, je m'incline devant les décisions des citoyens jurés. L'affaire est instruite!

— Comment l'affaire est instruite! s'écria Claude; personne n'en sait un mot. Est-ce ainsi que la justice joue avec vingt-huit têtes?

— Citoyen juge Claude Mouriez, dit Fouquier, vous n'êtes ici l'avocat de personne, et je vous dirai une dernière fois que le tribunal ne veut pas d'avocats, et n'a pas le temps de les écouter.

La délibération commença. Les vingt-huit accusés s'entretenaient fort paisiblement et par groupes comme s'il se fût agi d'un procès criminel qui leur fût étranger. Dans ces malheureux temps, la France donnait encore au monde les plus nobles exemples d'héroïsme antiques; ses enfants savaient mourir en riant sur les champs de bataille comme sur les échafauds. Ainsi, malgré les excès politiques, l'honneur du pays restait intact.

André Chénier profita d'un moment de tumulte, et étendant le bras dans toute sa longueur, il put atteindre la main de madame de Pressy et lui donna ses derniers vers.

Marguerite reçut le papier avec le respect qu'une première chrétienne donnait aux reliques d'un martyr.

La nuit couvrait la salle et deux lampes seules jetaient de sinistres lueurs sur les accusés, le tribunal et l'auditoire. On annonça l'arrêt; un grand silence se fit.

Le président ne fit aucun résumé; il nomma les accusés, et la liste épuisée, il prononça contre tous, moins un, la peine de mort.

Un cri de douleur stridente retentit sous les voûtes de ce prétoire d'injustice; mais l'obscurité couvrit la femme qui venait de ressentir cette poignante douleur.

Adrien seul comprit tout; il prit la main de la comtesse de Pressy et la serra.

Mais presque en même temps, ce cri d'angoisse suprême fut dominé par un coup de foudre sorti d'une poitrine d'airain. Une voix formidable éclata; elle disait :

— Vous venez de faire une chose horrible; vous êtes un tribunal d'assassins! Est-ce ainsi que vous voulez inspirer au peuple l'amour de la république! Vingt-sept têtes livrées à la main du bourreau! une seule épargnée au hasard! Atroce dérision! humanité horriblement bouffonne! on absout un homme pour avoir l'honnête prétexte d'en égorger vingt-sept !...

La voix de Fouquier, unie au clapissement du juge ami de Collot-d'Herbois, essaya d'éteindre par la menace l'ardente colère de Claude Mouriez. L'ex-proconsul de Versailles n'était pas homme à se laisser intimider par des poltrons qui se servaient de la terreur pour cacher leur lâcheté au pays. Claude renversa la table du tribunal, et s'armant d'un support, il s'écria d'une voix de tonnerre :

— Laissez-moi passer! laissez-moi sortir de cette taverne de tigres! Adrien! Adrien! où es-tu? Viens me joindre! viens! Laissons tous ces hommes dans leur ignominie du sang! Viens! Adrien! allons aux armées! allons aux batailles héroïques! allons à la gloire et à l'honneur!

Adrien fit appuyer sur son bras madame de Pressy mourante, et monta sur l'estrade où Claude Mouriez foudroyait Tinville et Collot-d'Herbois.

Des hommes armés entouraient les condamnés du 7 thermidor, et empêchaient toute communication. Claude Mouriez descendit, perça la foule des gardes avec cette audace souveraine qui supprime tout obstacle, et serrant André Chénier dans ses bras, il lui dit :

— Quand un homme de génie comme toi périt sur l'échafaud, les bourreaux ne tardent pas d'y monter. Adieu, mon ami! Je ne suis plus juge, je suis soldat.

La comtesse de Pressy avait été entraînée par Adrien jusqu'à l'illustre poëte, en suivant le sillon que le bras puissant de Claude venait d'ouvrir. André Chénier poussa un cri de joie, et ses lèvres se collèrent sur la bouche de la jeune femme.

— Voilà mon hyménée accompli! s'écria-t-il dans le délire de l'extase. La mort me sera douce demain.

Les gardes et la foule pleuraient; on comprenait que cette horrible *fournée* était la dernière; quelques-uns espéraient un meilleur lendemain.

On se trompait d'un jour.

Claude Mouriez offrit son bras à Marguerite et sortit fièrement du prétoire sans trouver le moindre obstacle, quoique Fouquier-Tinville eût déchaîné contre lui quelques-uns de ses plus intrépides limiers.

Arrivé dans la rue, Claude Mouriez dit à Marguerite et à son neveu :

— Quelque chose me dit que cette hécatombe ne s'accomplira pas! On ne veut plus voir du sang; Paris se révolte contre ces trois guillotines. Ainsi, Madame, espérez, espérez! Une nuit à notre époque est féconde en événements, les augures sont favorables. Si le mois dernier un homme, même l'ami intime de Robespierre, eût osé dire et faire dans un prétoire ce que j'ai dit et fait, le peuple et les soldats l'auraient haché en morceaux sur la place. Voyez comme mon audace reste impunie! Oh! c'est que j'ai bien compris le moment? j'ai bien flairé toutes les sympathies qui fermentaient autour de moi, même parmi les jurés.

— Vous avez donc quelque espoir? demanda la jeune femme d'une voix éteinte.

— Oui, Madame, un très-grand. D'abord, je cours de ce pas chez Robespierre.

— Au nom de Dieu! interrompit madame de Pressy, n'y allez pas; cette visite ne servirait à rien, et vous perdrait peut-être. Après ce que vous venez de faire, Robespierre doit être déjà furieux contre vous, car déjà Fouquier-Tinville a fait son rapport.

— Madame, dit Mouriez, nous allons vous accompagner jusqu'à votre maison, Adrien et moi; nous passerons la nuit en ville, nous, et nous verrons nos amis. Demain, au lever du soleil, Adrien ira vous voir et vous instruira de tout ce que nous aurons fait.

La jeune femme inclina la tête, et ne voulut plus contrarier les bonnes intentions de ses deux nouveaux et fervents amis.

Une lueur d'espoir rayonnait dans les ténèbres; les regards de toute une ville la voyait aussi cette lueur.

Sur le seuil de la porte de sa maison, Claude Mouriez salua respectueusement madame de Pressy, et dit à Adrien :

— Accompagne madame la comtesse, recommande-là à ma bonne gouvernante, et descends vite, je t'attends.

Madame de Pressy saisit la main de Claude et la baisa.

Mouriez tressaillit convulsivement, et dit :

— Madame, vous méritez bien qu'on meure pour vous, à cette époque surtout, où il est si facile de mourir.

— A demain ! répondit Marguerite, et elle entra dans la maison.

XXXV

LA BARRIÈRE RENVERSÉE.

Il y eut, dit un vieil historien, un grave symptôme qui annonça la chute du tyran Maxence et la victoire de Constantin ; les cirques et les amphithéâtres où coulait le sang des hommes furent à peu près abandonnés. Le Colysée même perdait sa foule, et lorsque l'affiche du *tabularium* y appelait le peuple à une fête de mort, on voyait de rares spectateurs suburbains aux gradins des hautes galeries *.

Le jeu du sang ne peut pas être long ; la populace d'abord se passionne et fait cercle ; puis elle s'en dégoûte et laisse le bourreau isolé devant le martyr.

On ne saurait trop redire ces choses, dans l'intérêt futur de l'expérience humaine, cette vénérable ignorance qui s'obstine à ne rien savoir depuis six mille ans !

Le soleil du 8 thermidor n'éclaira en se levant qu'une foule peu nombreuse, aux abords de la Conciergerie. Deux charrettes stationnaient devant l'escalier des prisons, en attendant la cargaison promise au bourreau.

A la veille des grandes crises, qui sont encore le secret de l'avenir, Paris s'annonce toujours à lui-même ce qui va lui arriver, et rarement il se trompe. Les pensées réunies d'un million d'habitants forment un prophète.

---

* Nommées *altæ præcinctiones*, aujourd'hui notre quatrième rang ; elles étaient occupées par les spectateurs de la campagne et les prolétaires vêtus de couleurs brunes.

On se disait donc, çà et là, dans les groupes, mais à voix très-basse :

— La Convention prépare quelque chose.
— Quoi?
— Ah! nous verrons.
— On dit qu'il y a un complot de Montagnards contre Robespierre.
— Pas possible!
— Il y en a même qui assurent qu'on lui a tiré un coup de pistolet, hier, quand il traversait le marché des Jacobins.
— Ce n'est pas vrai.
— Je vous répète ce qu'on m'a dit.
— Ce qu'il y a de certain, c'est qu'il y a quelque chose.
— En attendant, je viens de voir passer trois charrettes; deux qui allaient à la place de la Révolution, et l'autre vers l'hôtel de ville.
— Alors, où guillotinera-t-on ceux-ci?
— A la barrière Renversée; le charretier vient de me le dire; il le sait, lui.
— C'est bien loin, la barrière Renversée.
— On dit que le faubourg Saint-Antoine ne veut plus voir passer les charrettes des condamnés qui vont à la barrière du Trône.
— Au fait, c'est pas amusant pour un faubourg.
— Les propriétaires font une pétition.
— Pourquoi, citoyen, a-t-on nommé la barrière du Trône *barrière Renversée?*
— Dam! parce qu'on a renversé le trône.
— Ah!
— C'est Collot-d'Herbois qui a trouvé ce nom.

Il y avait beaucoup de calme dans ces colloques en plein air; on entendait à peine, dans le voisinage, quelques fredonnements de *Ça ira!* quelques *solos* timides que le chœur populaire n'accompagnait plus.

L'heure qui ouvrait la porte du cachot funèbre sonna; les archers poussèrent leurs chevaux vers les deux charrettes, en se laissant stoïquement accabler d'imprécations par de vieilles femmes qui se regardaient comme les propriétaires inamovibles de ce pavé.

Les vingt-sept condamnés montèrent dans les voitures de

leur dernier voyage, et tous les regards se portèrent sur eux avec une compatissante curiosité.

Dans cette foule, personne ne savait que deux grands poëtes allaient expier par le sang le double crime de l'innocence et du génie.

André Chénier, debout sur la première charrette, vit monter après lui un condamné bien cher et bien connu : c'était le poëte des *Mois*, le commentateur de Virgile. Chénier tendit la main à Roucher, et sa figure s'épanouit dans un rayon de joie céleste.

— Oui, lui dit-il,

> Oui, puisque je retrouve un ami si fidèle,
> Ma fortune va prendre une face nouvelle,
> Et déjà son courroux semble s'être adouci
> Depuis qu'elle a pris soin de nous rejoindre ici.

— La citation est charmante, dit Roucher en souriant, mais elle n'est pas exacte comme comparaison. Il n'y a pas de Pylade, ici; il n'y a que deux Orestes.

Cependant, le convoi funèbre suivait sa marche au milieu d'une troupe de cavaliers; peu de fenêtres s'ouvraient sur le passage; beaucoup de passants même, apercevant de loin l'appareil et la pompe ordinaire des élus de l'échafaud, se glissaient rapidement dans les étroits carrefours voisins, pour ne plus voir ce qu'ils avaient trop vu.

La journée était splendide; l'or et l'azur inondaient le ciel; les dômes, les tours, les clochers, les toits se baignaient dans une atmosphère lumineuse; le soleil de thermidor versait à flots la joie et la vie à cette grande cité, qui se laissait tuer en détail stupidement, par obligeance pour les caprices de Collot-d'Herbois et de Fouquier, ces deux tyrans assis sur le trône de la Convention.

— Nous sommes plus heureux que ce pauvre Bailly, dit Roucher en regardant avec volupté l'irradiation vivifiante du soleil, et nous n'aurons pas froid sur l'échafaud.

— En effet, dit Chénier, c'est fort heureux, car nous sommes sûrs de ne pas trembler devant le bourreau. Ce pauvre Bailly tremblait de froid.

— C'est singulier! dit Roucher, cela me remet en mémoire une belle épithète que Virgile a rejetée avec un art merveilleux au commencement d'un autre vers... Vous rappelez-vous cela, Chénier?

La charrette marchait toujours. On entrait dans le faubourg Saint-Antoine qui était presque désert; toute sa jeunesse ouvrière se couvrait de gloire sur les champs de bataille; ses vieillards et ses femmes ne se montraient plus pour voir passer les hécatombes de chaque jour.

Chénier inclina la tête et réfléchit un instant avant de répondre à son ami.

— Oui, dit-il, je crois avoir deviné cette épithète : *torridus*... n'est-ce pas?

— C'est cela, dit Roucher en battant des mains... *torridus*. Et remarquez la puissance d'un *mot mis à sa place*, comme dit Boileau! Virgile aurait pu dire :

> *Solstitium pecori defendite, torridus æstas*
> *Jàm venit....*

Le dactyle tout d'un bloc : *torridus* semblait être bien mieux placé là que *jàm venit æstas*... Eh bien! non, il a sacrifié le *torridus* comme dactyle avant le spondée final, et il l'a rejeté à l'autre vers, où il produit un effet si beau d'enjambement!

— Oui, Roucher, dit Chénier... il faut convenir aussi que ce vers est aujourd'hui une citation de circonstance...

— Voilà pourquoi, dit Roucher, il m'est revenu en mémoire; c'est un rayon de *l'été brûlant* qui m'est tombé sur le front. *Torridus!*

Et Roucher se mit à sourire en se recueillant sur ce mot.

On apercevait une forme rougeâtre et lugubre entre les deux colonnes de la barrière Renversée... C'était l'échafaud!

André Chénier regardait avec une attention minutieuse toutes les figures qui passaient, car il lui semblait impossible de ne pas recevoir, à cette heure suprême, les adieux d'un ami, sur la route ou sur la place de l'échafaud. Le poëte ne se trompait pas.

Le char de la mort s'était arrêté devant la barrière; la foule avait presque oublié ce chemin; on voyait peu d'hommes, quelques vieilles femmes, à cheveux gris, point de tricoteuses. Le bourreau, dans une attitude morne, semblait se lamenter sur cette désertion, qu'il ne comprenait pas, car les scènes de ce long drame de sang devenaient chaque jour plus nombreuses et plus intéressantes ; cette fois, la hache devait tomber vingt-sept fois, et faire couler une fontaine de sang, comme la naïade des Euménides, et tout Paris n'était pas là ! Voilà ce qui causait la taciturnité du bourreau.

Au pied d'une colonne de la barrière Renversée, un groupe, composé de deux hommes et d'une femme, attendait depuis le matin ce qui allait venir.

— Plus d'espoir ! plus d'espoir ! disait la femme... et ses pieds fléchissaient sous son corps.

— Madame, au nom du ciel ! disait Adrien ; espérez encore... tout est bien disposé. L'irritation est au comble. Une goutte de sang de plus, et la rivière déborde et submerge les bourreaux ! Le peuple, regardez-le, Madame, ne permettra pas cette horrible exécution d'aujourd'hui.

— Oui, Madame, disait Claude en soutenant Marguerite à son bras, oui, Adrien voit juste. Nous avons vu tous nos amis, cette nuit. Ils sont tous ici. Ils attendent comme nous le signal qui va partir de la Convention nationale, et le signal donné, nous renversons l'échafaud au cri de : Vive la république !

— Les voilà ! dit Marguerite en désignant d'un œil vitrifié les charrettes des vingt-sept.

— Oui, les voilà ! dit Claude Mouriez... Bon espoir encore, Madame ! bon espoir !

— Je le vois, lui, dit madame de Pressy d'une voix d'agonie. Je le vois... c'est le premier... il cherche quelqu'un dans la foule... Soutenez-moi... le soleil s'est fait sombre... la terre fuit sous mes pieds... Soutenez-moi, faites qu'il puisse me voir encore en passant... et après, je ne désirerai plus rien !

La charrette avait côtoyé la ligne où était le groupe de nos trois personnages. Chénier, debout sur le devant de son char de triomphe, aperçut Marguerite, et tous les trésors d'amour qu'il avait en réserve pour une longue vie furent dépensés dans un seul regard d'agonisant.

Le peuple était muet, sombre, immobile. Quelques hommes résolus auraient pu exécuter ce jour-là ce qui fut accompli le lendemain, et André Chénier ne périssait pas à trente ans ! Mais il fallait cette noble et dernière victime pour faire luire l'aurore du 9 thermidor. La république grecque exilait des cités les poëtes en les couronnant de fleurs ; Fouquier-Tinville les exilait de la vie en les couronnant de sang.

Roucher parut le premier sur la haute estrade, vestibule du tombeau; il avait toujours son heureux maintien d'insouciance, et ses yeux regardaient la belle avenue d'arbres qui aboutit à Vincennes, et ne daignaient pas s'arrêter sur le bourreau...

Après Roucher, André Chénier montra sa belle et noble tête, toujours rayonnante de sérénité, que le bourreau saisit comme une tête vulgaire d'assassin.

La hache tomba.

On entendit un cri affreux... Cette hache avait aussi, au même instant, frappé la tête d'une femme. Le coup de foudre avait ricoché de l'échafaud à la base de la colonne. Deux âmes s'envolaient au même instant vers le ciel.

Adrien se précipita sur madame de Pressy pour lui prodiguer des soins; la foule s'émut; des hommes couverts de haillons versaient des larmes et maudissaient le tribunal. L'horrible machine fonctionnait toujours.

Madame de Pressy fut portée par Claude et Adrien dans une petite maison voisine; la foule suivait en pleurant.

Tous les soins furent inutiles; Marguerite n'était plus de ce monde!

Claude Mouriez et Adrien veillèrent à côté du cadavre de la jeune femme, et le lendemain, après lui avoir rendu en pleurant les derniers devoirs, ils quittèrent Paris pour s'enrôler, comme simples soldats, dans les armées combinées du Nord et de Sambre-et-Meuse. Nous venions d'envahir les Pays-Bas, après une glorieuse campagne qui avait illustré les noms de Jourdan, de Pichegru et de Moreau.

Quelle admirable époque pour la vie des camps!

FIN.

TABLE DES CHAPITRES

Chapitres.		Pages.
I.	L'hôtel de la Tour-d'Aigues...............	1
II.	L'hôtel de la Tour-d'Aigues (suite).........	9
III.	Une soirée de ce temps dans le même hôtel..	16
IV.	Une lettre.............................	26
V.	Un vivant inhumé......................	34
VI.	Deux frères...........................	42
VII.	Claude Mouriez........................	50
VIII.	A la recherche d'une femme.............	60
IX.	Le portrait............................	69
X.	Un aveu inattendu.....................	76
XI.	On prépare la loi des suspects............	84
XII.	La feuille blanche.....................	92
XIII.	L'oncle et le neveu....................	100
XIV.	Retour à la grille des deux jardins........	107
XV.	Gardé à vue...........................	115
XVI.	Jalousie de poëte.....................	123
XVII.	Intérieur et extérieur d'un terroriste......	130
XVIII.	L'arme du proscrit....................	138
XIX.	Poëte-devin. — Poeta-vatis..............	145
XX.	Pour une femme insultée................	153
XXI.	L'interrogatoire d'un accusé.............	160
XXII.	La ferme de Viroflay..................	168
XXIII.	La ferme de Viroflay (suite)............	175
XXIV.	Dans la chambre de Claude Mouriez......	182
XXV.	Dans le bois..........................	189
XXVI.	Le rendez-vous.......................	196
XXVII.	L'opérateur et le blessé...............	210
XXVIII.	En Vendée.........................	218
XXIX.	Deux fois veuve......................	240
XXX.	La veuve et le volcan..................	249
XXXI.	Loi d'exil............................	264
XXXII.	Un jour de fête.....................	278
XXXIII.	Aux jardins de Versailles.............	285
XXXIV.	L'innocent délateur..................	296
XXXV.	La barrière Renversée................	318

FIN DE LA TABLE

LAGNY. — Imprimerie de VIALAT et Cie

COLLECTION MICHEL LÉVY

VOLUMES PARUS ET A PARAITRE
Format grand in-18, à 1 franc

A. DE LAMARTINE — vol.
Les Confidences. . . . 1
Nouvelles Confidences. . 1

THÉOPHILE GAUTIER
Les Beaux-Arts en Europe. 2
Constantinople. . . . 1
L'Art moderne. . . . 1

GEORGE SAND
Mauprat. 1
Valentine. 1
Indiana. 1
Jeanne. 1
La Mare au Diable. . 1
La Petite Fadette. . . 1
François le Champi. . 1

GÉRARD DE NERVAL
La Bohème galante. . 1
Le Marquis de Fayolles. 1
Les Filles du Feu. . . 1

EUGÈNE SCRIBE
Théâtre, tomes 1 à 8. . 8
Nouvelles. 1
Historiettes et Proverbes. 1

F. PONSARD
Études antiques. . . . 1

HENRY MURGER
Le dernier Rendez-Vous 1
Le Pays Latin. . . . 1
Scènes de Campagne. . 1

ÉMILE AUGIER
Poésies complètes. . . 1

Mme BEECHER-STOWE
Traduction E. Forcade.
Souvenirs heureux. . . 1

ALPHONSE KARR
Les Femmes. 1
Agathe et Cécile. . . 1

LOUIS REYBAUD
Le Dernier des Commis-Voyageurs. 1
Le Coq du Clocher. . 1
L'Industrie en Europe. 1

Mme ÉMILE DE GIRARDIN
Marguerite, ou Deux Amours. 1
Le Marquis de Pontanges 1

PAUL MEURICE
Scènes du Foyer. . . 1

CHARLES DE BERNARD
Le Nœud Gordien. . . 1
Gerfaut. 1
Un Homme sérieux. . 1
Les Ailes d'Icare. . . 1

HOFFMANN — vol.
Traduction Champfleury.
Contes posthumes. . . 1

ALEX. DUMAS FILS
Aventures de quatre Femmes. 1
La Vie à vingt ans. . 1
Antonine. 1
La Dame aux Camélias. 1

JULES LECOMTE
Le Poignard de Cristal. 1

X. MARMIER
Au bord de la Newa. . 1

FRANCIS WEY
Les Anglais chez eux. 1

PAUL DE MUSSET
La Bavolette. 1

EDMOND TEXIER
Amour et Finance. . . 1

ACHIM D'ARNIM
Traduction Th. Gautier fils.
Contes bizarres. . . . 1

ARSÈNE HOUSSAYE
Les Femmes comme elles sont. 1

LE GÉNÉRAL DAUMAS
Le Grand Désert. . . 1

H. BLAZE DE BURY
Musiciens contemporains. 1

OCTAVE DIDIER
Madame Georges. . . 1

LÉON GOZLAN
Les Châteaux de France 1
Le Notaire de Chantilly. 1

ÉMILE SOUVESTRE
Un Philosophe sous les Toits. 1
Confessions d'un Ouvrier 1
Au coin du Feu. . . 1
Scènes de la Vie intime. 1
Chroniques de la Mer. 1
Dans la Prairie. . . . 1
Les Clairières. . . . 1
Scènes de la Chouannerie
Sur la Pelouse. . . . 1
Les Soirées de Meudon. 1

FÉLIX MORNAND
La Vie arabe. 1

EDGAR POE
Traduction Ch. Baudelaire.
Histoires extraordinaires. 1

A. VACQUERIE
Profils et Grimaces. . 1

CHARLES BARBARA — vol.
Histoires émouvantes. . 1

A. DE PONTMARTIN
Contes et Nouvelles. . 1
Mémoires d'un Notaire. 1
La Fin du Procès. . . 1
Contes d'un Planteur de Choux. 1

HENRI CONSCIENCE
Traduction Léon Vocquier.
Scènes de la Vie flamande. 1
Le Fléau du Village. . 1

DE STENDHAL
(H. Beyle)
De l'Amour. 1
Le Rouge et le Noir. . 1
La Chartreuse de Parme 1

MAX RADIGUET
Souvenirs de l'Amérique espagnole. . . 1

PAUL FÉVAL
Le Tueur de Tigres. . 1

LOUIS DE CARNÉ
Un Drame sous la Terreur. 1

CHAMPFLEURY
Les Premiers Beaux Jours 1

ROGER DE BEAUVOIR
Le Chevalier de Saint-Georges. 1
Aventurières et Courtisanes. 1
Histoires cavalières. . 1

HILDEBRAND
Traduction Léon Vocquier.
Scènes de la Vie hollandaise. 1

AMÉDÉE ACHARD
Parisiennes et Provinciales. 1

ALBÉRIC SECOND
A quoi tient l'Amour. 1

Mme CAROLINE BERTON
(Née Samson)
Le Bonheur impossible. 1

NADAR
Quand j'étais Étudiant. 1

MARC FOURNIER
Le Monde et la Comédie 1

JULES SANDEAU
Sacs et Parchemins. . 1

MÉRY
Les Nuits anglaises. . 1
Une Histoire de Famille 1
André Chénier. . . . 1
Salons et Souterrains de Paris. 1

www.ingramcontent.com/pod-product-compliance
Lightning Source LLC
Chambersburg PA
CBHW060515170426
43199CB00011B/1457